눈치 보는 나, 착각하는 너

나보다 타인이 더 신경 쓰이는 사람들

눈치 보는 나, 착각하는 너

박진영 지음

시공사

일러두기
* 본문 중 인용문의 출처는 미주 처리하였다.
* 본문에 인용된 도판은 이해를 돕기 위해 재구성하였다.

들어가는 글

사회심리학, 관계의 비밀을 과학으로 풀어내다

"전공이 뭐에요?"라는 질문에 "사회심리요"라고 답하면 대부분 다음과 같은 반응이 돌아온다.

"상담하는 거예요?" 가장 흔한 반응이다.

"내가 무슨 생각하는지 맞춰보세요." 심리학을 독심술로 생각하는 반응이다.

"혈액형이 어쩌고저쩌고." 심리학을 심리테스트쯤으로 여기는 반응이다.

내가 속한 집단에서 여러 사람들과 부대끼면서 '저 사람은 도대체 왜 저렇게 행동하고 생각하고 느끼는 걸까?'라는 의문을 품어본 적이 있는가? '나라면 저렇게 행동하진 않을 텐데…'라고 생각해본 적이, 또는 집단 속에서 한없이 작아지는 나를 느껴본 적이 분명히 있었을 것이다. 사회심리학은 이러한 물음에 과학적인 연구(정확한 데이터를 통해 구현되는 엄격한 검증 절차)를 토대로 도출된 답을 제시하는 학문이다. 즉 다른 사람들과 더불어 살아가면서 겪는 모든 것들에 대한 과학적인 연구라고 할 수 있다.

다시 말해 사회심리는 다른 사람들과 더불어 살아가는 과정에서 형성되는 자존감, 정체성, 자기통제력 같은 자아 관련 문제들뿐 아니라, 사회생활과 관련된 다양한 이슈들(외로움, 소외감, 매력/호감 및 다양한 사회적 기술들 예컨대 마음 읽기, 눈치 보기, 이미지 관리 등), 친구관계, 연인관계, 상하관계 등 구체적인 인간관계에서 발생하는 이슈들, 그리고 사람들이 모여 있는 곳이면 언제나 발생하는 각종 사회문제(고정관념, 차별, 계층 간 문제) 등을 주로 다룬다.

사회심리를 공부하면서 가장 안타까운 것 중 하나는 학계와 대중 간의 갭gap이 에베레스트를 열 번은 넘는 것보다 더 크다는 사실이었다. 시중에 무수히 나와 있는 심리학 대중서적만 봐도 과학적으로 검증된 이야기보다는 상담, 임상 분야에만 한정된 이야기 또는 글쓴이의 개인적 경험인 경우가 대부분이다. 연구 결과를 토대로 이야기한다고 해도 수십 년도 더 된 연구에 불과해 업데이트와 수정이 필요한 경우도 자주 보았다. 상황이 이러하니 학계와 대중 사이의 갭은 더욱더 벌어질 수밖에 없을 것이다.

앞에서도 이야기했지만 사회심리학이란 사회 속에서 사람들과 부대끼며 살면서 누구나 피부로 느끼는 궁금증들을 연구하는 학문이다. 따라서 실생활에 유용한 것들을 굉장히 많이 담고 있다. 그런데 이러한 특성을 사람들과 널리 나누지 못하고 어려운 심리학 논문을 해독할 수 있는 학자들만이 독차지하고 있는 것이 현실이다. 이건 좀 아니지 않은가.

개인적으로 심리학의 도움을 많이 받은 만큼 이를 사람들과 나누고 싶다는 생각이 커졌다. 그래서 조금이나마 사람들과 소통하기 위해 사회심리학 블로그blog와 트위터twitter 계정을 열었다. 그리고 그중에서도 삶에 커다란 영향을 끼친 소중한 지식들, 특히 이것만은 사람들과 꼭 나누고 싶다 하는 것들을 이 책에 담아보았다.

여기에 이르기까지 따뜻한 말과 맛있는 음식으로 응원을 아끼지 않은 많은 분들께 감사드린다. 그리고 앞으로도 심리학의 소중한 지식들이 여기저기서 유용하게 사용될 수 있도록 전달하는 '다리'가 되리라 다짐해본다. "마구 밟고 지나가시오."

contents

들어가는 글 5

Part 1

나도 잘 몰랐던 나

01 아파도 좋아, 함께 살 수 있다면 13
   인간을 쥐락펴락하는 소속욕구

02 도대체, 누구를 위한 삶인가? 38
   외부 시선의 껍질 벗기기

03 소속욕구야, 내 삶을 도와다오 76
   삶을 윤택하게 하는 생활 속 소속욕구

Part 2
행복에 가까워진 너

01 사람은 무엇으로 행복해질까? 97
   인간관계는 행복의 필요조건

02 병원에 가지 않고 건강해지는 법 115
   좋은 관계가 건강한 몸을 만든다

Part 3

01 어떤 사람이 사회생활을 잘할까? **129**
관계라는 즐거움을 찾아나서는 사람들

02 우리는 서로 얼마나 잘 알고 있을까? **157**
상대방에 대한 깊고 넓은 이해

03 정글 같은 세상에서 유쾌하게 살아남기 **180**
좋은 관계를 만드는 본격적인 기술들

Part 4

01 나는 왜 그 사람에게 끌리는가? **221**
매력적인 그와 그녀의 비밀

02 도대체 상사는 왜 그 모양일까? **261**
직장 내 권력이 관계에 미치는 영향

03 언제나 좋을 수만은 없다 **274**
갈등 시 마음 관리하기

에필로그 **285**
그림, 그래프, 사진 출처 **287**
주 **290**

Part 1

밤낮없이 사무실에 붙들려 있는 직장인들, 늦은 시간까지 도서관에서 졸음과 싸우고 있는 수험생들, 토익·토플 및 각종 자격증을 취득하며 취업을 위해 고군분투하고 있는 대학생들… 이렇게 우리 주변에는 열심히 사는 사람들이 많다. 우리는 언제나 그들에게 격려의 말을 건네지만, 불현듯 '그런데 왜 이렇게 열심히 사는 거야? 무엇을 위해서?'라는 질문이 떠오를 때가 있다. 돈을 벌기 위해서일까? 아니면 자아실현을 위해서?

'왜 열심히 사는가?'에 대한 답으로 우리는 먹고사는 문제와 같은 표면적인 것부터 자아실현이라는 내면 깊숙한 것까지, 여러 가지 이유를 들 수 있다. 그런데 학자들은 이에 대한 가장 근본적인 원인으로 '사람들로부터 인정받고 싶은 욕구'를 꼽는다.1

01

아파도 좋아, 함께 살 수 있다면

인간을 쥐락펴락하는 소속욕구

어느 날 갑자기 사람들이 사라졌다고 상상해보자. 이 넓은 지구에 홀로 또는 단 몇 명의 사람들만이 존재한다. 이러한 상황에서 당신은 어떻게 살 것인가? 여느 날처럼 이른 아침에 일어나 세수를 하고 옷단장을 한 후 학문에 몰두하고 자기계발에 힘쓰게 될까? 다른 말로 하면, 대기업을 대단하게 생각해주는 사람이 없는데도 여전히 대기업에 가려고 아등바등할까? 또 예쁘고 멋있는 모습이 더 이상 선망의 대상이 아니라고 해도 여전히 성형수술을 위해 수술대에 올라갈까? 우리는 과연 내가 무엇을 성취했는지 알아줄 사람이 전혀 없는 상황에서도 지금처럼 열심히 살게 될 것인가 하는 질문이다.

보는 사람이 없으면 세수도 안 한다

심리학자들은 우리가 하는 모든 일상적인 행위들이 의식적이든 무의식적이든 타인을 의식하는 행동이라고 보고 있다.[1] 세수하고 양치하고 빗질하는 행위도 타인이라는 존재가 없다면 지금처럼 그렇게까지 자주 하지 않을 거라는 얘기다. 뿐만 아니라 성공을 위해서 노력하는 행위도 지켜봐줄 사람이 단 한 명도 존재하지 않으면 지속하기 어려워진다.

예를 들어 부자가 되기 위해 열심히 일하고 절약하는 행위는 결국 돈 자체보다 명예와 존경이라는 사람들의 시선이 더 큰 원동력으로 작용된다.[2] 부를 많이 쌓을수록 세상 사람들의 무시와 천대도 늘어나게 된다면 사람들은 더 이상 부를 쌓으려 들지 않을 것이다. 또 다른 예로, 사람들이 더 이상 음악을 즐기지 않는다고 하자. 이런 세상에 사는 사람이라면 아무리 음악에 재능이 있다 하더라도 음악 활동을 통해 기쁨을 느끼고 자아실현을 하려고 들까? 아마 어려울 것이다.

이는 천재적인 재능의 경우에도 마찬가지다. 만약 글자를 좌우로 뒤집어 쓰는 데 천재적인 재능이 있다고 하자. 글자를 뒤집어 쓰는 방법을 사람들에게 전수하기 위해 책도 세 권이나 집필했다. 이는 분명 독보적이고 뛰어난 재능이다. 하지만 책은 한 권도 팔리지 않고 아무도 그 재능에 관심을 갖지 않는다. 상황이 이렇다면 당신은 그 재능에 만족할 수 있을까? 역시 쉽지 않을 것이다. 더 냉혹하게 말하면 아무도 알아주지 않는 재능은 재능이라고 불리지 못할 가능성이 크다. 재능은 사람들이 인정하고 필요로 하는 것이어야만 비로소 그 진가를 발휘한다. 이는 깊은 숲 속에 사는 원시 부족들이 수학 문제를 잘 푸는 사람보다 사냥을 잘하는 사람, 또는 이정표라곤 전무한 숲 속에서 길을 잘 찾는 사람을 더 대단하고 똑똑한 사람으로 여기는 것과 같은 이치다.

이렇듯 사람들에게 인정받는다는 것은 우리 삶을 이끌어가는 가장 중요한 원동력 중 하나다. 씻는 것부터 삶의 목표가 되는 중요한 일들까지 모든 일은 타인이 존재하기 때문에 성립할 수 있다. 결국 우리는 타인의 인정을 받기 위해서 열심히 산다는 것이다. 그렇다면 사람들의 인정이 그토록 중요하게 작용하는 이유는 무엇일까?

살기 위해 선택한 욕구

우리 인간은 꽤나 약한 동물이다. 힘이 강한 것도 아니고 아주 빠른 것도 아니다. 스스로 생존할 수 있을 만큼 성장하는 데에도 오랜 시간이 걸리고 이래저래 혼자 살기에는 어려움이 많은 동물이다. 그래서 자연은 이 혼자 두기 불안한 동물의 생존전략으로 '집단 이루기'를 선택했다. 그리고 이 전략을 뜻대로 이루기 위한 가장 효과적이고 쉬운 방법으로 '소속욕구 Need to Belong'라는 것을 내장시키기로 한다.[3] 인간이라는 동물을 혼자가 되거나 소외되는 것을 견디기 힘들어하는, 사람들에게 사랑받고 인정받을 때 행복을 느끼는 존재로 설정해버린 것이다.

　　　　이러한 욕구를 갖게 되면 사람들은 '오늘도 사람들을 신경 쓰고 다녀야겠어'라고 의식적으로 노력할 필요도 없이 자연히 그렇게 할 것이고, "죽을 때까지 독방에서 아무도 만나지 않고 혼자 살면 수백억을 주겠소"라는 제안을 받아도 어떻게든 집단을 이루어 사람들과 어울려 살려고 하게 된다. 따라서 소속욕구를 내장시켜버리는 것 이상으로 인간이 스스로 무리 지어 살도록 하는 간단한 방법이 어디 있겠는가.

　　　　심리학자들이 말하는 '인간은 사회적 동물'이라는 말은 이런 뜻이다. 이것은 단순히 사회를 형성하고 사는 동물이라는 뜻보다 훨씬 더

'하드코어'한 의미를 가지고 있다. 생존하기 위해 인정받고 수용되기를 원하고, 그러다 보니 남들을 끊임없이 의식하면서 그들의 기대에 맞는 행동을 하려고 애쓰는 동물이 바로 사회적 동물이다. 따라서 사회적 동물인 인간은 다른 사람들이 무엇을 원하는지, 어떤 생각을 하는지 항상 눈치를 본다. 그리고 종종 '열 길 물속은 알아도 한 길 사람 속은 알 수 없다'고 푸념하고, 사람들로부터 인정받는 길이 좌절되거나 무시당하면 슬퍼하기도 하고 화를 내기도 한다. 또한 수학 문제를 못 풀어도 세상의 이상한 시선을 받지 않지만 반대로 수학 문제를 천재적으로 잘 풀어도 자폐 증상이 있으면 문제가 있다는 진단을 받게 된다.

　이렇게 하드코어한 사회적 존재인 우리는 소속욕구라는 핵심 본능 덕분에 자연스럽게 무리를 지어 살게 되었고 어려운 사회생활을 잘 해내기 위한 다양한 기술들(눈치 보기, 감정 조절하기 등)을 갖게 되었다.[4] 그러나 한편으로는 힘겨운 일들도 많이 겪게 되었다. 다른 사람들을 지나치게 의식하다가 자기 자신을 잃어버린다든가 사람들로부터 거부당한 경험 때문에 소외감과 외로움의 늪에 빠져 허우적댄다든가 하는 것이다. 그래서 사르트르 Jean Paul Sartre는 '타인은 지옥이다 Hell is other people'라고 말했는지도 모르겠다.

　이처럼 인간이 사회적인 동물이기 때문에 발생하는 인간 특유의 고민거리들[5]과 중요한 현상들에 대해 계속해서 이야기해보자. 소속욕구와 그것으로 인해 벌어지는 다양한 일들은 우리 인간이라는 동물을 이해하는 바탕이 된다. 따라서 나 자신과 남에 대해 좀 더 깊숙이 이해하길 원한다면 이를 잘 알아둘 필요가 있다.

소외감은 순식간에 찾아온다

본격적으로, 아주 오래전부터 인류의 친구였던 소외감과 외로움에 대해 이야기해보자. 세상에는 '고독은 나의 친구'라고 밥 먹듯 이야기하는 사람들이 참 많다. 오늘도 수많은 사람들이 외로움을 달래줄 인연을 찾아 주변 사람들에게 소개팅을 독촉하고 옛 연인에게 보내지 못할 문자메시지를 썼다 지웠다 반복한다. 외로움은 하루에도 수십 번씩 우리를 찾아온다.

수많은 노래와 예술작품이 늘 이야기하듯 외로움은 우리 인간에게 가장 큰 영향을 미치는 감정 중 하나다. 외로움에 몸부림치는 사람들은 허전한 마음을 채워줄 사람들을 찾아 나서기도 하고, 반대로 스스로 더욱 고립되거나 심한 경우 감정을 이기지 못하고 생을 마감하기도 한다.

최근 한 통계에 의하면 미국에만 6,000만 명(인구의 20퍼센트)의 사람들이 고질적인 외로움을 호소하고 있다고 한다.[6] 우리나라 역시 다섯 명에 한 명 꼴로 어려울 때 기댈 수 있는 타인이 단 한 명도 없다고 응답한 다소 충격적인 조사 결과가 있다.[7]

그런데도 세상은 외로움을 그저 외면하고만 있는 것 같다. 적을 알아야 그에 맞는 대처를 할 수 있는 법. 우리는 왜 외롭고, 또 그때의 외로움은 얼마나 아픈 것일까? 우리는 어떻게 대처해야 하는가?

외로움 때문에 자살하는 사람들도 있다. 따돌림 때문에 자살이라는 극단적인 선택을 한 어린 학생들의 경우가 바로 그것이다. 단지 소외감을 느낀다는 이유로 목숨까지 버리는 일이 가능할까 하는 생각이 들기도 하지만, 한 번이라도 집단 내에서 따돌림을 당해보았거나 무리에 끼지 못해 소외감을 느껴본 적이 있는 사람이라면 그것이 얼마나 무섭고 고통스러운 일인지 알 수 있을 것이다.

언젠가 이런 경험을 한 적이 있다. 어떤 무리에서 모두가 한 드라마 이야기를 하는데 나는 그 드라마를 한 번도 본 적이 없어서 대화에 낄 수가 없었던 것이다. 사소하고 별것 아닌 일이지만 그때 나는 괜히 소외감을 느끼고 시무룩해졌다. 이런 일이 있고 난 뒤에는 주변 사람들이 보는 드라마, TV 프로그램을 일부러 챙겨보는 일까지 생겼다. 또 최신 개그 소재를 놓치지 않고 숙지하려고도 노력했다. 당신도 이런 경험을 한 적이 있는가?

키플링 D. 윌리엄스Kipling D. Williams가 동료들과 고안한 한 실험을 살펴보자(오른쪽 그림 참조). 세 명의 실험 참가자가 있다. 과제는 서로 공을 던져서 주고받는 것이다. 그런데 이 중 두 명이 주로 공을 주고받고 나머지 한 명에게는 공을 잘 주지 않는다. 이 경우 공을 잘 받지 못한 한 명에게는 어떤 일이 일어날까?

소외된 사람(공을 잘 받지 못한 사람)은 우선 분노를 느끼게 된다. 그리고 이내 의기소침해진다. 기분이 급격히 나빠질 뿐만 아니라 자신의 가치에 대해 의심을 품게 되고 이내 자존감이 곤두박질친다. 또한 어떤 일들을 자신이 원하는 대로 해낼 수 있다고 여기게 하는 통제감도 떨어진다. 이러한 통제감은 근자감(근거 없는 자신감 또는 비현실적으로 높은 통제감)의 원천이 되기도 하는데, 소외감을 느끼면 우리 삶에 쏠쏠한 재미를 불어넣는 이 근자감마저 하락하게 된다. 그리고 여기서 더 나아가 심지어 '나는 존재할 가치가 있는가?'라는, 답도 없고 생각하면 할수록 우울해지기만 하는 존재론적 질문들까지 하게 된다.[8]

왼쪽 : 아무도 소외되지 않는 상황. | 오른쪽 : 가운데 참가자가 소외되는 상황.◆|
간단한 공놀이로도 극심한 소외감을 느낄 수 있다.

이렇게 상대가 친구나 가족처럼 자신의 삶에서 중요한 사람들도 아니고(난생 처음 보는 다른 실험 참가자), 학교나 회사처럼 자신의 삶의 터전에서 겪는 일도 아닌데도(실험실에서 겪는 상황), 사람들은 (잠깐 동안 공놀이에서 소외당한 것만으로) 줄줄이 다양한 심리적 타격을 입게 된다. 그리고 이렇게 자신의 존재 가치까지 의심하게 되는 데 단 2~3분밖에 필요하지 않다는 사실은 다소 충격적이다.[9]

직접 대면한 상황이 아니라 컴퓨터상의 가상 공놀이에서 소외되어도 결과는 마찬가지다. 이밖에도 누군가가 나와 함께 있고 싶어

하지 않는다는 정보를 듣게 되거나 앞으로 평생 혼자 살아야 한다고 잠시 상상해보는 것만으로도 사람들은 의기소침해지고 자존감을 상실하게 된다.[10]

단 2~3분 동안 생판 모르는 남에게 받은 소외의 파괴력이 이렇게 큰 걸 보면 친구나 직장 동료 같은 중요한 사람들에게 장기간 소외되는 고통은 참으로 어마어마할 것이다.

우리 뇌는 '사회적 뇌'라는 별명이 붙을 정도로 타인과 관련된 정보를 알아내는 데 매우 발달되어 있어 타인의 시선이나 얼굴 표정 등의 정보를 무의식적으로 매우 민감하게 알아차린다는 점 또한 기억하자. 이는 남이 내 눈을 슬쩍 피한다든가 미묘한 표정을 짓는다든가 하는 아주 작은 정보만으로도 쉽게 소외감을 느낄 수 있다는 것을 의미한다. 앞으로 사소한 일에 소외감을 느끼는 일이 생기면 '나는 왜 이렇게 못났을까' 하고 자신을 탓하지 말자. 우리는 애초에 그렇게 느끼도록 만들어졌다.

결국 우리는 불가피하게 소외되기도, 소외시키기도 매우 쉬운 존재다. 따라서 서로 간에 사소한 말이나 행동 하나도 조심해야 할 것이다.

외로울 땐 타이레놀을 먹어라

'외로움이 뼈에 사무친다', '옆구리가 시리다' 같은 말은 우리 주변에서, 특히 추운 겨울을 홀로 맞은 솔로들에게 쉽게 들을 수 있는 말이다. 그런 사람들에겐 보통 월동 준비를 권해주거나 가볍게 무시해주는 것으로 넘어가곤 한다. 하지만 글쎄, 솔로들은 실제로 몸이 욱신거리거나 추운 느낌을 받을지도 모른다.

최근 소외감이나 외로움을 느낄 때 활성화되는 뇌 영역이 신체적 고통을 느낄 때 활성화되는 뇌 영역과 거의 같다는 사실이 연구 결과 밝혀졌다.[11] 즉 소외감이나 외로움을 느끼게 되면 신체적 고통을 느끼는 것처럼 아프고 괴로울 수 있다는 것이다.

다소 황당하게 들릴지도 모르지만, 네이선 디월Nathan Dewall과 동료들은 여기에서 한 발 더 나아가 '신체적 고통에 대한 진통제인 타이레놀로 외로움을 치료할 수 있을까?'라는 의문을 갖기도 했다.[12] 외로움의 고통과 신체적 고통이 정말로 어깨를 나란히 하고 있다면, 타이레놀이 신체적 고통을 줄여주듯이 외로움도 진정시킬 수 있어야 한다는 것이다. 실험 결과, 놀랍게도 타이레놀을 먹으면 실제로 외로움이 다소 줄어드는 현상이 나타났다.

사람들에게 소외감을 느끼게 한 후 한 집단의 참가자들에게는 타이레놀을, 다른 집단의 참가자들에게는 위약(가짜 약)을 주었다. 그 결과 위약을 먹은 참가자들에 비해 타이레놀을 먹은 참가자들은 소외감이 감소했다.

이러한 현상은 뇌에서도 확인되었다. 소외된 후 타이레놀을 먹은 참가자들의 뇌에서는 고통을 관장하는 영역의 활성화 정도가 비교적 낮았다. 결론적으로 타이레놀에 외로움을 진정시키는 효과가 있음이 확인된 것이다. 진통제가 외로움을 진정시키는 데에 효과가 있다는 것은 다시 생각하면 실제로 외로움이 뼈에 사무치게 아플 수도 있다는 얘기 아닐까?

이 연구에 관한 이야기를 들은 내 지인은 자기가 습관적으로 타이레놀을 섭취해온 것이 혹시 몸이 아파서가 아니라 마음이 외로워서가 아니었을까 하고 자기성찰을 하기도 했다. 혹시 당신도 그렇지 않은지?

챈보중Chen-Bo Zhong과 제프리 J. 레오나델리Geoffrey J. Leonardelli의 2008년 연구에 의하면 외로우면 아프기만 한 게 아니라 옆구리가 시리기도 한다.13 한 집단의 참가자들에게는 소외당한 경험을 상상하게 하고(소외 조건), 다른 한 집단의 참가자들에게는 다른 사람들과 잘 어울려 지낸 경험을 상상하게 한 후 지금 있는 방의 온도를 추측해보라고 했다. 당신도 지금 한번 상상해보고 방 온도가 몇 도 정도일지 답해보라.

이 실험에서 소외 조건의 참가자들이 다른 조건의 참가자들보다 방 온도를 3도 정도 낮게 추측하는 경향이 나타났다. 외로운 사람들이 그렇지 않은 사람들에 비해 더 춥게 느꼈다는 것이다. 또한 소외감을

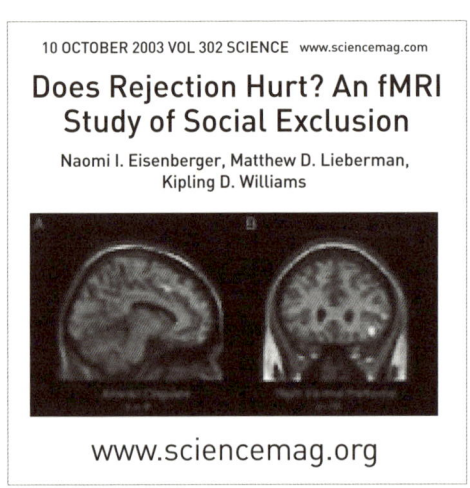

왼쪽 : 등쪽전두대피질dACC. I 오른쪽 : 전측뇌섬엽Anterior Insula.
소외를 당하면 신체적 고통의 정서적 측면(짜증 등)을 담당하는 뇌 부위가 활성화된다.◆2

느낀 사람들은 그렇지 않은 사람들에 비해 커피나 수프 같은 따뜻한 음료나 음식을 더 선호한다.

외로움이 단순한 비유를 넘어 실제로 뼈에 사무치게 아프고 정말 옆구리가 시릴 수도 있다는 사실은 외로움이라는 강력한 놈 앞에는 장사가 없다는 생각을 하게 한다. 외로운 사람들이여, 일찌감치 철저한 월동 준비에 들어가자.

외로움은 배고픔과 같은 것

외로움은 신체적 고통과 비견할 수 있을 만큼 아픈 것임을 확인했다. 뿐만 아니라 외로움이 우리에게 주는 고통은 질병과 죽음이라는 무시무시한 형태로 나타나기도 한다.[14]

탄탄한 인간관계를 가지고 있는지는 사람들의 건강을 예측하는 중요한 지표가 된다. 인간관계가 좋고 관계에 대한 만족도가 높을수록 건강할 확률이 높다. 반면 인간관계가 원만하지 못하거나 외롭다고 느끼는 사람들은 그렇지 않은 사람들에 비해 사망률이 높다. 또한 주요 사망 원인이 되는 다양한 질병에 걸릴 확률도 더 높다.[15]

외로운 사람들은 그렇지 않은 사람들에 비해 스트레스도 훨씬 쉽게, 많이 받고 같은 병에 걸려도 회복이 느리다. 심지어 손가락을 베이는 등의 간단한 상처가 아무는 데도 외로운 사람들은 그렇지 않은 사람들에 비해 더 오랜 시간이 걸린다.[16]

또한 외로운 사람들은 건강에 좋지 않은 생활 습관을 갖고 있을 확률이 높다. 중장년층의 경우, 외로운 사람들이 그렇지 않은 사람들에

비해 술을 많이 먹고 식습관도 건강하지 못하며 운동도 덜 한다는 조사 결과가 있다.[17]

외로운 사람들은 수면 습관도 좋지 못하다. 그들은 외롭지 않은 사람들에 비해 잠의 양이 적지는 않지만 잠의 질이 좋지 못했다. 같은 시간을 자도 외로운 사람들은 그렇지 않은 사람들에 비해 숙면을 취하지 못한다는 것이다.[18]

이렇게 외로움은 우리의 몸과 마음을 피폐하게 만들며 우리 삶 전반에 매우 안 좋은 영향을 미친다. 외로움은 단순한 고통을 넘어서 우리 삶의 질과 생명을 위협하는 심각한 문제인 것이다.

그렇다면 소외감과 외로움이라는 것들은 도대체 '왜' 우리를 괴롭게 하는 것일까? 그 원인에 대해 좀 더 근본적인 이야기를 해보자.

인간은 영양분을 섭취해야 살 수 있다. 따라서 정기적으로 영양분을 섭취할 수 있도록 적절한 타이밍에 배가 고프도록 되어 있다. 그런데 만약 '배고픔'이라는 게 없다면 어떻게 될까? 아마 영양분을 제때 섭취하지 못하게 되어 만성 영양실조에 걸리게 될 테고 결국 생태계에서 영원히 멸종해버릴지도 모른다.

학자들은 외로움이 우리의 사회생활에 있어 이 배고픔과 같은 역할을 한다고 보고 있다.[19] 앞서 인간을 뭉쳐서 살도록 하기 위해 소속 욕구라는 것이 생겨났다고 말했다. 그런데 만약 혼자가 되는 것이 하나도 아프지 않다면 어떻게 될까? 사람들이 지금처럼 다른 이들과 어울리려고 할까? 혼자가 되는 것이 상당히 아파야 기를 쓰고 혼자가 되지 않으려고 할 것이다.[20] 이렇듯 소외감이나 외로움이 괴로운 이유는 사회적 관계가 잘 되고 있지 않을 때 "역시 혼자인 건 못 견디겠지? 빨리 누군가를 찾으라고!"라며 다시 사람들과 어울리도록 재촉하기 위함이다. 영양분이 모자랄 때 배를 고프게 하여 음식을 섭취하게 만드는 것과 같은 이치라고 볼 수 있겠다. 그래서 흔히 외로움을 소속욕구가 만들어낸 고통이라고 이야기하는 것이다.

배고픔을 느끼지 못하는 동물은 영양 부족으로 인해 멸종할 확률이 크듯 사람들이 만약 외로움과 소외감이라는 아픔을 전혀 느끼지 못한다면 지금과 같은 풍성한 인간관계 속에서 살고 있지 않을 것이다. 시린 옆구리를 보호하기 위해 짝을 찾으려는 노력도 연인과의 관계를 지속시키려는 달콤한 속삭임도 필요가 없어지고, 갑작스런 이별통보에도 '총 맞은 것처럼' 같은 노래를 부르지 않게 될 것이다. 아마 수많은 사람들이 엉켜 사는 도시의 모습이나 여럿이 모여 음주가무를 하며 유흥을 즐기는 모습도 없지 않을까?

외로우면 눈치력이 향상된다?

조금 더 우리의 일상생활에 가까운 이야기를 해보자. 우리는 외로움이 닥쳐올 때 어떻게 대처할까?

외로움은 나의 사회적 관계에 무언가 이상이 있다는, 내가 혼자가 되어가고 있다는 신호다. 앞서 말했듯 무리를 지어 사는 것은 인간의 가장 근본적인 생존전략이기 때문에 혼자가 되고 있다는 신호는 상당히 심각하게 받아들여야 할 경고다. 거의 '너 지금 망해가고 있어'와 같은 수준의 경고라고나 할까.

따라서 이럴 때 몸과 마음의 각종 시스템들은 이 주인 녀석이 다시 사람들과 잘 어울릴 수 있도록 비상대책회의를 하고 여러 가지 작전을 짜낸다. 어떻게 하면 다시 사람들을 붙잡아 주인의 곁에 있게 할지, 즉 주인을 다른 사람들의 마음에 들게 만들 궁리를 하는 것이다.

이런 과정의 첫 걸음은 다른 사람들이 무엇을 원하는지 파악하는 것, 쉽게 말하면 '눈치를 보는 것'에서 시작한다. 사람들의 맘에 들기 위해서는 우선 상대방이 현재 어떤 정서 상태에 있는지, 나 때문에 기분이 좋은지 아니면 기분이 상했는지, 또 나에게 원하는 게 무엇인지를 파악하고 그 기대에 맞게 행동해야 한다.

예를 들어 쇼핑을 하며 "저거 정말 예쁘다"라는 여자친구의 말이 정말 물건이 예쁘다는 정보를 전달하기 위한 것인지, 아니면 "저것을 사내어라"라는 말인지를 상황의 흐름과 여자친구의 미묘한 표정, 제스처 등 온갖 정보를 긁어모아서 파악해야만 한다.

이 과정에는 상대방의 미세한 표정, 시선, 제스처, 목소리 등 최대한의 경로를 통해 관련 정보를 수집하는 것이 필요하다. 그 결과 우리의 몸과 마음은 엄청난 눈치 보기 모드에 돌입하게 된다. 이러한 일련의 마음 읽기 과정을 심리학 용어로 '조망수용 perspective-taking'이라고 한다.

마음 읽기는 엄청난 주의력을 요한다. 뿐만 아니라 고질적인 습관인 자기중심적 사고에서 벗어나 타인의 입장에서 생각하려는 노력도 필요하다. 이는 인지적으로 상당히 고급스러운 기술, 즉 매우 어려운 일이다. 그런 이유로 열 길 물속보다 한 길 사람 속을 아는 것이 더 어렵고 "오빠는 내가 왜 화났는지 몰라?" 같은 질문이 10대 불가사의 중 하나로 꼽히는 것이다. 그러나 아무리 어려운 일이라고 해도 사람은 일단 외로워지면 몸과 마음이 눈치를 잘 보려고 노력하게 되고 그러다 보면 결과적으로 마음 읽기 기술이 향상된다.[21]

다음은 앞선 실험을 활용한 또 다른 실험이다. 먼저, 참가자들에게 다른 사람에게 거절당했던 기억을 떠올리게 하거나, 공 던지기 게임에서 혼자 공을 못 받게 하여 소외감을 느끼게 만든다. 그리고 나서 뜬금없이 인터뷰 영상을 하나 보여준다. 영상 속 사람은 자신의 경험을 늘어놓으며 그때의 느낌이 어땠는지 이야기한다. 영상 속 사람이 감정적인 모습을 드러낼 때마다 잠시 영상을 멈추고 참가자에게 지금 저 사람이 어떤 생각과 감정을 가지고 있는지 맞혀보라고 한다.

영상 속 사람이 실제로 이야기한 생각, 감정과 실험 참가자들의 응답이 얼마나 일치하는지를 보면, 다른 참가자들에 비해 타인의 생각이나 감정에 주의를 기울이고 이를 정확하게 해석해내는 참가자를 찾을 수 있다. 신시아 L. 피켓Cynthia L. Pickett과 동료들은 이 실험을 통해 외롭거나 소외감을 느낀 참가자들이 그렇지 않은 참가자들에 비해 평균적으로 사람의 생각과 감정을 더 잘 읽어낸다고 결론지었다.

이밖에 사람들에게 소외감이나 외로움을 유발시키거나 소속욕구 자체를 높이게 되면 다른 일반적인 사건들에 비해 사람들이 얽혀 있는 사건들에 대한 기억을 특히 잘하게 된다는 결과도 있다.[22] 또한 소외감을 느낀 사람들은 다른 사람의 표정에서 드러나는 생각이나 감정을 잘 읽어낼 뿐 아니라 목소리 톤을 통해서도 이 사람이 어떤 감정을 겪고 있는지 더 잘 알아차린다는 결과도 있었다.[23] 소외감을 느끼게 되면 귀까지도 눈치를 본다는 것이다.

이러한 이야기들을 종합해보면 사람이 고플 때 우리는 자신도 모르게 다른 사람의 미묘한 표정 하나 목소리 하나에 더욱 주의를 기울이게 되고, 그 결과 사람들의 마음을 더욱 잘 알게 된다고 할 수 있다. 배부를 때보다 배고플 때 떡볶이 사진 하나에 마음이 싱숭생숭해지고 희미한 라면 냄새를 귀신같이 알아차리는 것과 같은 이치다. 무능한 주인에게 친구를 만들어주기 위해 몸과 마음의 장치들이 고군분투하는 것이다. 참으로 고마운 부하들이 아닐 수 없다.

'윌슨'에게 말 걸기

감자를 썰다가 왠지 감자에 눈, 코, 입이 있는 것 같다거나, 우연히 올려다본 구름이 웃고 있는 것 같다거나, 그냥 무작위로 그려진 점들 사이에서 사람 얼굴처럼 생긴 걸 발견한 적이 있는가?

배고픔이 점점 심해지는데도 먹을 것이 없는 경우에는 지독한 목마름 끝에 오아시스를 보게 되는 것처럼 눈앞에 음식이 아른아른 거리게 된다. 이와 같은 현상은 외로운 경우에도 나타난다. 외로워서 사람이 그리워지면 사람들을 잘 살피게 될 뿐만 아니라 사람처럼 생긴 것이 눈앞에 아른거리게 된다. 즉 외로우면 사물을 의인화하게 될 가능성이 커진다는 것이다.

의인화는 사람이 아닌 무언가에 사람 같은 속성(성격, 의도 등)을 부여하는 것을 뜻한다. 영화 〈캐스트 어웨이 Cast away〉에서 주인공 톰 행크스가 아무도 없는 무인도에 표류되어 살면서 배구공에 '윌슨'이라는 이름을 붙이고 말을 거는 장면을 떠올려보면 되겠다. 물론 이는 좀 중증인 경우에 해당한다. 당신은 평소 인형에 이름을 붙인 적이 있는지,

애완동물이 내 말을 다 이해하고 있다고 생각한 적이 있는지, 사물을 보고 어떤 사람을 닮았다고 생각한 적이 있는지 한번 생각해보라. 그러면 자신이 의인화를 많이 하는 편인지 가늠할 수 있을 것이다.

외로움을 느끼면 의인화를 평소보다 더 많이 하게 된다고 한다. 애완동물이 외로움을 극복하는 데 큰 도움이 되었다는 체험담을 종종 듣게 되는데, 외로움을 많이 느끼는 사람들은 그렇지 않은 사람들에 비해 자신의 애완동물이 '사려 깊다'든지 '공감을 잘한다'든지 하는, 사람 같은 속성을 많이 지닌다고 생각하는 경향이 있다.

외로운 사람들의 의인화는 동물에 그치지 않는다. 이들은 시계,

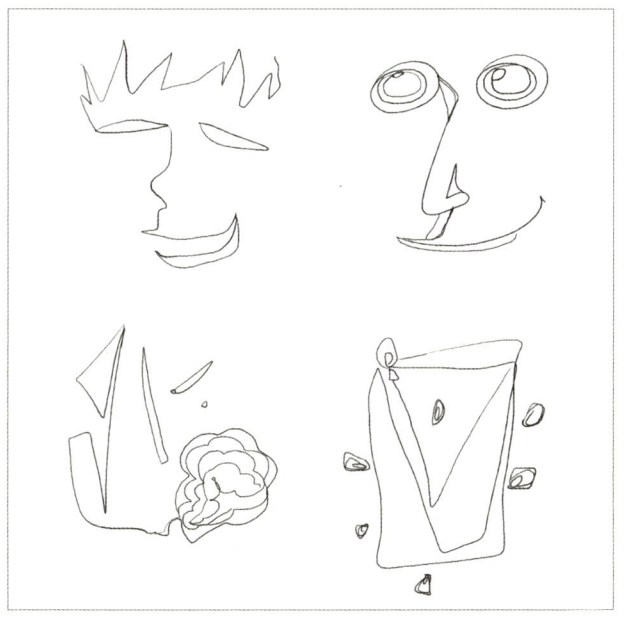

위 : 사람 얼굴을 닮은 그림. | 아래 : 아무것도 닮지 않은 애매한 그림. ◆3
우리는 사람이 그리우면 사람 같은 무엇을 상상해서라도 그 공허함을 채우려 한다.

베개, 공기 청정기와 같은 사물도 의도나 의식, 감정 등을 가지고 있다고 말한다.[24]

이와 관련하여 재치 있는 연구로 유명한 니콜라스 에플리Nicholas Epley와 동료들의 연구를 살펴보자. 한 집단의 사람들에게는 〈캐스트 어웨이〉 같은 영화를 보여주고 주인공과 자신을 최대한 동일시해서 상상해보라고 한다(소외 조건). 또 다른 집단의 사람들에게는 영화 〈양들의 침묵〉을 보여주고(공포 조건), 마지막 집단의 사람들에게는 야구 경기 영상을 보여준다(통제 조건). 그런 다음 세 조건의 사람들 모두에게 사람 얼굴처럼 보이는 그림과 뭔지 알 수 없는 애매한 그림들을 섞어서 하나씩 보여준 후 각 그림에서 사람 얼굴이 보이는지를 물었다.

그 결과 외로움을 느낀 소외 조건의 참가자들은 나머지 두 조건의 참가자들에 비해 애매한 그림에서조차 더 많은 사람 얼굴을 찾아냈다.[25] 혹시 앞의 그림을 보고 '전부 얼굴 같아 보이는데?'라고 생각하진 않았는가? 그랬다면 당신은 일단 의인화를 잘하는 편이라 할 수 있고 어쩌면 외로운 거라고도 할 수 있겠다.

〈캐스트 어웨이〉의 톰 행크스가 배구공을 윌슨으로 만들었듯이 외로워지면 우리는 사람으로 삼을 무언가를 찾게 된다. 혼자가 되지 않으려는 처절한 몸부림이랄까. 평소에 구름 조각을 보고 얼굴처럼 생겼다고 생각하는 등 의인화를 많이 하는 편이라면 혹시 마음이 외로웠던 것은 아닌지 생각해보는 것도 좋겠다.

다시 받아들여질 수 있다는 희망을 가져라

앞에서 살펴본 바와 같이 외로움이 찾아오면 우리는 그 상태에서 벗어나기 위해 재빨리 사람 또는 사람 같은 무엇을 찾게 된다. 이것이 우리가 외로울 때 취하는 가장 일반적이고 일차적인 대처법이라고 할 수 있겠다.

하지만 이제까지 이야기해온 것처럼 혼자 조용히 사람들에게 주의를 기울이고 어울리고 싶다고 생각하는 것에서 더 나아가, 사람들에게 적극적으로 다가가고 모임에 활발하게 참여하는 등의 실제 행동을 취하는 것은 또 다른 차원의 문제다.

외로움을 느낄 때 어떤 사람은 이를 해소하기 위해 적극적으로 사람들에게 다가가는 반면, 어떤 사람은 슬픔과 분노에 빠지거나 사람들을 만나는 것을 더 두려워하기도 한다. 이처럼 사람마다 외로움을 대처하는 방법이 서로 다른 이유는 무엇일까? 성격이 모난 사람일수록 부적응적인 반응을 보이는 것일까?

엘리 J. 핑켈Eli J. Finkel과 로이 F. 바우마이스터Roy F. Baumeister의 연구에 의하면 이러한 차이를 불러오는 가장 핵심적인 요소는 '사람들에게 다시 받아들여질 가능성이 있는지에 대한 지각'이라고 한다. '나를 소외시킨 사람들이 다시 나를 받아들여줄까?'하고 스스로 생각해봤을 때 어떠한 답이 나오느냐에 따라 이후의 행동에 큰 차이가 발생한다는 것이다.[26]

만약 학교나 직장에서 어떤 사소한 오해로 인해 따돌림을 받고 있다고 생각해보자. 정말 작은 오해인데 이미 사람들은 나를 나쁜 사람으로 생각하고 만회할 기회조차 주지 않고 있다. 이럴 경우 아마 대부분의 사람들은 극심한 좌절을 맛볼 것이다. 게다가 자신의 뜻대로 뭔가를 해낼 수 있다는 느낌인 통제감마저 떨어져 '내가 더 이상 무얼 할 수 있겠어. 나는 이것밖에 안 되는 인간인 거야'라며 무기력 상태에 빠지게 될 것이다.

이런 상태가 지속되면 대부분의 사람들은 관계를 개선하기 위한 노력을 그만두고 자신을 이렇게 비참하게 만든 이들을 미워하게 될 수 있다. 관계 개선의 여지가 없어 적과 친구가 될 수 없다면 이젠 전쟁을 준비할 수밖에. 이런 수순으로, 한번 받아들여지지 못한 사람은 더 비뚤어지게 된다.

따라서 이러한 부적응 행동이 일어나지 않게 하기 위해서는 주변 사람들의 '다시 기회를 주는 너그러운 행동'이 매우 중요하다. 적어도 갈등이 해소되면 다시 친구가 될 수 있다는 여지를 주어야 한다. 이러한 여지가 없으면 한번 집단에서 어긋난 사람은 더 비뚤어지고 더 소외될 수 있다.

이러한 원리는 그릇된 행동을 수정하는 과정에서 보편적으로 나타난다. '나쁜 아이' 또는 '공부 못하는 아이'로 낙인찍힌 아이들은 혼나면 혼날수록 더 비뚤어지는 모습을 보이기도 한다. 이런 경우 아이들은 이제 무엇을 시도하든 간에 다시는 사람들에게 인정받지 못할 거라고 생각하기 때문이다. '이젠 틀렸어'라고 생각하며 포기해버리는 것이다. 이와 같이 만회할 기회를 주지 않음으로써 생기는 부적응 현상을 '낙인 효과'라고 한다. 이런 상황이라면 아무리 바른 사람이라도 한없이 비뚤어지려고 할 것이다.

이러한 사실은 집단에서 겉돌거나 사회적 부적응자로 낙인찍혀 있는 사람들에게 우리가 할 일은 비난이나 외면이 아니라 기회가 있다는 희망을 주는 것임을 알려준다. 물론 그들 스스로도 노력해야겠지만, 그렇다고 최소한의 희망도 주지 않으면 노력할 기회 자체를 빼앗는 일이 되기 때문이다.

깊은 관계 만들기

외로움은 소외당했을 때만 찾아오는 것이 아니다. 다수의 사람들과의 좋은 관계 속에서 별일 없이 사는 사람들 중에도 고질적으로 외로움을 느끼는 사람이 있다.

앞서 이야기했듯이 미국에서만 인구의 20퍼센트에 달하는 사람들이 고질적인 외로움을 겪고 있고, 우리나라에서도 4분의 1에 달하는 사람들이 어려울 때 기댈 수 있는 타인이 단 한 명도 없다고 응답했다. 이 통계들은 상당히 많은 사람들이 고질적인 외로움에 시달리고 있을 가능성이 높다는 것을 보여준다.

이런 고질적인 외로움은 어디에서 오는 것일까? 외로운 사람에 대한 이미지를 한번 떠올려보자. 어떤 그림이 그려지는가? 밥도 혼자 먹고 집에 틀어박혀 잘 나오지도 않고 표정은 어두우며 사람들과 마주치면 피하고 마는, 그런 모습이 그려지지는 않는가?

이렇게 우리는 외로운 사람은 사회성이 한참 떨어지는 모습일 거라고 생각한다. 하지만 실제로는 그렇지 않다고 한다. 우리가 상상하는 것과는 다르게 외로운 사람들은 그렇지 않은 사람들에 비해 친구 수가 적거나 사회성이 낮지 않다. 즉 겉보기에는 별 차이가 없다는 것이다. 외로운 사람들도 그렇지 않은 사람 못지않게 친구들이 많고 사람들과 잘 어울리며 잘 웃고 다닌다.

그렇다면 도대체 고질적인 외로움은 어디에서 오는 것일까? 존 T. 카시오포 John T. Cacioppo에 의하면 외로운 사람과 그렇지 않은 사람의 가장 큰 차이는 사람들과 깊고 의미 있는 관계를 맺고 있느냐 아니냐에 따른다.27 즉 아무리 친구 수가 많고 화려한 생활을 자랑해도 서로 마음을 열고 모든 걸 나눌 수 있는 사람이 없다면 여전히 외로울 수 있다는 애기다. 얕은 관계가 아무리 많아도 마음을 채워주는 깊은 관계가 하나도 없다면 여전히 사람의 온기를 그리워하며 배고파할 수 있다는 것이다. 특별히 소외당하는 일이 없는데도 외로움을 자주 느끼고 있다면 마음을 털어놓을 참된 친구를 만들어보는 것은 어떨까?

Talk 마음은 준 만큼만 되돌아온다

친구의 수가 아무리 많다고 해도 마음을 터놓을 수 있는 참된 친구가 한 명도 없으면 외로움이 느껴질 수도 있다. 그렇다면 나의 외로움을 달래줄 참된 친구는 어떻게 만드는 것일까?

당신은 당신의 친구를 얼마나 잘 알고 있는가? 오랜 시간을 함께 보냈는데도 이름, 성별, 나이, 사는 곳, 직업 등 표면적인 정보만 알 뿐 그 친구가 지금 마음속에 무슨 생각을 하고 있고 무엇을 느끼고 있는지 모르고 있지는 않은가?

인간관계가 형성되는 과정을 보면 사람들은 보통 상대방이 마음을 여는 만큼만 자신의 마음을 연다. 어떤 사람이 자신에 대해 이름과 사는 곳 정도의 정보만 주고 "날씨가 좋군요"와 같은 피상적인 말만을 건네면 그 상대방도 그 사람에게는 이름과 사는 곳 정도의 제한된 정보만을 주게 된다.

물론 관계 초기에는 피상적인 정보들을 교환하기 마련이다. 처음 만난 순간부터 속에 있는 깊은 이야기를 모두 꺼내는 사람은 거의 없을 것이다. 하지만 관계가 점점 진행되는데도 피상적인 정보들만을 공개하게 된다면 그 관계는 더 이상 발전하기 어려워진다.

이럴 때 둘 중 한 사람이 먼저 물꼬를 트는 것이 중요하다.[28] 자신에 대해 조금씩 더 공개하면 상대방도 자연스레 따라오게 되고 더 깊은 이야기들을 하게 된다. 상대방이 자신에게 다가오게 만들려면 먼저 용기를 내어 이전보다 더 깊은 이야기를 하려고 해보자. 결국 참된 친구를 만들려면 내가 먼저 상대에게 그런 사람이 되도록 열심히 다가가고 노력해야 하는 법이다.

또한 현실적으로 우리의 자원과 시간은 한정적이기 때문에 모든 사람에게 동일하게 사랑받으려고 하다 보면 어느 정도까지는 좋은 관계를 만들 수 있어도 진정으로 깊은 관계는 하나도 맺지 못하는 경우가 생기기도 한다. 실제로 '만인의 연인'을 자처하는 사람의 경우 그렇지 않은 사람들보다 '특별한 호감'은 받지 못하는 경향이 있다.[29] 즉 깊은 관계를 만들기 위해서는 선택과 집중이 필요하다는 얘기다.

정리하면, 참된 친구를 만들기 위해서는 자신과 잘 통하는 사람을 선택하여 내가 먼저 그 사람에게 참된 친구가 되겠다는 마음으로 용기를 내어 다가가는 것이 필요하다. 누군가와 진심을 나누는 가슴 벅찬 경험을 통해 외로움을 이겨내 보도록 하자.

사회적 동물, 인간의 숙명

지금까지의 이야기를 통해 당신은 외로움이 우리의 몸과 마음에 얼마나 치명적인지, 외로움이 닥치면 자연스럽게 어떤 반응들이 나오게 되는지에 대해 설명하는 연구 결과들을 만나보았다. 외로움의 실체에 대해 알고 난 지금, 외로움 앞에서 허세를 부리는 것이 얼마나 부질없는 일인지 깨닫게 되었는가?

당신은 '어차피 인생은 혼자 가는 거지, 뭐', '나 혼자 천상천하 유아독존하며 살 수 있어'라는 생각을 단 한 번이라도 해본 적이 있을 것이다. 사람들과 부대끼며 살아가는 게 귀찮고 피곤하기만 하고, 그러다가 때때로 외로움이 닥쳐오면 '외로움이 뭐 대수야?'라며 무시 및 회피 전략을 쓰기도 한다.

그러나 이제 우리 인간은 아주 '하드코어'한 사회적 동물이라는 사실을 인정하자. 혼자서 살겠다고 아무리 발버둥을 쳐도 우리의 마음 시스템은 절대로 우리를 가만히 두지 않는다. 외로움이 배고픔처럼 찾아올 때면 먹을 것을 찾듯이 사람을 찾아 나서도록 우리를 움직인다는 사실을 마음속 깊숙이 새겨두자.

배고픈 상태에서 "아니야, 나는 배고프지 않아"라고 현실을 부정하며 계속 아무것도 먹지 않는 것이 어리석은 행동인 것처럼 사람들로부터, 외로움으로부터 도망치려고만 하는 행동 또한 꽤 어리석은 행동인 것이다. 이제 우리는 하드코어한 사회적 동물로 만들어진 인간의 운명을 깨닫고 받아들여야 한다. 이러한 깨달음은 나라는 존재뿐만 아니라 같은 사회적 종(種)인 타인을 이해하는 데에도 많은 도움을 준다.

외로움을 느끼는 것은 곁에 누군가가 필요하니까 어서 사람을 찾아 나서라고 하는 마음의 독촉장이다. 따라서 항상 사람들과 좋은 관계를 맺을 필요가 있다는 사실과 외로움을 느낄 때면 적극적으로 사람들을 찾아 나서야 한다는 사실을 냉정하게 인정하자. 이것이 앞으로 계속 다가올 나와 타인의 외로움에 잘 대처하는 출발점이 될 것이다.

도대체,
누구를 위한 삶인가?
외부 시선의 껍질 벗기기

지인 중 누구보다도 자유로운 영혼을 지닌 사람이 있다. 그는 자유기고가나 만화가처럼 구속받지 않는 직업이 참 잘 어울릴 만한 사람이다. 그런데 졸업 후 취업을 할 즈음 그는 보수적인 분위기의 대기업에만 입사 원서를 넣었다. 그런 그의 결정에 의아해했던 기억이 있다. 마치 바다에 살아야 하는 물고기가 육지 생물을 흉내 내며 자꾸 뭍으로 올라오려고 하는 모습을 보는 것 같았다. 실제로 그는 들어가는 회사마다 한 달을 넘기지 못하고 퇴사하는 일을 반복했다.

그는 왜 뭍에서 사는 물고기가 되려고 한 걸까? 여러 원인들이 있겠지만 그중 가장 큰 원인은 '주변의 기대'가 아닐까 싶다.

나를 결정짓는 다른 사람들

당신은 어떤가? 비단 미래를 결정하는 중대한 사안뿐만 아니라 사소한 물건 하나를 살 때도 '내가 이걸 사면 다른 사람들이 날 어떻게 생각할까?'라는 생각을 해본 적이 없는가?

대부분의 사람들은 '남들이 날 이상하게 생각하면 어떡하지?', '저 사람들 혹시 나에 대해 이야기하고 있는 건 아닐까?', '오늘 옷이랑 화장이 이상해 보이지 않을까?'와 같은 생각을 의식적, 무의식적으로 하루에도 몇 번씩 한다. 그리고 이러한 생각들은 우리의 생각과 행동 전반에 매우 커다란 영향을 미친다. 앞서 우리는 사람이 아무도 없는 무인도에 산다 해도 지금처럼 깨끗하게 씻고 가지런히 빗질하고 단정하게 옷을 입으려 할지에 대해 이야기했다. 만약 '남 의식하기'가 없었다면 지금처럼 위생산업이나 패션산업이 활발하게 발전하지 않았을 거라는 얘기다.

좀 더 진지한 결정에 있어서도, 우리는 사람들의 평가 때문에 자신의 뜻을 관철시키지 못하고 심지어 자신이 무엇을 원하는지도 모른 채 그저 남의 눈에 좋아 보이는 것을 선택하곤 한다. 내가 잘하고 좋아하는 것보다 사람들이 좋다고 하는 것이 아무런 의심 없이 우선순위에 오르게 된다. 그리고 시간이 지나서야 그 판단이 너무 경솔했던 것은 아닌지, 진짜 내 인생은 어디에 있는지 생각하며 후회하게 된다.

앞서 말했듯이 사회적 동물인 우리 인간에게 있어 사랑받고 인정받고 싶어 하는 욕구는 생존 본능만큼, 때로는 그 이상으로 더 중요하다. 따라서 이러한 욕구를 충족시켜주는 것은 매우 중요한 일이다. 소속욕구를 제대로 충족시키지 못했을 경우 우리는 외로움과 소외감의 고통에서 허우적거리게 된다.

따라서 사람들에게 받아들여지기 위해 다른 사람들이 나를 어떻게 볼지 신경 쓰는 것은 당연한 일이며 꼭 필요한 일이다. 타인이 나를 어떻게 보는지, 내가 어떻게 하기를 원하는지를 알아야 사람들의 기대에 맞춰 이른바 '바람직한 사회인'으로서의 역할을 성공적으로 해낼 수 있다. 만약 타인의 시선을 조금도 신경 쓰지 않는다면 '안드로메다에 개념을 두고 온 인간'이라는 딱지가 붙어버릴지도 모른다.

사람들의 시선을 신경 쓰는 것은 반드시 필요한 일이지만, 문제는 때때로 너무 지나치게 신경을 쓴다는 것이다. 심한 경우 자신의 삶이 좌지우지되는 상황까지 오기도 한다. 모든 사람들이 이러한 경험 때문에 한 번쯤은 괴로움을 겪었을 것이다. 그렇다면 이제 남에게 보이기 위해 사는 삶이 어떤 맹점을 가지고 있는지 이야기해보자.

내가 진짜로 원하는 것

"어떤 사람이 저한테 '당신은 무엇을 좋아합니까?'라고 물었어요. 근데 그 질문을 듣는 순간 말문이 막혀버렸지 뭐예요. 그 짧고 명료한 질문에 뭐라고 대답할 수가 없었던 거죠. 저는 그때까지 제가 무엇을 좋아하고 싫어하는지도 모르고 있었던 겁니다. 그때 일을 계기로 이제부터라도 나 자신을 발견해야겠다고 마음먹게 되었어요."

모 방송인의 인터뷰 내용이다. 당신의 경우는 어떠한가? "What do you like?"라는 질문에 서슴없이 대답할 수 있는가?

우리는 생각보다 우리들 자신에 대해 잘 알지 못한다. 여기에는 스스로를 속이는 자기기만이 한몫을 한다. 예를 들어 우리는 특정 역할을 성공적으로 수행하기 위해 자신에게 어울리지 않지만 필요하다고 판단되는 캐릭터를 입는다. 본래 경쟁적인 사람이 아니더라도 경쟁을 해야 하는 학교나 직장에 들어가게 되면 끊임없이 스스로 '나는 능숙하게 다른 사람을 짓밟을 수 있는 사람이야'라고 되뇌이게 된다. 또 사람들이 어떤 특성을 멋있다고 이야기할 때, 예컨대 차도남이나 차도녀가 대세를 이룰 때 '나야말로 쿨한 사람이지'라고 생각하며 그렇게 행동하려 한다. 사람들이 대기업에 다니는 사람을 선망하기 때문에 '대기업에 가면 행복해질 거야'라고 생각하고, 사람들이 돈이 많은 사람을 우러러보기 때문에 '돈을 벌면 행복해질 거야'라고 생각한다.

이렇게 큰 문제의식 없이 이런저런 캐릭터를 입다가 맞지 않는 캐릭터를 억지로 입게 될 때 자기기만은 스멀스멀 고개를 들게 된다. 그리고 많은 경우 다른 사람들의 눈에 멋진 내가 되기 위해, 즉 남에게 잘 보이기 위한 과정에서 일어난다. 내 삶을 나 자신보다 남들의 눈에 만족스럽도록 만드는 것이 목표가 되면 내가 무엇을 좋아하든지 상관없이 다른 사람들이 좋다고 하는 물건, 유행하는 옷, 잘나간다는 학과나 직장을 선택하는 것이 내 삶의 우선순위가 된다.

이런 삶을 살다 보면 타인의 허가 없이는 기쁨을 느끼기가 어려워진다. 다른 사람들이 좋다고 해줘야 비로소 성취감을 느끼고 기분이 좋아지기 때문이다. 그리고 내가 좋아하는 나의 모습은 어떤 것인지 물을 경황도 없이 다른 사람들이 좋다고 하는 방향으로만 내 모습을 만들어가기 급급해진다.

사람은 스스로 자기 경험의 주체가 되어 기쁨과 슬픔 등 다양한 감정들을 맛볼 수 있을 때 비로소 자신이 무엇을 좋아하고 싫어하는지 알 수 있게 된다. 그런데 이렇게 남의 눈이 우선순위가 될 경우 그 기회를 아예 박탈당할 수 있다. '내 인생'이라는 영화의 감독을 다른 사람에게 맡겨버리고 나는 그저 그의 지시를 받아 연기하는 배우가 되어버리는 것과 같다.

이렇게 자신이 아닌 다른 사람들이 우리 삶을 판단하는 주체가 되도록 했을 때 어떠한 일이 벌어지는지 데이비드 더닝David Dunning과 동료들의 연구를 통해 살펴보자.1 사람들에게 스스로 생각하기에 자신이 얼마나 사회적인지 물어보았다. 실험 결과에 따르면 대부분의 사람들이 "나는 친한 친구들도 몇 명 있고 종종 모임에도 나가니까…"라고 얘기하며 자신의 사회성을 높게 평가한다.

이번에는 질문을 바꿔서, 사람의 사회성을 평가하는 특정한 기준들을 주고 난 뒤 "다른 사람들은 당신의 사회성을 어떻게 평가할까?"라고 질문해보았다. 그러면 사람들은 대부분 이전 질문에 비해 자신의 사회성에 현격히 낮은 점수를 주게 된다.

이 두 경우의 차이는 무엇일까? 두 질문 모두 공통적으로 자신의 사회성에 대해 묻는다. 다른 점은 앞의 질문은 자신을 평가하는 기준이 순전히 자기 자신, 즉 자기 내부에 있었다는 것이고, 뒤의 질문은 평가 기준이 타인, 즉 외부에 있었다는 것이다.

평가 기준이 나 자신에게 있으면 각자가 가지고 있는 특성이나 삶의 궤적들이 다 다르기 때문에 그만큼 다양한 기준들이 나오게 된다. 따라서 그 다양성만큼이나 사람들 각자는 본인에 대해 너그러운 평가를 내릴 수 있게 되고, 상당한 행복감을 느끼게 된다.

"지난주에 우연히 길을 헤매고 있는 사람을 도와줬어", "친구에게 생일선물을 줬는데 센스 있는 선물이라면서 친구가 매우 기뻐했어", "나는 친구가 아주 많진 않아도 소울메이트soulmate같이 친한 친구가 있으니까 충분해." 이와 같이 자기만의 다양한 경험과 생각, 느낌만으로 자신의 사회성을 긍정적으로 평가하고 만족하게 된다는 것이다.

하지만 평가 기준이 외부에 있게 되면 그 기준은 갑자기 까다로워진다. 사회성을 판단하는 일반적인 기준이 무엇인지, 예컨대 친구의 수나 참여하고 있는 모임 수 같은 것들을 생각하게 되면서 다양성은 떨어지고 오직 몇 가지의 엄격한 잣대를 통해서 평가하게 된다. '남들의 눈엔 내가 친구가 많지 않아 보일 것 같고, 모임에서도 목소리가 큰 편은 아니니까….' 이런 생각을 하며 자신의 사회성을 낮게 평가한다.

이렇게 비단 사회성뿐 아니라 자신의 모든 특성과 행동들을 외부의 기준을 통해 평가하게 되면 자연스럽게 자신에 대해 만족하기 어려워진다. 내 삶은 언제나 기준 미달이라는 생각에 시달리면서 불행해질 수 있는 것이다.

이는 우리나라나 일본 사람들이 비슷한 경제 수준의 다른 나라들에 비해 세계적으로 상당히 낮은 수준의 행복도를 보이는 원인으로도 꼽히고 있다. 우리나라 사람들은 너무 타인을 의식하면서 타인의 기준에 따라 살아가려고 하고, 그러다 보니 자신에게 필요 이상으로 엄격해지며 불행한 삶을 산다는 것이다. 연세대학교 심리학과 서은국 교수는 우리가 타인의 시선을 지나치게 신경 쓰지 않고 각자 고유한 삶의 기준을 따라 살게 되면 지금보다 훨씬 행복한 삶을 살 수 있다고 이야기했다.[2]

이렇게 계속해서 외부 기준을 통해 스스로를 평가하게 되면 타인이 가지고 있는 일반적인 기준이나 스펙 등을 자신의 고유한 경험이나 생각보다 더 중요한 것으로 여기게 된다. 따라서 자신의 기호나 특성과는 상관없이 그저 일반적인 기준에 맞추어 살도록 스스로를 몰아

붙이게 된다. 내가 물고기인지 육지 생물인지는 고려하지도 않은 채 다른 사람의 말만 듣고 바다에서 살지 뭍에서 살지를 결정하는 무서운 일이 벌어지는 것이다.

결국 남들이 멋지다고 하고 좋다고 하는 것이 곧 내가 좋아하는 거라고 생각해버리는 자기기만 속에 살면서 'What do PEOPLE like'가 아닌 'What do YOU like'라는 질문에 대답하기가 어려워진다. 이쯤 되면 '나'라는 존재는 단지 타인의 기대가 덕지덕지 붙어 있는 껍데기 같은 존재라는 생각이 들지도 모르겠다.

인생을 좀먹는 상향비교

좋은 대학 출신으로 좋은 회사에 다니면서 외모까지 잘생긴 사람들을 보면 왠지 열등감이 폭발하고 억울한 기분마저 든다. 그래서 "잘나서 좋겠다"라는 말을 푸념처럼 늘어놓기도 한다.

타인의 기준으로 자신을 평가하다가 행복을 놓치게 되는 또 다른 예가 바로 '비교'다. 우리는 학벌이 아무리 높아도, 돈이 아무리 많아도 자신보다 조건이 더 좋은 사람들과 자신을 끊임없이 비교하면서 열등감을 느끼고 괴로워한다. "누구누구를 봐. 나보다 훨씬 좋은 집에 살고 훨씬 좋은 차를 몰고 다니잖아. 근데 내 꼴은 이게 뭐람." 이렇게 되뇌고 있진 않은가?

심지어 사람들이 높게 평가하는 사회적 지위를 가진 사람들, 예컨대 명문대 교수나 변호사 같은 사람들도 자신의 현주소를 낮게 보고 자책하는 소리를 내곤 한다. 잘난 사람이 더 무섭다는 말이 절로 나오는 상황이지만, 비교라는 늪에 빠져 쓸데없는 괴로움과 불만족으로 인생을 허비하는 모습을 보면 연민이 느껴지기도 한다.

비교에는 '상향비교'와 '하향비교'가 있다. 상향비교는 자신보다 잘난 사람들을 보며 의기소침해하고 기분 나빠하는 비교이고, 하향비교는 자신보다 상황이 좋지 않은 사람들을 보며 안도하고 기분 좋아하는 비교다. "누구누구 아들/딸은 이런데 너는 왜 그 모양이니?"라는 부모님의 말에 기가 죽는 경우가 상향비교에 해당되고, TV에 나오는 사연 많고 불쌍한 사람들을 보며 "그래도 저 사람보다는 낫네"라며 위로를 얻는 경우가 하향비교에 해당된다.

자신의 상황이 객관적으로 어떻든 간에 주변 사람들을 의식하며 계속해서 상향비교를 하는 사람들은 평생 열등감에 시달리기 쉽다. 어떤 집단이든, 그 집단이 사회적으로 높은 계층에 속할수록 본인보다 잘난 사람을 쉽게 찾을 수 있기 때문이다. 아무리 돈이 많아도 비교 대상이 빌 게이츠인 이상 상대적으로 가난하다는 느낌을 지울 수는 없을 것이다. 또 아무리 예뻐도 비교 대상이 김태희인 이상 자신의 외모에 만족하기는 쉽지 않을 것이다.

소냐 류보머스키Sonja Lyubomirsky 교수의 연구는 실제로 상향비교가 불행과 낮은 자존감에 긴밀하게 관련되어 있음을 보여준다.[3] 두 명의 실험 참가자에게 IQ테스트에 나올 법한 간단한 문제를 풀게 한다. 그러면 불행한 편인 참가자는 행복한 편인 참가자보다 옆 사람의 수행 상태에 따라 자기에 대한 평가가 확 달라지는 현상을 보인다. 불행한 참가자들은 옆 사람이 자신보다 늦게 하면 잘했다고 느끼고(하향비교), 옆 사람이 자신보다 빨리 하면 잘하지 못했다고 느낀다(상향비교).

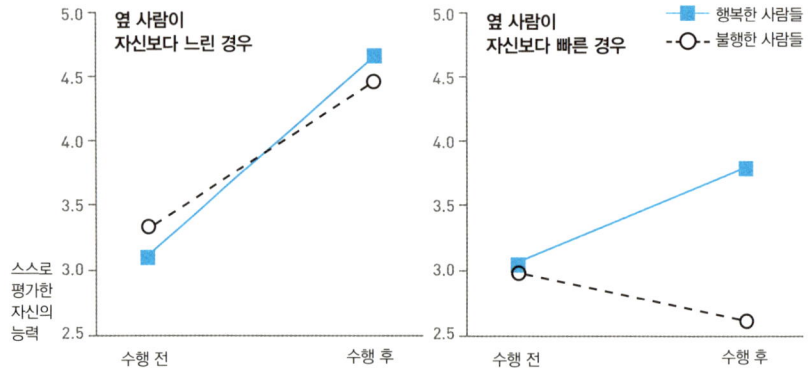

문제를 푼 후 스스로 평가한 자신의 능력.
선의 경우 두 그래프가 동일한 모양(옆 사람의 수행에 따라 자신의 평가가 달라지지 않음)인 반면,
점선의 경우 두 그래프가 반대 모양이다.

중요한 건 행복한 편인 참가자에게는 상향비교 현상이 나타나지 않는다는 점이다. 행복한 참가자들은 옆 사람이 느리게 하면 '내가 좀 잘하는 것 같아'라는 느낌을 받긴 하지만 옆 사람이 자신보다 빠르다 해도 자신에 대한 평가가 바뀌지 않았다(위 그래프 참조).

그래프에서 문제를 풀기 전과 후를 비교해봤을 때 행복한 사람들은 옆 사람이 빨리 하든 늦게 하든 스스로 잘한다고 생각하는 경향이 있지만 불행한 사람들은 옆 사람이 자신보다 빨리 하면 스스로 못한다고 생각하는 경향이 있다(상향비교). 즉 행복한 사람들은 자신에 대한 평가 기준이 본인 내부에 있고, 불행한 사람들은 그 기준이 상당 부분 타인에게 있다는 것을 보여준다.

좀 더 충격적인 실험을 살펴보자. 이번에는 참가자들에게 어린 아이들을 가르치는 일을 하게 했다. 그런 다음 각 참가자들에게 자신이

잘 가르쳤는지 또는 못 가르쳤는지에 대한 피드백과 또 다른 참가자가 자신보다 잘했는지 또는 못했는지에 대한 피드백을 주었다.

아래 그래프에서 유색 막대는 잘했다는 평가, 회색 막대는 못했다는 평가를 들은 경우다. 행복한 사람들은(왼쪽 그래프) 옆 사람이 잘했든 못했든 잘했다는 평가에 기분 좋아하고 못했다는 평가에 기분 나빠한 것을 볼 수 있다(옆 사람도 같이 못했다는 말을 들었을 때는 조금 위안을 얻는다).

반면 불행한 사람들은(오른쪽 그래프) 객관적으로 자신이 잘했는지, 못했는지를 떠나 옆 사람이 자신보다 더 잘하면(빗금 친 유색 막대) 기분 나빠하고 옆 사람이 자신보다 못하면(빗금 친 회색 막대) 기분 좋아했다. 심지어 본인이 객관적으로 못했을 때도 옆 사람보다 잘했다면 잘했다는 평가를 들은 것만큼 좋아했다.

객관적으로 못했는데도 옆 사람이 자신보다 더 못했다는 이유

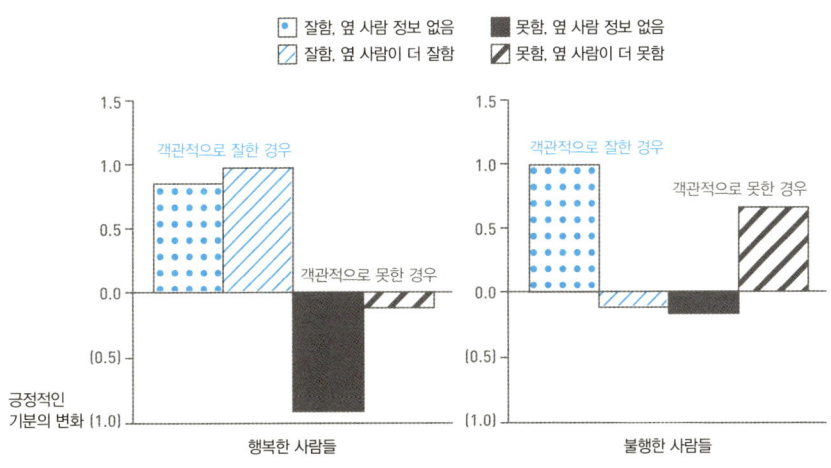

수행 후 기분의 변화.◆2

하나로 기분 좋아하는 모습에서 다소 섬뜩함이 느껴지지 않는가? 객관적인 진실보다 옆 사람의 성적이 어떠냐에 따라 패배감 또는 승리감을 맛본다는 사실은 참으로 소모적이며 슬픈 일이다. 마음의 농간에 의해 속는 모습이라고도 할 수 있겠다.

이런 상황이 지속되면 그때그때 비교 대상에 따라 자신의 자존감과 행복감이 달라지는, 심리적으로 상당히 불안한 상태가 될 가능성이 크다. 내가 무엇을 어떻게 했든지 간에, 그 순간의 비교 대상이 누가 되느냐에 따라 자존감과 행복감이 하늘 높이 솟을 수도 땅으로 곤두박질칠 수도 있다는 것이다.

중요한 것은, 자존감의 높낮이 못지않게 자존감의 안정성, 즉 스스로에 대한 평가가 상황에 의존하여 달라지지 않는 것 또한 대인관계나 삶의 여러 영역에 상당히 중요한 영향을 끼친다는 사실이다. 자존감이 전반적으로 높은 편이든 낮은 편이든 자존감이 불안정하면 사람들로부터 부정적인 피드백을 받을 때 쉽게 기분이 상하고 방어적인 태도를 취하게 된다. 작은 장난에도 쉽게 화를 내거나 토라지게 된다는 것이다.[4]

괜한 비교 때문에 우리의 심리 상태가 크게 좌지우지될 수 있다는 사실은 한편으로 억울한 기분마저 들게 한다. 안 해도 되는 비교를 굳이 해서 자존감이 왔다 갔다 하고 감정의 급변으로 다른 사람들에게 좋지 않은 인상을 줄 수도 있으니, 이 얼마나 큰 손해란 말인가? 쓸데없는 패배감과 평생 친구하고 싶지 않다면 비교는 되도록 하지 않는 편이 좋을 것이다.

어쨌든 관중은 스트레스다

다음의 일화를 살펴보자.

> 교실 맨 앞줄에 한 학생이 앉아 있었다. 그 학생은 눈을 반짝거리며 온 힘을 다해 수업에 열중했다. 그런데 수업이 끝난 후 그 학생에게 수업의 내용을 묻자 학생은 잘 대답하지 못했다. 수업 내내 그 학생의 머릿속을 지배했던 것은 '선생님과 다른 학생들에게 좋은 학생으로 보이고 말겠어'라는 생각이었다. – 사르트르

타인을 지나치게 의식한 나머지 내 삶의 감독으로 삼아버리는 일은 삶에 굉장히 좋지 않은 영향을 끼친다. 면접 상황을 한번 생각해보자. 면접관들이 팔짱을 낀 채 날카로운 눈빛으로 나를 주시하고 있다. 말을 할 때마다 호시탐탐 기회를 노리며 나를 평가하려고 드는 그들 앞에서 혹여나 말 한마디 잘못해서 눈 밖에 날까 두려워 식은땀이 절로 흐른다.

물론 이와 같은 면접 상황을 즐거워하는 사람도 있겠지만(극소수일 것이다) 아마 대부분의 사람들에게는 할 수만 있다면 피하고 싶은 상황일 것이다. 이는 자신에 대한 평가가 존재하는 상황에서는 자연스럽게 걱정과 두려움이 따르는 까닭이다.

남을 지나치게 의식하면 언제 어디서나 면접관 앞에 서 있는 것과 같은 상황이 만들어진다. 사람들의 시선이 너무 신경 쓰여서 말 한마디, 행동 하나하나가 부담스러워지는 것이다. 이러한 평가에 대한 부담과 두려움이 점점 더 심해지면 대인기피증이나 사회공포증이 생길

수도 있다. 타인을 신경 쓰면 쓸수록 타인과의 생활을 잘 못하게 되는 아이러니가 발생하는 것이다.

뿐만 아니라 지나친 긴장감 때문에 능력을 잘 발휘하지 못하여 성과가 떨어지는 현상도 일어난다. 이러한 까닭에 면접 후 "편안하게 잘 봤어"라는 말보다 "너무 긴장해서 실력 발휘를 못한 것 같아"라는 얘기가 훨씬 많이 들리는 것이다.

운동선수들은 홈구장에서 경기를 할 때 흔히 홈 어드밴티지home advantage를 이야기한다. 수많은 홈팬들이 응원을 해주기 때문에 더욱 힘을 받아 좋은 결과를 낼 수 있다는 것이다. 하지만 학자들에 따르면 꼭 그렇지만은 않다.

미국 월드시리즈 야구경기의 결과를 분석해보니 홈팀들은 초반 경기는 이기지만 승패를 좌우하는 데 중요한 후반 경기는 지는 편인 것으로 나타났다. 그리고 이러한 경향은 관중들의 성원을 얼마나 받느냐와 관련이 있다고 한다. 때로는 우레와 같은 응원이 관중들의 기대에 부응해야 한다는 부담으로 작용하고, 이 부담감 때문에 옴짝달싹 못하게 될 수 있다는 것이다.5 이럴 경우 홈 어드밴티지는 홈 디스어드밴티지home disadvantage가 되고 선수들의 성적은 결국 떨어지게 된다.

이렇게 사람들의 이목이 집중될 때 수행 능력이 떨어지는 현상은 일상생활에서도 흔히 찾아볼 수 있다. 막상 멍석이 깔리거나 사람들의 시선이 몰리면 평소에 잘하던 것도 괜히 잘 못하게 되는 경우가 그 예다.

사람들의 시선과 평가, 기대 따위를 신경 쓰게 되는 순간 우리는 스스로 자처해서 관중에게 둘러싸이게 된다. 주변 사람들을 단순히 지나가는 사람에서 관중observer 으로 만들어버리면 앞에서 언급한 것처럼 우리는 상당한 부담감과 스트레스를 받게 된다. 이때 관중이 홈팀을 응원하는 홈팬들처럼 호의적인 태도를 지녔다 하더라도 결과는 마찬가지다. 다음의 예를 살펴보자.6

당신은 어떤 상황을 선호하는가?
1. 우호적인 태도의 면접관들과 하는 면접
2. 비우호적인 태도의 면접관들과 하는 면접

둘 중 어떤 상황이 스트레스가 덜할까? 아무래도 1번 상황에서 스트레스가 덜할 거라고 생각할 것이다. 하지만 다음의 연구들은 조금 다른 결론을 보여준다.

참가자들의 과제는 여러 사람들이 선호하는 특정 인기 직업에 본인이 왜 적합한 인재인지 발표하는 것이었다. 일종의 면접 상황이라고 보면 되겠다. 참가자들은 다음의 세 조건에 따라 발표하는 상황이 각각 달랐다.

조건 1. 청중이 없는 경우(통제 조건) : 참가자의 시야에 들어오지 않는 방구석에 연구자가 앉아 있다.
조건 2. 우호적인 청중이 있는 경우 : 두 명의 청중이 참가자 앞에 앉아 있다. 그들은 참가자의 말을 흥미롭게 경청하며 듣는 내내 미소를 보내고 격려의 메시지를 전달한다.
조건 3. 비우호적인 청중이 있는 경우 : 역시 두 명의 청중이 참가자 앞에 앉아 있다. 그들은 발표를 듣는 도중 노골적으로 지루한 표정을 짓거나 서로 쳐다보며 '이 발표자는 완전 글렀군'이라는 듯한 표정을 교환한다.

발표가 끝나고 각 조건 별로 참가자들이 얼마나 스트레스를 받았는지 알아보기 위해 모든 참가자들의 스트레스 호르몬(코티솔cortisol : 스테로이드 호르몬의 일종) 수치를 측정했다. 스트레스 호르몬 수치는 총 세 번(발표 전, 발표 직후, 발표 한 시간 후)에 걸쳐 측정됐는데, 이는 사람들 각자가 애초에 가지고 있는 스트레스 호르몬 수준이 다를 수 있다는 점을 고려한 것이다.

아래 그래프를 참고하여 결과를 살펴보자. 세로축은 스트레스 호르몬 수준이다.

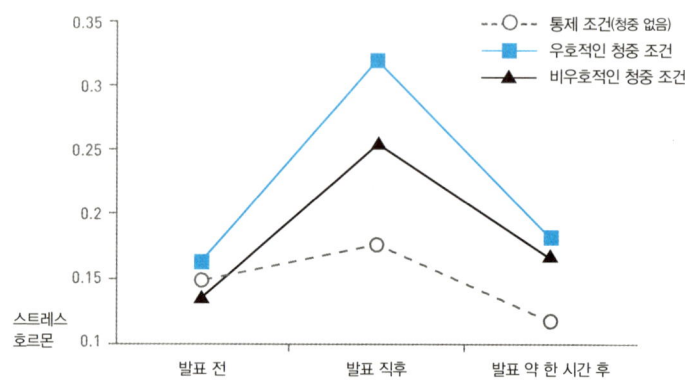

청중의 태도에 따른 발표자의 스트레스 호르몬 변화. ◆3

1. 발표 전 측정한 스트레스 호르몬 수준 : 사람들의 평소 스트레스 호르몬 수준은 조건 간 차이가 없었다.

2. 발표 직후 측정한 스트레스 호르몬 수준 : 서로 다른 상황(청중이 없는 상황, 우호적인 청중이 있는 상황, 비우호적인 청중이 있는 상황)에서 발표를 하는 동안 조건에 따라 스트레스 호르몬 수치가 달라진 것을 확인할 수 있다.

우선 우호적인 청중과 비우호적인 청중 조건의 사람들이 청중이 없는 조건에서 발표한 사람들에 비해 높은 스트레스를 경험한 것을 확인할 수 있다. 또한 우호적인 청중 조건의 참가자들이 비우호적인 청중 조건의 참가자들보다 통계적으로 더 높은 스트레스를 경험한 것도 확인할 수 있다.

3. 발표 약 한 시간 후 측정한 스트레스 호르몬 수준 : 발표가 끝나고 약 한 시간이 지난 후에도 청중이 없는 조건에 비해 우호적인 청중이든 비우호적인 청중이든 청중이 있는 조건의 참가자들이 여전히 스트레스 수치가 높은 것을 볼 수 있다.

정리하면 우호적이든 비우호적이든 청중의 존재, 즉 '평가에 대한 두려움'은 그 자체만으로도 우리에게 독이 될 수 있다. 게다가 비우호적인 청중들보다 우호적인 청중 앞에서 스트레스를 더 많이 받게 된다는 결과는, 타인의 평가와 시선이 존재하는 상황은 우리에게 큰 짐이 되며 기대에 부응해야 한다는 부담감 역시 적잖은 고통이라는 것을 잘 보여준다.

올림픽 같은 큰 대회에 앞서 국가대표 선수들이 비장한 각오를

전하는 것을 들어본 적이 있을 것이다. "국민들의 기대에 어긋나지 않게 최선을 다하겠습니다." 어쩌면 국민의 기대에 부응해야 한다는 부담감이 선수들의 실력을 제대로 발휘하지 못하게 하는 것은 아닌지 생각해본다. 우호적이면서도 부담감은 지우지 않는 청중이 되면 좋겠지만, 우리는 그저 결과에 상관없이 뜨거운 박수를 보내는 것밖에 달리 할 일이 없는 것 같다.

이쯤에서 드는 의문은 사람들의 존재가 항상 해가 되느냐 하는 것이다. 물론 사람들의 존재가 득이 되는 경우도 많다. '사회적 촉진현상'이란 주변에 누가 있음으로 인해 성과가 올라가는 현상을 말한다. 단순한 작업을 할 때도 혼자 하는 것보다 여럿이 모여서 하면 서로의 성과가 촉진된다. 집에서 혼자 공부하는 것보다 도서관에서 공부하는 것이 더 잘되는 것도 이에 해당된다. 하지만 주변에 있는 사람이 단순히 '옆 사람'인 것과 나를 지켜보며 평가하는 '관중'인 것은 엄연히 다르게 작용하며, 평가에 대한 두려움이 존재할 경우 주변 사람들은 단순한 옆 사람이기보다 관중이 된다고 많은 연구들이 이야기하고 있다.

우리는 모두 가면을 쓰고 있다

이처럼 관중은 우리를 힘들게 하는 존재이기 때문에 사람들은 종종 사회적 자극(주로 타인과 관련된 것들)으로부터 도피하려고 한다. 당신이 웃는 얼굴로 고객을 응대하는 직업을 가지고 있다고 하자. 이런저런 고객들을 접하다 보면 기분이 좋은 경우도 있겠지만 인내심의 한계를 시험하는 경우도 수없이 접하게 된다. 그래도 달리 방도는 없다. 젖 먹던

힘까지 짜내서 그저 웃을 수밖에. 그렇게 힘써 일하다 고객들이 뜸해질 때면 잠시 접대용 표정을 멈출 수 있는 휴식시간이 온다. 당신은 이 시간이 그렇게 달콤할 수가 없다. 일과 시간 중 고객의 시선에서 벗어나 직원 휴게실로 잠시 도피해 있는 것도 아주 즐겁다.

이렇게 나를 평가하는 시선들, 즉 관중들로부터 잠시 벗어나 홀로 휴식을 취하는 행동을 '무대 뒤로의 도피 행동 Back-staging behavior'이라고 한다.7 배우들이 무대 위에서 관객을 위해 연기한 후 무대 뒤편으로 돌아가서 휴식을 취하며 자신을 추스르는 행동과 비슷하다는 맥락에서 이름 붙여졌다.

저명한 사회학자인 어빙 고프먼 Erving Goffman은 이런 피신 행위를 통해 사람들은 가면과 역할극을 내려놓고, 재충전 및 재정비 시간을 갖게 된다고 이야기했다. 이런 의미에서 화장실은 가장 대표적인 무대 뒤 장소다. 시끌벅적한 모임이나 데이트 도중 잠시 가는 화장실은, 잠시 혼자만의 시간을 가지며 화장을 고치거나 옷매무새를 단정히 하는, 휴식과 정비가 동시에 일어나는 공간인 것이다.

모든 사람들은 직원 휴게실이나 화장실같이 잠시나마 자신을 향한 시선으로부터 단절되어 혼자만의 시간을 가질 수 있는 공간이 필요하다. 만약 이 같은 공간이 전혀 없다면 아무리 외향적이고 사회성 좋은 사람일지라도 사르트르가 상상한 지옥을 경험하게 될지도 모른다.

당신에게 자존감이 필요한 이유
사람들의 평가가 가져오는 부담감으로부터 도망치는 행위는 또 다른 양상으로 나타난다. 평가를 받는 상황에 처하지 않도록 관계 자체를 거부하는 것이다.

좋아하는 사람 앞에서 심장이 두근두근 하고 입안이 바싹바싹 마르며 식은땀이 줄줄 흘렀던 경험이 있을 것이다. 또 이전에 친분이 없던 사람과 단 둘이 마주했을 때 무슨 말을 해야 하는지도 모르겠고 어색함을 빨리 탈피하고 싶은 생각만 들었던 경험도 있을 것이다. 우리는 왜 이렇게 특별히 중요한 사람이나 처음 만난 사람에게 다가가는 걸 어려워하는 걸까?

상대방에게 좋은 인상을 남기고 싶어 할수록 '내가 이런 행동을 했을 때 이 사람이 나를 싫어하면 어떡하지?', '이렇게 행동했을 때 이상하게 받아들이지는 않을까?' 같은 생각이 꼬리에 꼬리를 물게 된다. 이런 생각이 심해질수록 말과 행동에 대한 부담감은 더욱 커지고 이미 내뱉은 말을 곱씹으며 부질없는 후회를 한다. 그리고 때로는 이렇게 걱정이 많은 자신이 싫어지는 일도 발생한다. 이와 같이 상대방이 자신을 싫어할까 봐 두려워하는 것, 즉 (사람들로부터의) 거절에 대한 두려움 fear for rejection 은 다른 사람들과 마주하는 상황을 불편하고 어렵게 느끼도록 만든다.

이러한 두려움이 너무 심해지면 대인기피증처럼 극단적으로 사람을 피하는 일까지 발생된다. 하지만 이는 너무 극단적인 상황이고 보통은 사람들 앞에서 좀 못난 행동을 하게 된다.

한 예로 상대방이 거부하기도 전에 지레 겁을 먹고 먼저 도망쳐 버리는 것이다. 거절에 대한 두려움에 사로잡혀 있을 때 사람들은 '난 안 될 거야', '그 사람이 나 같은 걸 상대할 리가 없잖아'와 같은 생각을 하게 된다. 그리고 상대방이 실제로 갖고 있는 생각이나 태도와는 상관없이 먼저 그 관계를 포기해버리고 만다. 정작 상대방은 나에 대해 안 좋은 생각이나 편견 같은 걸 전혀 갖고 있지 않은데도, 혼자 기가 죽어서는 상대방 앞에서 말도 잘 못하고 눈도 잘 못 마주치는 등 자신감 없는 행동을 하게 되는 것이다.

이성관계의 경우를 예로 들어보자. 이성 앞에서 지레 겁을 먹어버린 사람들은 '여자들은 다 돈 많은 남자를 좋아해. 너도 마찬가지지?', '남자들은 얼굴만 예쁘면 다지? 너도 똑같은 남자야'라고 생각해버린다. 상대방이 '당신은 돈도 없고 못생겼으니 절대로 상대하지 않겠다'는 의사표시를 한 적이 전혀 없음에도 자발적으로 가상의 거절을 받아내고야 마는 것이다. 물론 이런 태도는 진짜 거절을 이끌어낼 확률이 높다.

이러한 양상은 특히 자존감(자기 자신을 전반적으로 가치 있는 사람으로 평가하는 정도)이 낮은 사람들에게서 두드러진다. 대인관계에 있어서 유독 자존감을 강조하는 이유가 바로 이것이다. 자존감이 낮을 경우, '나는 여러모로 부족하기 때문에 사람들에게 거절을 당할 것'이라는 두려움을 크게 느끼게 되고 따라서 대인관계에서 소극적이고 방어적인 태도를 취하게 된다.[8]

이 때문에 진짜 거절을 당하게 되면 '거봐, 역시 난 안 되잖아'라고 생각하며 가뜩이나 낮은 자존감이 한층 더 하락하게 된다. 그 뒤로는 더욱 방어적인 태도를 취하게 되고, 이는 또 다른 거절과 또 한 번의 자존감 하락이라는 결과를 초래한다. 이와 같은 현상을 '부적응적 행동의 사이클 cycle of maladaptive behavior'이라고 한다. 대인관계에 있어서 낮은 자존감은 상대방에게 거절당할 거라는 예언의 실현자라고 할 수 있다.

더 큰 문제는 이 뒤틀린 순환 고리 속에 빠져서 헤어 나오지 못하면 계속 그 안에서 자기만의 부적응적인 대인관계 스타일을 끊임없이 재생산하면서 타인에 대해 왜곡된 이미지를 만들어낼 수 있다는 것이다('여자들은…', '남자들은…' 같은 흔한 이야기도 많은 부분 '거절에 대한 두려움' 더하기 '열등감'에 따른 변명이 아닐까?).

또 부적응적인 사이클에 빠져 있으면 제대로 된 인간관계를 맺으며 다양한 관계의 기술을 배울 기회를 박탈당하게 되고 시간이 지날수록 점점 더 제대로 된 인간관계를 맺기가 어려워진다.

그러면 거절에 대한 두려움에 빠져 허우적거리고 있을 때 우리를 구제해줄 방법은 무엇일까? 무슨 문제든 현실을 직시해야 해결의 실마리를 찾을 수 있는 법이다.

우선은 나뿐만 아니라 모든 사람들이 거절에 대한 두려움을 갖고 있다는 사실을 기억해보자. 즉 여유롭게 웃고 있는 내 앞의 상대방도 실은 상당히 긴장하고 있다는 사실 말이다. 이렇듯 사람들에게 사랑받는 것을 최대 과제로 둔 사회적 동물인 우리 인간은 '거절에 대한 두려움'의 힘없는 먹이일 뿐이다.

Talk: 삶의 의미를 재정비하라

최근 본인의 정체성 및 삶의 의미를 확립하는 것self-affirmation이 대인관계의 불안감social insecurity을 줄이고 부적응적 행동의 사이클을 끊는 좋은 도구가 될

수 있다는 연구가 나왔다.[9]

사람들에게 자신의 인생에서 가장 중요한 목표 및 가치(행복, 지혜, 정직 등)를 1~11위까지 적어보라고 했다. 한 조건의 사람들에게는 1위로 적은 가치에 대해 그것이 본인에게 왜 중요하고 어떠한 영향을 미쳤는지 쓰게 했다. 자기 삶의 중요한 가치를 다시금 확립하는 기회를 준 것이다(삶의 의미 확립 조건). 다른 조건의 사람들에게는 11위로 적은, 상대적으로 중요도가 떨어지는 가치에 대해 그것의 의미와 영향이 어떠한지 쓰게 했다(통제 조건).

두 달 후 다시 실행된 실험에서 통제 조건의 참가자들에 비해 삶의 의미 확립 조건의 참가자들이 이전보다 관계 불안 지수가 많이 떨어진 사실이 확인되었다. 이러한 결과가 나온 것은 삶의 의미를 확립하는 것만으로도 일종의 자존감이 높아지는 효과가 나타나기 때문이라고 연구자들은 설명한다. 자기 삶의 중요한 가치관을 다시금 떠올리고 재정비함으로써 '그래, 내 삶의 의미는 바로 이거야. 나는 이런 사람이었어. 다른 사람들도 이런 나를 받아들여주겠지?'와 같은 과정이 우리 마음속에서 자연스럽게 발생된다는 것이다.

연구자들은 이렇게 자기 자신의 정체성 확립으로 인해 높아진 자신감이 부적응적 행동의 사이클과 반대되는 긍정적 연쇄 반응을 불러올 수 있다고 말한다. 자신감이 높아지면 다른 사람들 앞에서도 당당하게 행동할 수 있게 되고, 당당함은 관계에서 매력적인 요소로 작용하게 되며, 그 결과 다시 자신감을 얻게 된다는 것이다.

모든 일이 그렇듯이 인간관계 또한 자기 자신을 추스르는 것이 문제 해결을 위해 선행되어야 하는 과제 아닐까? 나를 사랑해야 다른 사람도 사랑할 수 있는 법이니 말이다.

많은 경우 진짜 거절을 이끌어내는 사람은 상대방이 아니라 나 자신이라는 사실을 기억하면 좋겠다. 때로는 내 스펙 때문이 아니라 지나치게 주눅 들어 있는 내 태도가 거절의 진짜 원인일 수 있다는 것이다. 또 (뒤에서 자세히 이야기하겠지만) 생각보다 사람들이 나를 주시하면서 나의 모든 말과 행동을 조목조목 평가하고 있는 게 아니라는 사실을 아는 것 역시 대인관계의 두려움을 벗어나는 좋은 밑거름이 될 것이다.

여기서 한 가지 짚고 넘어갈 것이 있다. 바로, 아무리 자존감이 좋아도 적당해야 좋은 것이지 지나치게 높으면 오히려 역효과가 난다는 사실이다. 실제로 자존감이 적당한 사람에게 더 높은 자존감을 부여하자 태도가 방만해져서 업무 성과가 낮아지는 등의 좋지 않은 결과가 보고된 바 있다.[10] 또한 자존감이 높으면 좋을 것 같다는 생각은 사실 정확한 근거가 없다고 한다. 어떤 학자들은 높은 자존감이 실제로 좋다는 걸 보여주는 경험적 연구는 거의 존재하지 않는다는 사실을 지적했다.

심지어 미국에서는 사회가 자존감에 대한 강조가 지나친 나머지 나르시시즘Narcissism(자기도취증)을 장려하는 수준에까지 이르렀다는 우려가 나오고 있다(나르시시즘 유행병narcissism epidemic).[11] 나르시시즘이 높은 사람들은 첫째 이 세상에서 자신이 제일 잘났다고 생각하여 주변 사람들을 무시하고, 둘째 주변 사람들이 자신을 칭송해주지 않으면 기분 나빠하고, 셋째 다른 사람들을 자신의 영광을 돋보이게 하기 위한 병풍 정도로 생각하는 등의 특징을 보인다. 이런 사람이 곁에 있을 경우 주변 사람들은 괴로워지기 마련이며 그들의 존재는 사회에도 득 될 것이 없어 보인다. 물론 자존감에 대한 강조가 100퍼센트 나르시시즘을 양산하는 것으로 이어진다고 할 수는 없다. 그러나 주의해서 나쁠 것은 없을 것 같다. 이래저래 자존감은 적당한 것이 좋다는 것을 기억해두자.

 자존감은 사회적 관계의 모니터

자기 삶의 의미를 재정립하는 것은 자존감을 높이는 데 확실히 큰 도움이 된다. 하지만 어떤 학자들은 자존감의 원천은 결국 '주변 사람들이 자신을 얼마나 좋아해주는가'에 대한 지각이라고 이야기한다.[12] 즉 자존감은 주변 사람들이 자기를 싫어하는 것 같으면 낮아지고 좋아하는 것 같으면 높아진다는 것이다. 이를 자존감의 사회계기판 이론sociometer theory이라고 한다. 연료가 떨어지면 내려가고 차오르면 올라가는 연료계처럼, 사회적 관계가 잘 안 되면 내려가고 잘되면 올라가는 자존감이 사회적 관계의 수량계 역할을 한다는 뜻이다. **이 이론을 지지하는 학자들은 자존감 자체에 뭔가 숭고한 의미가 있는 게 아니라, 자존감이란 단지 사회적 관계가 잘 돌아가고 있는지를 지켜보는 모니터일 뿐이라고 이야기한다.**

실제로 사람들은 주변 사람들이 자신을 좋아하지 않는다고 생각할 때 자존감이 낮아진다. 이 경우 사람들은 자신의 사회적 관계에 이상이 있다는 걸 감지하고 이를 회복하기 위해 노력한다.

이런 점을 고려하면 부적응적 행동의 사이클에서 벗어나기 위한 가장 좋은 방법은 결국 자신을 진심으로 좋아해주는 사람들(한두 명이라도 좋다)을 만나 그들과 긍정적인 반응을 주고받는 것이 된다. 그러면 자연스럽게 건강한 자존감을 회복하게 될 것이다.

좋은 사람들을 만나고 깊은 관계를 만드는 것은 쉽지 않은 일이다. 하지만 무

> 엇이든지 처음이 제일 어려운 법 아니겠는가. 물론 자존감이 병적으로 낮은 수준이라면 전문가의 도움을 받는 것이 좋다. 하지만 그렇지 않은 경우에는 영화에서처럼 '단 20초의 말도 안 되는 용기'를 내어 사람들에게 다가가보는 건 어떨까? 높은 자존감은 물론 좋은 관계를 만들어가는 뜻깊은 출발이 될 것이다.

사람들이 나만 바라본다는 착각

지금까지 관중이라는 존재가 가져오는 부담감과 거절에 대한 두려움, 그리고 사람들을 신경 쓰고 사는 게 얼마나 피곤한 일인지에 대해 살펴보았다. 여기서 중요한 질문을 하나 던져보자. 과연 관중, 즉 내 모습과 행동을 주시하며 평가하는 존재는 실재하는가?

- 사람들이 북적북적한 버스에서 내리던 중 발을 헛디뎌서 그 자리에서 그만 대(大)자로 엎어지고 말았다. 나는 그만 너무 창피해서 얼굴이 빨개졌다. 버스에 있는 사람들이 모두 나를 쳐다보고 있는 것 같다.
- 점심시간에 김치찌개를 먹다가 국물이 옷에 살짝 튀었다. 혹여나 사람들이 국물 자국을 볼까 봐 온종일 그 부분을 가리는 데에만 신경을 쏟았다.
- 오늘 입은 옷이 별로 맘에 들지 않는다. 색깔 매치도 별로고 촌스러워 보이는 것 같다. 지나가는 사람들이 내 옷을 보고 수군거리는 것 같아서 영 신경이 쓰인다.

한 번쯤은 이와 비슷한 경험을 해보았을 것이다. 사람들의 시선이 온통 나에게 꽂혀서 내 머리 위에 환한 스포트라이트 조명이 켜지는 것 같은 경험 말이다. 이런 경험을 '스포트라이트 효과spotlight effect'라고 한다. 그런데 여기서 우리가 주목할 점은, 이 스포트라이트는 실제로 존재하지 않고 내 마음속에만 있다는 사실이다.

가만히 오늘 하루 일과를 떠올려보자. 회사 동료가 오늘 어떤 옷을 입었는지, 지하철에서 넘어진 사람은 없었는지, 옷에 고춧가루를 묻히고 다니는 사람은 또 없었는지 등등 사람들의 특이점을 얼마나 발견했고 기억하고 있는지 생각해보자. 저녁에 잠시 들린 커피숍의 점원은 무슨 옷을 입었고 어떤 헤어스타일을 하고 있었는가?

정말 인상적인 광경이라면 뇌리에 박혀서 쉽게 기억해낼 수 있겠지만 특이할 것 없는 평범한 광경이라면 그것에 대한 우리의 기억은 상당히 제한적이다. 우리는 타인에 관한 모든 정보에 일일이 관심을 기울이지도 않고 머릿속에 저장하지도 않는다. 이렇듯 사람들이 서로에게 주는 관심은 제한적이기 마련이다. 그런데 우리는 유독 나 자신에 대한 타인의 관심을 과대평가하는 경향이 있다.[13]

사회심리학자 토머스 길로비치Thomas Gilovich와 동료들은 다음과 같은 실험을 했다. 방 하나에 대학생들을 모아놓고 그중 한 명에게 평소에 입고 다니기 좀 부끄러울 만한 티셔츠를 입힌다. 티셔츠에는 (예를 들어) 트로트 가수 이박사의 얼굴이 그려져 있다. 학생은 그 티셔츠를 입고 방 안에서 다른 학생들과 함께 시간을 보낸다. 그리고 얼마간 시간이 흐른 후 튀는 티셔츠를 입은 학생을 방 바깥으로 불러서 방 안에 있는 학생들 중 당신이 이 티셔츠를 입고 있었다는 사실을 알아차린 사람은 몇이나 될지 예상해보라고 한다. 그리고 방 안의 학생들에게도 방금 전 나간 학생이 입은 티셔츠에 누가 그려져 있었는지 기억이 나느냐고 묻는다.

아래 그래프를 보자. 가장 왼쪽의 막대가 튀는 티셔츠를 입은 학생이 예상한 이박사 티셔츠를 알아본 사람들의 수이고, 그 바로 옆의 막대가 실제로 이박사 티셔츠를 알아본 사람들의 수다. 튀는 티셔츠를 입은 학생이 실제보다 약 두 배 이상의 사람들이 자신의 이박사 티셔츠를 알아볼 거라고 짐작했음이 확연히 드러난다. 실제로 우리의 부끄러운 행동을 알아차리는 사람의 수는 예상한 만큼의 반도 되지 않는 것이다.

빗금 친 오른쪽 막대(통제 조건)는 이박사 티셔츠를 입지 않은 사람들이 누군가 이박사 티셔츠를 입었다면 몇 명이나 이를 알아차릴 것 같은지 예상한 결과다. 이 막대가 가리키는 수치는 티셔츠를 실제 알아차린 사람들의 수와 거의 일치한다. 자신이 입지 않았을 경우에는 이박

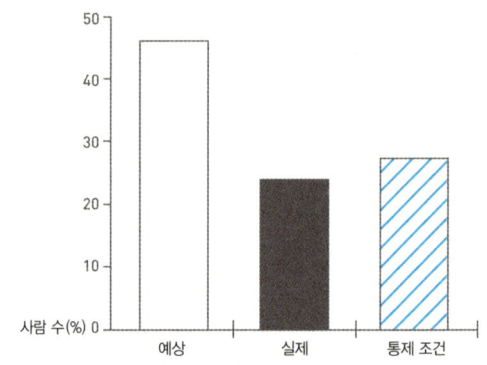

남의 눈에 띌 거라는 예상과 현실의 차이. ◆4

사 티셔츠가 눈에 띌 확률을 높게 생각하지 않는 것이다. 즉 사람들은 자신의 옷이나 헤어스타일, 행동 등 자기 자신에 대해서만 사람들의 관심과 시선이 집중될 거라는 상상을 한다는 것이다. 착각도 이런 착각이 없다.

타인의 시선이 유독 자기 자신에게 집중된다는 착각을 하는 이유는 무엇일까? 학자들은 우리가 경험하는 것은 우리 각자의 것일 뿐이기 때문에, 즉 우리는 우리 자신밖에 알 수 없는 동물이기 때문에 그렇다고 이야기한다. 무슨 말이냐 하면, (당연한 이야기지만) 다른 사람들의 생각과 느낌, 경험에 대해 우리는 추측만 할 수 있을 뿐 결코 정확하게 알 수 없다는 것이다.

우리는 대략적인 정황을 파악하여 추론을 하는 방식으로 다른 사람들의 상태를 알아내곤 하는데, 그 추론에 쓰이는 것은 결국 자신의 개인적인 경험에 지나지 않는다. 나와는 완전히 다른 특성을 가지고 다른 삶을 살아온 타인에 대해 '나 같으면 이럴 거야'라는 식으로 추론을 한다는 것이다. 어떻게 보면 참 속 편해 보인다. 우리는 나의 실연 경험에 비추어 실연당한 이의 괴로움을 추측하고, 취업준비생 시절의 경험을 바탕으로 면접에서 낙방한 친구의 참담함을 짐작한다.

결국 그 추론은 나의 느낌과 생각이 잔뜩 버무려져 상당히 주관적인 결과물을 만들어낸다. 이러한 과정을 '닻 내린 후 조정하기 Anchoring-and-Adjustment'라고 한다.[14] 일단 내 주관적인 경험에 닻을 내린 후 이를 조금 수정해서 타인의 상태를 알아맞히려고 한다는 것이다. 조정 과정에서 나 자신의 주관적인 경험에서 벗어나 객관적인 실제 정보들을 더 많이 고려하면 결과의 객관성이 좀 더 확보되긴 하겠지만 실제로 그렇게 하는 데에는 상당한 어려움이 따른다.

  티셔츠 이야기로 돌아가보자. 튀는 티셔츠를 처음 입었을 때 우리는 부끄러워 몸 둘 바를 몰라 하고 티셔츠와 나 사이에서 낯 뜨거운 경험을 하게 된다. 따라서 그 상태에서 다른 사람들의 관심이 어떠할지 예상하면 자연스럽게 그들도 이 티셔츠에 뜨거운 관심을 가질 거라고 생각하게 된다. 즉 자신이 뜨거운 관심을 가지는 대상에 다른 사람들도 마찬가지의 관심을 가질 거라고 생각하게 된다는 것이다.

  티셔츠에 대한 자신의 강렬한 경험이 다른 사람들도 이 티셔츠에 그만한 관심을 갖고 있다고 생각하게 만드는 핵심 원인이라면, 티셔츠 때문에 발생된 부끄러움을 좀 가라앉혀 냉정하게 생각해 보면 어떨까? 그러면 티셔츠에 대한 다른 사람들의 관심을 덜 과대평가하게 될까?

  이번에도 학생들에게 튀는 티셔츠를 입힌다. 다만 두 조건으로 나누어 한 조건의 학생들에게는 티셔츠를 막 입은 상태에서, 즉 부끄러움이 한창일 때 다른 사람들이 이 티셔츠를 얼마나 알아볼지 예상하게 한다. 다른 조건의 학생들에게는 티셔츠를 입은 지 시간이 좀 지난 후, 즉 티셔츠와 부끄러움에 좀 적응되었을 때 티셔츠가 얼마나 사람들의 눈에 띨지 예상하게 한다.[15]

  오른쪽 그래프를 보자. 실험 결과, 시간이 지나서 티셔츠에 대한 부끄러움이 좀 줄어든 학생들은 티셔츠를 입은 직후의 학생들보다 비교적 사람들의 시선을 현실적으로 평가하는 경향을 보였다. 결국 내 신경이 온통 나의 부끄러운 부분에 쏠려 있는 탓에 타인의 신경도 같은 곳에 쏠려 있을 거라고 착각한다는 얘기다.

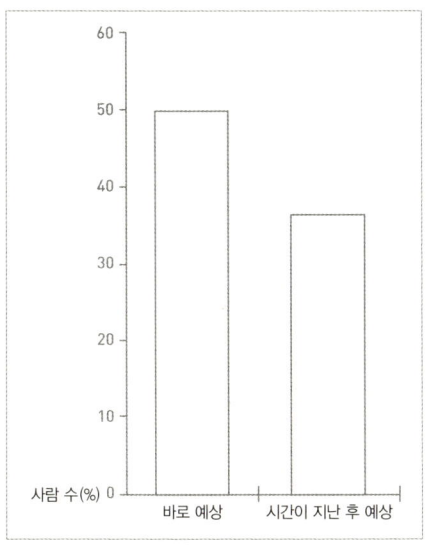

티셔츠를 신경 쓰는 사람 수. ◆5

이러한 사실을 알고 나면 일상생활에서 좀 더 과감한 행동을 하게 되는 것 같다. 공공장소에서 과도한 리액션을 한다든지, 실험정신이 돋보이는 옷을 입고 다닌다든지 하는 것들 말이다. 어차피 나를 눈여겨볼 사람도, 끝까지 기억할 사람도 많지 않은데 무엇이 두렵겠는가?

내 속에 사는 보이지 않는 관중

이번에는 우리 마음속에 살고 있는 유령 관중에 대한 이야기를 해보자. 눈에 보이지 않는 관중이라는 게 정말 존재하는 걸까? 관중이란 무대 앞이나 경기장 안에 앉아서 배우 또는 선수들의 플레이를 감상하는 사람들을 일컫는 말이다. 그러나 우리가 사회생활을 하면서 만나는 관중들은 진짜 관중처럼 눈앞에만 존재하는 것이 아니다.

자기 전 침대에 누워 있다가 오늘 했던 부끄러운 일이 갑자기 떠올라 이불 속에서 거침없는 하이킥을 날렸던 경험이 있는가? '내가 왜 그랬을까? 사람들이 나를 이상한 사람으로 봤을 거야'라는 생각과 함께 사람들의 시선과 표정이 상상되면서 참을 수 없는 오싹함을 한 번쯤은 느껴봤을 것이다. 또 분명 이불 속에는 나 혼자뿐인데 그 순간만큼은 수많은 관중의 시선을 생생하게 체험했을지도 모르겠다.

이렇게 우리는 언제 어디서든 그저 생각만으로도 관중을 소환해 낼 수 있다. 이불 속에서든 화장실 변기 위에서든 가상의 시선과 스포트라이트를 연출해낼 수 있는 것이다. 우리는 모두 시공간을 초월하여 스포트라이트를 소환해낼 수 있는 능력을 갖고 있다.

이렇게 소환된 가상의 시선(또는 스포트라이트)은 혼자만의 상상 속에서 다른 사람의 평가로 등장한다. 그리하여 '역시 안 되겠어'라는 마음을 부추겨 일을 접게도 하고, '이런 행동을 하면 사람들이 우러러보겠지?'라는 마음을 부추겨 신이 나서 일을 진행하게도 한다. 그리고 일의 결과가 잘되거나 잘못됐을 경우 똑같이 가상의 시선이 작동하여 혼자서 성취감 또는 부끄러움을 느끼게 된다.

이렇게 '사람들은 이럴 거야'라고 생각할 때 어김없이 등장하고, 특정인이라기보다 막연한 다수를 대표하며, 우리 머릿속에만 존재하고 있는 그 사람들을 '일반화된 타자generalized others'라고 한다.[16]

이 일반화된 타자는 실체는 없지만 우리 각자가 자신의 경험을 통해 재구성한 사람들의 특성을 입고서 각자의 마음속에서 살아간다. 그리고 우리가 남의 시선을 신경 쓸 때마다 빠짐없이 등장하여 눈에 보이지 않는 관중 역할을 하면서 우리의 생각과 행동 전반에 큰 영향을 미친다. 우리의 마음을 조용히 지배하는 매트릭스 같은 존재라고도 할 수 있다.

다른 사람들이 나에게 가지는 관심의 양을 과대평가하는 경향인 스포트라이트 효과와 일반화된 타자의 존재가 합쳐지면 이들은 그야말로 사사건건 나를 심문하고 이래라저래라 잔소리하는 성가신 존재가 된다.

그런데 이쯤에서 한번 생각해봐야 할 것은 결국 이들도 '나'일 뿐, 그 이상은 아니라는 점이다. 일반화된 타자는 결국 내 머릿속에서 상상해낸 가상의 존재에 지나지 않는다. 즉 이들 때문에 번민하고 힘들어하는 모든 것은 결국 나의 원맨쇼에 불과한 것이다.

물론 이들은 실제 경험을 통해 재구성된 나름 현실적인 캐릭터겠지만, 앞서 얘기했듯 우리의 경험은 매우 제한적이다. 또한 경험을 통한 재구성이란 태생적으로 주관적 해석에 지나지 않는다. 따라서 일반화된 타자의 객관성은 우리가 생각하는 것만큼 절대적이지 않다.

다른 사람의 시선을 지나치게 신경 쓰고 있다면, 즉 일반화된 타자에게 지나치게 휘둘리고 있다면 이들이 생각보다 절대적인 존재가 아니라는 사실을 떠올려보는 건 어떨까? 그리고 그 모든 것이 당신의 원맨쇼임을 상기해보는 것도 좋을 것 같다. 이는 쓸데없는 고민에서 벗어나게 해주는 괜찮은 방법이다.

타인의 눈으로 자신을 바라보기

마음속에서 만들어낸 관중을 비롯해서 이런저런 관중들의 시선을 신경 쓰다 보면 별의별 일들이 다 일어나게 된다. 그중 하나가 유체이탈이라도 하듯 다른 사람의 시선으로 자기 자신을 바라보게 되는 것이다. 이를 '자신에 대해 3인칭 시점third-person perspective을 취하는 것'이라고 이야기한다.

시점은 크게 두 가지가 있다. 1인칭 시점은 눈앞에 일어나는 일

1인칭 시점　　　　　　　　　3인칭 시점

들을 내가 직접 체험하듯 생생하게 바라보는 것으로, 내 눈에 내 전체 모습이 보이지 않는다. 3인칭 시점은 카메라를 통해 자신을 바라보듯 타인의 시점으로 자신을 바라보는 것으로, 내 전체 모습이 보인다. 흔히 컴퓨터 게임에서 이러한 시점을 이용하는 경우가 많다. 자동차경주 게임에서 1인칭 시점은 핸들과 앞의 광경만 보이고 3인칭 시점은 자동차에 타고 있는 내 모습(아바타)과 행동이 보인다.

　　게임에서는 시점을 자유자재로 바꿀 수 있지만 현실에서 우리가 취할 수 있는 시점은 오로지 1인칭뿐이다. 눈이 하늘에 달리지 않은 이상 우리 눈으로 직접 우리의 얼굴 표정이나 전신을 보는 것은 불가능하다. 하지만 한 가지 재미있는 것은 우리가 다른 사람의 시선을 의식하게 되면 상상 속에서라도 우리의 전신 샷을 구현해낸다는 사실이다. 그것도 꽤 생생하게 말이다.

　　한 시간 전에 당신이 무엇을 하고 있었는지 구체적으로 한번 생각해보자. 떠올린 화면에 당신 눈을 통해 본 광경들이 펼쳐졌는가, 아니면 내 모습이 스크린 속 주인공처럼 훤히 비치는가? 떠올린 장면을 오른쪽 액자 속에 직접 그려보자.

직접 그려보기.

이처럼 사람들에게 여러 가지 일들을 떠올리게 한 후 그 장면을 그대로 그려보라고 하거나 떠올린 장면에서 자신의 표정과 옷, 전신이 보였는지 물어보면 그들 기억 속의 시점을 알아낼 수 있다. 그리고 이런 시점을 통해 우리는 타인을 많이 신경 쓰는 사람일수록 자신을 3인칭 시점으로 바라보는 경향이 있음을 확인할 수 있다. 한편 시점은 문화권 간에 차이를 보이기도 한다. 서양인들에 비해 만성적으로 타인을

많이 의식하고 사는 동양문화권 사람들에게 3인칭 시점 더 많이 나타난다고 한다.17

지금 펜이나 손가락을 들고 이마에 E를 써보라. E를 어느 방향으로 그렸는가? 실제로 이 실험을 한 글렌 하스R. Glen Hass라는 심리학자의 생각은 이러했다. "남들의 눈에 자신이 어떻게 비칠지 궁금해하는 사람들은 타인의 눈으로 본 자신의 모습을 상상하려 애쓸 것이다. 즉 원래의 1인칭 시점에서 3인칭 시점으로 시점의 물리적 전환이 일어나는 것이다. 이때 이마에 글자를 쓰라고 하면 자기 방향이 아닌, 남들이 봤을 때 올바른 방향으로 쓸 것이다."18

아래 그림을 보자. 어느 E가 올바르게 쓰였는가? 관중인 우리가 볼 때는 오른쪽 E가 바른 방향이다. 하지만 E를 쓴 사람의 시점에서 바른 방향은 왼쪽 E다. 사람들의 시선을 신경 쓰다가 스스로 아예 타인의 입장이 되어 자신을 바라보게 되면, 내 이마이지만 남이 봤을 때 올바른 방향의 E를 쓰게 되는 것이다.

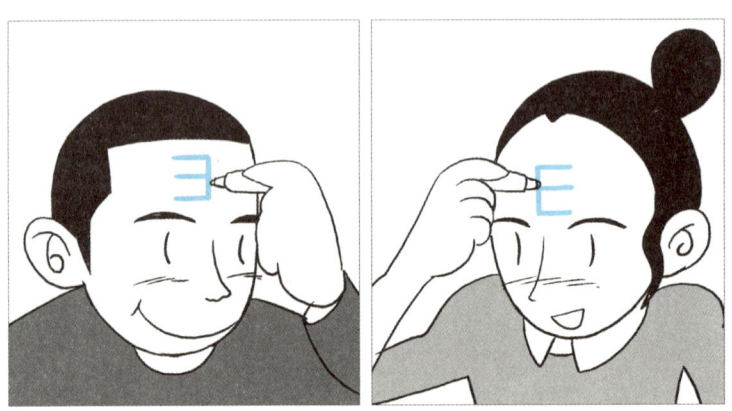

왼쪽 : 자기 방향으로 쓴 E. | 오른쪽 : 다른 사람들이 볼 때 올바른 방향의 E.◆6
각자가 취한 시점에 따라 E의 방향이 달라진다.

실험 상황을 살펴보자. 한 조건에서는 참가자들이 타인의 시선을 신경 쓰는 상황을 만들기 위해 카메라를 설치하고 전원을 켜두어 빨간 불이 들어오게 하였다(녹화 중). 또 다른 조건에서는 카메라는 설치하되 전원을 켜지 않아 불이 들어오지 않게 하였다(녹화 안 함). 즉 두 조건의 차이는 실제로 남들에게 자신의 모습이 관찰되고 있느냐 아니냐에 있었다.

참가자들은 큰 관련이 없는 과제를 수행하다가 갑작스럽게 이마에 알파벳 E를 써보라는 말을 듣고는 어리둥절해하며 실행에 옮긴다. 결과는 예측한 대로 남들의 시선을 많이 신경 써야 하는 상황의 참가자들이 그렇지 않은 참가자에 비해 두 배 이상이나 오른쪽 그림과 같은 E(다른 사람들이 볼 때 올바른 방향의 E)를 그린 것으로 나타났다.

앞에서도 이야기했지만 우리 눈은 허공에 떠 있지 않기 때문에 스스로 3인칭 시점을 취하는 것은 절대 불가능하다. 다만 머릿속에서 남들이 볼 것으로 예상되는 장면을 상상해낼 수는 있다. 타인의 시점을 재구성하려는 노력 끝에 순간적으로 그리는 E에도 타인의 시점을 담게 되는 것이다. 가상 관중의 존재를 상상할 뿐 아니라 그 관중의 시점까지도 상상해내는 우리의 능력은 아무리 생각해도 놀랍다.

여기서 한 가지 더 생각해볼 것은 3인칭 시점은 관찰자의 시점, 즉 방관자의 시점이라는 것이다. 내가 나 자신에 대해 3인칭 시점을 취하는 순간 나는 그 시간들의 주인공이 아닐 가능성이 커진다. 삶이란 결국 시간인데 그 시간을 나의 온몸으로 체험하지 못할 수도 있다는 것이다. 사람들이 끔찍한 사건들을 기억해낼 때 1인칭 시점보다 3인칭 시점을 쓰는 이유가 바로 이것이다. 3인칭 시점을 쓰게 되면 그 사건에 대한 몰입도가 떨어지고 그 사건과 자신과의 거리도 좀 떨어뜨릴 수 있다.

그런데 이러한 현상은 긍정적인 경험에도 그대로 적용될 수 있다. 무릎 쓰는 것 같은 별것 아닌 일도 3인칭으로 생각하면 1인칭으로 생각했을 때보다 즐거움을 덜 느끼게 된다는 결과들이 있다.[19] 수업시간에 다른 학생들에게 좋은 인상을 남기려고 애쓰다가 정작 수업 내용을 놓치게 되었다는 사르트르의 학생 이야기처럼 매순간을 3인칭 시점으로 살아가면 우리의 삶은 생생함 없이 공허한 껍데기만 남게 될지도 모른다.

내 삶의 주인은 누구인가

마지막으로 우리가 기억해야 하는 네 글자는 바로 '뇌내망상'이라는 단어다. 우리는 타인의 시선을 의식하고 때로는 무서워한다. 하지만 스포트라이트 효과나 일반화된 타자의 경우에서 보았듯 결국 타인이라는 존재는 내가 스스로 만들어낸 것일 뿐이다. 관중의 시선을 통해 스스로를 3인칭 시점으로 보는 주체 또한 결국은 나 자신에 불과하다.

간단해 보이지만, 사실 이 망상의 대가는 적지 않다. 부담감 때문에 실력을 발휘하지 못하거나, 사람들을 기피하거나, 지레 겁먹고 위축된 모습을 보이다가 정말로 거절을 당하기 쉽다. 또한 관중을 파악하기 위해 지나치게 관찰자 시점으로 살다가 정작 자신의 삶을 진득하게 경험할 기회들을 놓쳐버릴 수도 있다.

물론 사람은 타인을 의식하며 살아야 하고 때로는 관찰자 시점도 취할 줄 알아야 한다. 그래야 다른 사람들과 함께 공동체를 이루며 정상적인 생활을 영위할 수 있기 때문이다. 요지는 이러한 과정들에는 상당한 비용cost이 들기 마련이기 때문에 적당한 선에서 이루어져야 한다는 것이다.

우리나라를 비롯한 동양문화권의 사람들은 다른 문화권 사람들에 비해 칫솔 하나를 살 때도 타인의 시선을 의식하는 경향을 보인다.[20] 만약 평소에 자신이 지나치게 남을 의식하고 있다는 생각이 든다면 쓸데없는 것들을 신경 쓰다가 정작 중요한 것을 놓치고 있는 것은 아닌지 한번 생각해봐야 할 것이다.

소속욕구야, 내 삶을 도와다오

삶을 윤택하게 하는 생활 속 소속욕구

지금까지 우리는 소속욕구로 인해서 생기는 현상으로, 먼저 외로움에 몸부림치는 것, 다음으로 타인의 시선을 의식하는 것에 대해 이야기해 보았다. 이제 우리의 일상을 좀 더 효율적으로 변화시켜주는 실용적인 소속욕구에 대해 이야기해보자.

당신의 다이어트 사실을 알리지 말라

우리는 앞에서 사람이 열심히 사는 데에는 타인의 인정이라는 요소가 절대적인 영향을 미친다는 이야기를 했다. 자아실현을 위한 인생의 목표도, 나만이 가지고 있는 뛰어난 재능도 결국엔 누군가와 공유할 수 있고 잘한다고 인정받을 수 있을 때에야 비로소 빛날 수 있다는 얘기였다.

　　　이러한 원리는 우리 삶의 곳곳에 스며들어 이를 닦고 머리를 감는 사소한 행위부터 삶의 크고 작은 목표들까지 좌우한다. 많은 여성들의 연중 목표인 다이어트도 예외는 아니다. 이와 관련하여 학자들은 "당신이 다이어트를 한다는 사실을 사람들에게 알리지 말라"는 조언을 내놓았다.[1] 언뜻 생각하기에는 다이어트를 한다는 사실을 적극적으로 알려서 주변 사람들의 협조를 얻어야 목표 달성이 한결 쉬워질 것 같은데, 학자들은 왜 반대의 조언을 한 것일까?

사람들이 다이어트에 매진하게 되는 큰 원인 중 하나는 아마 다른 사람들에게 예뻐 보이기 위해서일 것이다. 만약 뚱뚱할수록 아름답다고 평가되는 사회라면 다이어트는 지금처럼 큰 화젯거리일 수 없다. 마른 것을 예쁜 것으로 여기는 사회에서 뚱뚱해지려고 애쓰는 사람이 거의 없듯이, 뚱뚱한 게 예쁜 사회에서 다이어트를 하려는 사람은 거의 없을 것이다.

이와 비슷하게 내 주변의 모든 사람들이 내가 계속 뚱뚱한 상태로 있어주길 바라고 각종 달콤한 말로 나의 뚱뚱한 모습이 좋아 보인다고 칭찬하면, 아마 대쪽 같던 우리의 다이어트 결심은 가을날 흩날리는 강아지풀처럼 어느새 형체 없이 사라지고 말 것이다.

이것이 바로 다이어트를 주변 사람들에게 알리지 말아야 하는 이유 중 하나다. 학자들은 과체중인 사람은 가족이나 친구도 과체중일 가능성이 크다는 점에 주목했다. 비슷한 생활습관을 가지고 있기 때문이다. 이럴 경우 비만은 이들 집단을 둘러싼 하나의 문화가 되며 구성원들의 정체성과 유대의 핵심이 된다. 그렇기 때문에 주변 사람들에게 "나 다이어트 해"라고 알리는 것은 "나 이 집단에서 이탈할 거야"와 같은 의미가 되고, 따라서 그들은 이에 대해 본능적인 반감을 지니게 된다는 것이다.

이러한 반감은 곧이어 "넌 뚱뚱했을 때가 더 나았던 것 같아"와 같은 힘 빠지는 피드백으로 돌아오고 결국엔 다이어트를 방해하는 요소가 된다고 한다. 이렇게 다이어트를 할수록 자신이 속한 집단에서 소외된다는 것을 느끼게 되면 웬만큼 마음을 독하게 먹지 않고는 다이어트를 효과적으로 해내기 어려워진다.

반대로 주변 사람들이 나의 다이어트에 우호적인 반응을 보이면 다이어트 사실을 밝혀도 되는 걸까? 학자들은 그래도 여전히 다이어트 중임을 알리지 않는 것이 좋다고 말한다. 왜냐하면 자신의 목표를 다른 사람들에게 이야기하고 이를 인정받는 순간, 그 사람은 자기가 목표를 달성했다는 착각Sense of completion에 빠질 수 있기 때문이다.

학자들은 의외로 자신의 목표와 꿈을 크게 떠벌리고 다니는 것이 그 목표를 실제로 달성하는 데 방해가 될 수 있다고 얘기한다. 목표 달성의 종착역은 거의 대부분 다른 사람들의 인정을 받는 것인데, 그들에게 목표를 이야기하면 보통 "오 그래, 대단하다. 너는 잘해낼 거야"라는 긍정적인 피드백을 얻기 마련이다. 그렇게 되면 목표를 성취하기도 전에 벌써 (목표 달성의 종착역인) 다른 사람들의 인정을 받아버린 셈이 되어버린다. 따라서 목표를 달성할 필요성이 많이 떨어진다. 이런 이유로 목표를 떠벌리고 다니는 사람 치고 실제로 성취하는 사람은 별로 없는 일이 생기는 것이다.

물론 사람들 앞에서 목표를 공식적으로 선언함으로써 목표를 향해 더욱 열심히 달려가게 될 수도 있다. 또 주변 사람들의 도움을 이끌어내서 목표를 더욱 수월하게 달성하게 되기도 한다. 이런 상황들이 몇 가지 존재하긴 하지만, 다이어트만큼은 앞서 한 얘기들을 더 고려할 필요가 있을 것이다.

그러면 어떻게 해야 다이어트에 성공할 수 있을까? 학자들의 조언을 따라 구체적으로 살펴보자.

1. (주변에 비만 문화가 형성되어 있는 경우) 가능하면 다이어트를 한다는 말은 하지 말 것.
2. 얘기하더라도 '다이어트 할 거야'라는 식으로 두루뭉술하게 이야기하지 말고 언제, 어디서, 어떻게, 구체적으로 이야기할 것(목표 달성의 기준을 구체화시키면 목표가 두루뭉술했을 때에 비해 이미 목표를 달성했다는 착각을 조금 줄일 수 있게 된다).
3. 주변에 비만 문화가 형성되어 있다면 주변 사람들, 즉 나의 뚱뚱함으로 인해 안정감과 만족감을 얻는 사람들 말고 나의 다이어트를 실제로 도와줄 수 있는 전문가들에게 실제적인 도움과 조언을 구할 것.

결국 "다이어트는 몰래 하거나, 아니면 전문가들과 함께!"라고 요약할 수 있겠다.

 다이어트 하지 않고 다이어트 하기

별다른 노력 없이 쉽게 할 수 있는 다이어트 법이 있다면 얼마나 좋을까? 이번에 소개하는 방법은 그런 면에서 당신의 귀를 솔깃하게 만들지도 모르겠다. 다음 중 포만감에 더 중요한 요소는 무엇일까?

1. 실제 섭취한 양. 예 : 2킬로그램의 음식을 섭취
2. 내가 먹었다고 생각되는 양. 예 : "음. 이 정도면 많이 먹었군."

많이 먹을수록 배가 부른 것은 너무 당연한 이치이니 1번이 포만감에 절대적인 영향을 미칠 거라는 예상은 누구나 쉽게 할 수 있다. 하지만 최근 2번도 1번못지않게, 어쩌면 더 큰 영향을 미칠 수 있다는 점이 밝혀졌다.[2] 실제 먹은 양뿐 아니라 먹은 양에 대한 주관적인 판단 또는 생각도 포만감에 커다란 영향을 끼친다는 것이다.

다음은 실제 회의장에서 벌어진 실험이다. 회의장에는 테이블이 두 개 있고 한 테이블에는 'Medium'이라는 라벨이 붙은 접시를, 다른 테이블에는 'Large'라는 라벨이 붙은 접시를 두었다. 하지만 라벨에 적힌 것과는 달리 두 접시의 사이즈는 정확히 같았고, 그 위에 놓인 쿠키의 양도 같았다(각각 15개의 쿠키를 배치, 쿠키 한 개의 무게는 80그램).

회의가 끝난 후 어떤 접시의 쿠키가 더 많이 줄었는지, 즉 사람들이 어떤 라벨이 붙은 접시의 더 많은 쿠키를 먹었는지 확인해보았다. 결과는 Medium 라벨이 붙은 접시의 쿠키를 먹은 사람들이, Large 라벨이 붙은 접시의 쿠키를 먹은 사람들보다 더 많이 먹은 것으로 나타났다. 그런데 추가 조사 결과 아이러니하게도 포만감은 덜 느끼는 것으로 나타났다. 이와 같은 결과는 다른 연구에서도 반복적으로 확인되었다.

Large라고 적힌 접시에 담긴 쿠키를 먹은 사람들은 접시가 크다는 정보를 통해 자신이 많은 양을 먹었다고 생각하게 되었고, 이것이 곧 배부른 느낌으로까지 이어졌다는 것이다.

이렇게 먹은 양에 대한 지각이 포만감과 음식 섭취량에 실제로 영향을 준다는 사실을 다이어트에 응용할 수 있을까?[3]

참가자들에게 2주 동안 뷔페에서 점심식사를 제공하고 먹고 싶은 만큼 마음

껏 먹으라고 한다. 한 집단의 참가자들에게는 자신이 먹은 양을 알 수 있도록 Large, Medium 등 사이즈가 표시된 그릇을 주었고, 다른 그룹의 참가자들에게는 보통의 접시를 주었다.

2주 후 참가자들의 총 섭취 칼로리와 몸무게를 측정한 결과, 사이즈가 표시된 그릇에서 먹은 사람들이 한 끼 평균 250칼로리를 덜 섭취했고 자연스럽게 0.5킬로그램을 감량한 것으로 나타났다. **자신이 얼마나 먹었는지 알게 되면 그런 정보가 전혀 없을 때보다 포만감을 더 쉽게 느끼게 되고 자연스럽게 음식 섭취량도 줄게 된다는 얘기다.**

이러한 발견을 실제로 다이어트에 응용해보는 건 어떨까? 자신이 먹은 양을 알고 있는 것만으로도 체중을 감량할 수 있다는 사실은 무척 쉽고 효과적인 방법이니 말이다.

자신의 행동을 공적화하라

트레이닝복 차림에 세수도 하지 않고 머리는 대충 묶어 올린 모습으로 방에서 뒹굴고 있는 당신과 중요한 약속이 있어 한껏 멋을 부리고 집을 나서는 당신. 이 두 모습은 도저히 같은 사람인 게 믿기지 않을 정도로 큰 차이가 있을 것이다.

사람들의 시선에 노출되는 상황은 무대 위에 올라간 것 마냥 좀 특별한 상황이 되기 마련이다. 이렇게 사람들의 시선이 존재하는 경우는 공적public 상황이 된다. 공적 상황은 내 방에서 혼자 있는 등의 사적private 상황과 많은 면에서 다르다. 말 한마디 행동 하나를 할 때도 공적 상황은 사적 상황에 비해 고려할 것이 많아진다. 말이나 행동을 하고

난 후의 느낌이나 파장도 다르다. 따라서 우리는 사적 상황과 공적 상황에서 각각 다르게 행동한다. 자신의 방에 혼자 있을 때는 멋대로 춤을 추고 노래하고 뒹굴어도 이상한 눈으로 쳐다보는 사람이 없지만 공적 상황에서 그렇게 행동하면 미친 사람이라는 소리를 듣기가 쉽기 때문이다.

이렇게 타인의 시선이 존재하는가에 대한 여부는 많은 차이를 만들어낸다. 심리학자 다이앤 M. 타이스Dianne M. Tice는 이 차이가 '나는 이러이러한 사람이야'라고 생각하는 일종의 정체성, 즉 자기개념self-concept에도 영향을 미친다고 이야기한다.4 숲에서 나무가 하나 쓰러졌다. 하지만 아무도 그 나무가 쓰러진 것을 보지도 듣지도 못했다. 그러면 그 나무는 쓰러진 것일까? 한번 그 나무가 나 자신이라고 가정해보자. 내가 어떤 큰 실수를 했다. 그런데 그 사실을 세상 어느 누구도 알지 못한다. 그렇다면 나는 실수한 사람인가? 나는 나 자신을 실수한 사람이라고 여기게 될까?

답은 사람들의 시선이 존재하는 공적인 상황에서야 스스로를 실수한 사람이라고 여긴다는 것이다. 혼자 있을 때 꽈당 넘어진 것과 남들이 모두 보는 앞에서 꽈당 넘어진 것을 비교했을 때 후자의 상황에서 자신의 어리숙함을 더 탓하게 된다.

사람들에게 방에 들어가서 외향적인 사람인 양 행동해보라고 한다. 타이스는5 조건을 두 개로 나누어 행동을 지켜보는 시선의 존재 여부를 다르게 하였다. 참가자의 반은 타인의 시선이 존재하지 않는 방에서 홀로 원맨쇼를 하는 상황이었고 나머지 반은 타인의 시선이 존재하는 상황에 있었다. 이 조건의 참가자들은 바깥쪽에서만 안이 들여다보이는 창문을 통해 누군가가 자신을 지켜보고 있다는 정보를 들었다.

외향적인 척하는 과제가 끝난 후 타이스는 참가자들에게 스스로의 성격에 대해 묻는 설문에 응답하도록 했다. 타인의 시선이 전혀 존재하지 않는 상황에서 원맨쇼를 한 조건과 누군가 자신을 지켜보고 있다고 생각하면서 외향적인 행동을 한 조건 중 어느 조건의 참가자가 더 자신을 외향적인 사람이라고 생각했을까?

아마 예상했겠지만 타인의 시선이 있다고 생각한 조건의 사람들이 그렇지 않은 조건의 사람들에 비해 자신을 더 외향적인 사람이라고 생각하는 경향이 나타났다. 같은 행동을 해도 타인의 시선이 있을 때 사람들은 더욱더 그 행동을 자신의 특성이라고 내면화internalize하는 것이다. 이렇게 우리들이 자기 자신에 대해 가지고 있는 정체성이 확립되는 과정에는 타인의 시선이라는 요소가 중요하게 작용한다.

또 다른 연구자들은 설문을 통해 타인의 시선을 의식하고 행동한 사람들이 스스로를 더 외향적인 사람이라고 '생각'하는지를 측정했을 뿐 아니라 실제로 더 외향적으로 '행동'하는지도 살펴보았다.

자리를 옮겨서 참가자들에게 잠시 대기하라고 한다. 그 방에는 이미 다른 사람(연구자와 공모한 연기자)이 앉아 있었고, 여분의 의자가 없었기 때문에 참가자는 자신이 앉을 의자를 직접 가져다가 앉아야 했다. 연구자들은 참가자가 의자를 가져다가 앉은 장소가 이미 방에 있었던 사람의 자리에서 얼마나 떨어져 있었는지 측정했다. 이 방법은 외향적인 행동을 측정하는 대표적인 방법으로, 외향적인 사람들은 내향적인 사람들에 비해 다른 사람들과 가까운 위치에 앉는 편임이 밝혀진 바 있다.[6]

역시 타인의 시선이 있었던 조건의 사람들(먼저 있었던 사람으로부터의 거리 : 146센티미터)이 그렇지 않은 조건의 사람들(159센티미터)에 비해 먼저 앉아 있었던 사람에게 약 13센티미터 더 가까이 다가가 앉은 것으로 나타났다. 다른 사람들이 보는 곳에서 외향적인 행동을 한 사람들은 그 행동이 생각뿐 아니라 몸에도 더 배었다는 것이다. 이와 같이 말이나 행동, 경험들은 사적인 상황보다 공적인 상황일 때 더 큰 효과를 발휘하며 우리를 변화시킬 수 있다.

　이는 공적인 상황에서의 말이나 행동은 사적인 상황에 비해 없었던 일로 하기 어렵다는 것과 같은 맥락에 있다. 그래서 사람들은 변화를 결심할 때 공식선언 같은 걸 하는지도 모르겠다. 구체적으로 어떤 행동을 하는 사람이 되고 싶다면 그냥 선언에 그치는 것이 아니라 사람들에게 그 행동을 하는 모습을 자주 보여주는 것이 좋은 방법이 될 것이다. 앞에서 얘기한 것처럼 목표를 섣불리 선언해버리면 사람들에게 "그래, 넌 잘할 거야" 같은 말을 먼저 듣게 되어 목표를 달성했다는 이른 착각에 빠지기 쉽다. 하지만 공식적인 자리에서 아예 행동을 해버리면 사람들 앞에서 외향적인 행동을 한 참가자들이 실제로 더 외향적으로 행동했듯, 사람들 앞에서 그 행동을 더 잘하게 될 수도 있는 일이다.

투표율을 높이는 한 가지 방법

앞서 공적인 상황에서의 말이나 행동은 사적인 상황과는 다르게 없던 일로 하기 어렵다는 것, 따라서 변화를 원한다면 사람들 앞에서 자꾸 그러한 모습을 보여주는 것이 좋다는 이야기를 했다. 이러한 원리는 또한 선거 시즌에 좀 더 많은 사람들을 투표장으로 향하게 하는 데 사용될 수 있다.

3인칭 시점은 관중의 시선으로 자신을 바라보는 시점이라고 했다. 친구들과 소풍을 갔다고 생각해보자. 단체사진을 찍는데 한번은 당신이 사진사가 되어 친구들을 찍어주었다. 당신의 모습이 들어 있는 단체사진과 없는 단체사진 중 어떤 사진이 당신이 소풍에 참가했다는 사실을 더 명확하게 이야기해주고 있는가? 당연히 당신의 모습이 없는 사진보다는 있는 사진이 더 명확한 증거가 될 것이다.

두 사진의 가장 큰 차이점은 '시점'이다. 자기 모습이 없는 사진은 자신의 눈을 통해서 세상과 타인을 바라본 1인칭 시점의 장면이고, 자기 모습이 담긴 사진은 타인의 눈을 통해 바라본 3인칭 시점의 장면이다. 이렇게 어떤 행동을 하는 장면에 3인칭 시점을 취하게 되면 자기 모습이 담긴 사진을 찍는 것처럼 자신이 그 행위의 주체라는 사실을 확실하게 인식하게 한다. 따라서 때때로 어떤 행동을 하는 자신의 모습을 3인칭 시점을 통해 상상하게 되면 자신의 행동이 공적으로 드러나는 듯한 느낌이 더해지면서 일종의 선언을 한 것과 같은 효과가 나타난다.

리사 K. 리비Lisa K. Libby와 동료들은 기발하게도 3인칭 시점의 이러한 원리를 이용하면 투표율을 높일 수 있을 거라고 생각했다.[7] 때는 2004년 미국 대선 시즌이었다. 선거 20일 전 그들은 사람들에게 각각 1인칭 또는 3인칭 시점으로 자신이 투표하고 있는 모습을 떠올리도록 했다. 그러고 나서 사람들에게 투표에 대해 어떠한 태도를 갖고 있는지(실제로 당일 투표할 것 같은지, 투표 행위가 자신에게 얼마나 중요한 의미를 갖는지, 투표를 하지 않으면 얼마나 후회할 것 같은지 등등) 물어보았다.

20일 후 선거가 끝났고 연구자들은 사람들에게 투표를 했는지 물었다. 거짓 응답을 줄이기 위해 "많은 사람들이 투표자로 등록되지 않거나 아파서 투표를 못했다고 하는데, 당신은 어떻습니까? 투표 하셨나요?"라고 질문했다. 그 결과 1인칭 시점(72퍼센트)보다 3인칭 시점(90퍼센트)으로 상상했던 사람들의 투표 참여율이 더 높았다(18퍼센트 차이). 3인칭 시점으로 자신이 투표하는 모습을 떠올렸던 사람들은 1인칭 시점으로 떠올린 사람들에 비해 투표에 대한 태도가 더 긍정적이었고 투표를 하려는 의지 또한 더 높았다.

초박빙 상황에서 약간의 투표율 차이로도 당락이 오가는 경우를 생각하면 18퍼센트 차이는 매우 중요한 의미를 지닌다고 할 수 있다. 단순한 시점의 차이로 이러한 결과가 만들어진다는 것이 신기하지 않은가? 이처럼 자신의 행동거지가 공적으로 명확히 드러나는 것은 그 행동의 의미와 중요성을 확 바꿔놓는 역할을 하게 된다.

얼굴이 붉어지면 신뢰도가 올라간다

앞선 다양한 예에서 살펴보았듯이 사람들의 시선에 노출되면 그렇지 않을 때에 비해 많은 것들이 달라진다. 이러한 변화는 사람들의 시선을 '감지'하는 것에서부터 시작된다.

우리는 사람들의 시선에 매우 민감하게 반응하는데, 예를 들면 우리는 사람들의 시선이 어디로 향하는지 귀신같이 감지해낼 수 있다.[8] 간혹 뒤통수가 따가워서 고개를 돌려보면 누군가가 나를 쳐다보고 있었다거나 사람들의 시선이 움직이는 대로 내 시선도 따라서 움직였던 경험이 있을 것이다.

모니터에 정면을 바라보고 있는 사람의 얼굴(그림 또는 사진)이 나타난다. 얼굴은 모니터 가운데에 위치하고 있고 연구자들은 실험 참가자들에게 이를 계속 쳐다보라고 했다. 잠시 후 모니터 속의 사람이 시선을 왼쪽(또는 오른쪽)으로 돌리고 곧바로 왼쪽(또는 오른쪽)에 작은 별표가 하나 나타난다. 참가자들의 과제는 모니터 속 시선의 방향과 상관없이 별표가 나타나면 최대한 빨리 버튼을 누르는 것이다.

모니터 속 얼굴의 시선이 가리킨 방향에 별표가 나타난 상황(일치 시행)과 시선이 가리킨 방향과 반대 방향에 별표가 나타난 상황(불일

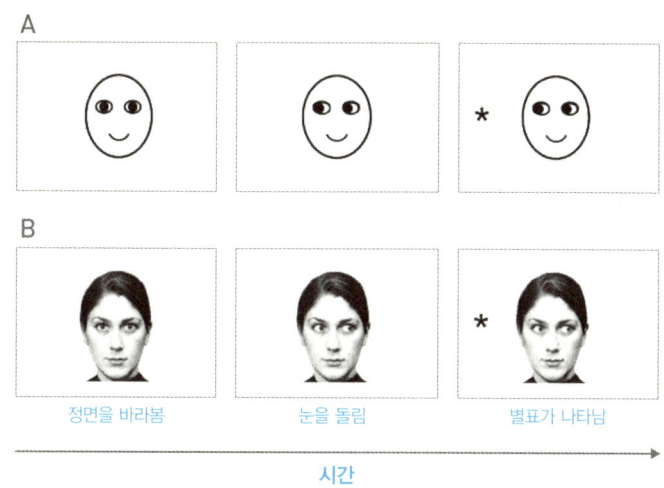

위 : 일치 시행. | 아래 : 불일치 시행.
시선의 방향과 상관없이 별표가 나타나면 버튼을 누른다. ◆

치 시행) 중 어떤 상황에서 별표의 존재를 더 빨리 알아차렸을까? 참가자들은 불일치 상황보다 일치 상황일 때 별표를 더 빨리 감지했고 버튼을 빨리 누를 수 있었다.

이와 같은 현상은 우리의 눈이 자연스럽게 다른 사람의 시선을 따라 움직이기 때문에 생겨난다. 별표가 나타나기 직전 우리 눈이 화면 속 시선의 방향을 따라 움직인 자리에 별표가 나타나면 재빨리 반응할 수 있다. 하지만 반대쪽에 별표가 나타나면 그만큼 느리게 반응하게 된다. 이렇게 타인의 시선이 움직임에 따라 나의 시선도 즉각적으로 반응하는 양상은 생후 3개월부터 나타난다고 한다. 타인의 시선을 잘 알아차리는 능력은 사회적 기술 중에서도 가장 기본인 기술 중 하나인 것이다.

타인의 시선에 빠르게 반응하는 현상은 얼굴을 붉히는 모습으로도 나타난다. 부끄럽거나 당황할 때면 어느새 얼굴이 붉어지는 경험을 해본 적이 있을 것이다. 얼굴에 '나는 부끄러운 짓을 했다'고 글자를 써 넣은 것과 크게 다를 바 없는, 이 '얼굴 붉힘 현상blushing'은 중요한 사회적 기술 중 하나다.

오늘따라 눈썹이 잘 안 그려졌는데 사람들이 내 눈썹만 보고 있는 것처럼 느껴질 때, 길을 가다 넘어졌는데 사람들이 나를 보고 웃는 것만 같을 때, 사람들에게 둘러싸여서 오로지 나만을 위한 축하 파티를 받을 때 등등 실제로 타인의 시선을 받거나 그 시선을 상상할 때 우리는 얼굴을 붉히게 된다. 학자들은 우리가 이렇게 얼굴을 붉히는 것은 사람들이 존재하는 사회적 상황에 특화된 신체 반응이라고 얘기한다. 넘어지는 행위에 있어서도 사람들의 시선이 존재할 가능성이 있는 바깥에서 넘어졌을 때는 얼굴이 빨개지지만, 남의 시선을 전혀 느낄 수

없는 방 안에서 넘어졌을 때는 얼굴을 붉히지 않는다.[9]

얼굴을 붉히는 데 사람들의 시선이 얼마나 중요하게 작용하는지 살펴보자. 첫째 사람들이 바로 눈앞에서 나를 쳐다보고 있는 상황, 둘째 사람들이 눈앞에 있지만 눈을 가려 사람들을 잘 보지 못하는 상황, 셋째 사람들이 불투명한 막 건너편에 존재하는 상황. 이 세 상황 중 사람들의 뜨거운 시선을 본인의 눈으로 직접 감지한 상황(첫 번째 상황)에 놓인 참가자들의 볼 온도가 가장 높았다.

이렇게 얼굴을 붉히는 것은 타인에게 우리가 그들의 존재와 평가를 얼마나 잘 의식하고 있는지, 또 그들에게 거리낄 만한 행동을 했는지에 대한 정보를 준다. 예를 들어 거짓말을 하면 얼굴이 빨개져서 금세 들통이 나버리는 사람들이 있다. 입에서 나오는 말과 다르게 그 사람의 얼굴은 '나는 지금 당신을 의식하면서 죄책감을 느끼고 있어요'라고 말하는 꼴이니, 들통 나기 쉬울 수밖에 없을 것이다.

이렇게 세상 모든 사람들이 조금이라도 부끄러운 행동을 했을 때 금방 얼굴이 붉어져버린다면, 즉 자신의 속마음을 얼굴에 그대로 내비치게 된다면 적어도 사기나 거짓말 때문에 피해를 보는 사람들이 많이 줄어들지 않을까? 이것이 바로 얼굴 붉힘이 존재하는 이유 중 중요한 한 가지다. 얼굴을 붉히는 것만으로 우리는 사람들에게 자신의 마음에 관한 많은 정보를 줄 수 있다. 얼굴 붉힘이 주는 정보와 그 역할을 정리하면 다음과 같다.

1. 사람들에게 (얼굴을 붉히고 있는) 누군가가 옳지 않은 일을 벌이고 있다는 정보를 줌.

2. 그 사람이 자신의 행동에 대해 부끄럽게 여기고 반성하고 있는지에 대한 정보를 줌.

3. 알아내기 어려운 위의 정보들을 매우 손쉽고 빠르게 전달해줌.

얼굴 붉힘을 대수롭지 않은 일이라고 생각했다면 이제는 그것의 매우 편리하고 중요한 역할에 조금 놀라운 생각이 들지 않는가? 최근에는 얼굴 붉힘의 이러한 기능 때문에 사람들이 얼굴을 쉽게 붉히는 사람을 잘 믿는 편이라는 것이 연구 결과 확인되었다.[10]

어떤 사람을 믿는다는 것은 그 사람이 나에게 '안전한' 사람이라고 판단을 내리는 것과 같다. 나에게 해가 될 만한 일을 했을 때 얼굴이 붉어져 금세 들통이 나버리는 친구라면 무슨 생각을 하는지 쉽게 알 수 없는 친구보다는 뒤통수를 맞을 일이 비교적 적어진다. 즉 더 쉽게 믿을 수 있는 안전한 친구가 되는 것이다. 수줍게 얼굴을 붉히고 있는 모습이 친근하고 귀여워 보이는 것도 이러한 이유 때문이라고 볼 수 있겠다.

얼굴이 붉어져 감정이 쉽게 드러나는 게 고민인 사람이라면 얼굴 붉힘은 불편한 점이 많은 만큼 장점도 많다는 것을 떠올려보자. 그러면 좀 위로가 될 것이다.

준 만큼 받고 싶은 사람들에게

사람들에게 사랑받고 인정받고 싶어 하는 욕구인 소속욕구는 모든 사람들이 보편적으로 지니고 있다. 대부분의 사람들이 타인과 좋은 관계를 맺고 싶어 하며 관계가 잘못되면 힘들어한다. 하지만 이러한 사회적 욕구에도 개인차가 존재한다. 사람에 따라 소속욕구가 더 강할 수도 비교적 약할 수도 있다는 것이다. 따라서 같은 상황에서도 각자가 가진 소속욕구의 강도에 따라 사람들은 서로 다른 행동을 하게 된다. 소속욕구의 개인차로부터 영향을 받는 대표적인 행동은 토라지거나 용서하는 것이다.

소속욕구가 높으면 타인의 마음에 들기 위한 노력의 일환으로 얄미운 행동을 하거나 토라지는 행위는 가급적 삼가고 상대방이 어떤 행동을 하든 넓은 마음으로 다 받아줄(용서해줄) 것 같은 생각이 든다. 그런데 사실은 그렇지 않다고 한다. 소속욕구가 높을수록 오히려 쉽게 토라지고 용서도 잘 하지 못한다는 것이다. 그 이유는 무엇일까?

드라마나 영화에서 인물 간에 갈등이 일어나는 장면에는 종종 "네가 어떻게 나한테 이럴 수 있어?"라는 대사가 등장한다. 이 말에는 여러 의미가 포함되어 있는데, 그중 대표적인 것이 '내가 너한테 얼마나 잘 해줬는데', '너도 내가 한 만큼 나한테 잘 해야 하는 거 아니니?'라는 마음이다. 즉 우리는 어떤 관계에 대해 노력한 만큼 상대방으로부터 그에 상응하는 일종의 보상을 받기를 기대한다는 것이다.

이와 같은 상호성reciprocity 개념은 대인관계의 가장 핵심적인 요소 중 하나라고 할 수 있다. 일방적으로 주기만 하거나 받기만 하는 관계는 건강하지 않고 오래 지속되기 어렵기 때문이다. 밥도 돌아가면서 사고 연락도 비슷한 비율로 주고받아야 건강한 관계가 이어질 수 있다.

주목할 점은 소속욕구가 높은 사람들이 소속욕구가 낮은 사람들에 비해 이러한 공식에 사로잡히게 될 가능성이 더 높다는 사실이다.[11] 소속욕구가 높은 사람들은 사랑받고자 하는 열망이 높기 때문에 주관적이든 객관적이든 그만큼 관계에 많은 투자를 하게 된다. 그렇기 때문에 상대방으로부터도 자신이 노력하는 만큼, 혹은 그 이상의 무언가를 기대하게 된다. 이러한 높은 기대는 때때로 관계의 독으로 작용하여 상대방의 사소한 행동에도 쉽게 상처받고 좌절과 배신감, 분노를 크게 느끼게 한다. 실제 연구 결과 소속욕구가 높은 사람일수록 자신에 대한 타인의 잘못에 쉽게 배신감을 느끼고, 결과적으로 용서도 잘 하지 못하는 양상이 나타났다.[12]

사람들에게 쉽게 상처받거나 토라지고, 어긋난 관계를 잘 풀지 못하면 자기 자신은 물론 주변 사람들 모두가 관계에 있어 피곤함을 느끼게 된다. 관계에 많이 애쓰고 집착할수록 타인에게 더 기대하게 되는 것을 보면 타인에게 관대해지는 방법은 우선 '덜 애쓰는 것'이 아닐까? 관계를 소중히 여기는 것과 사랑받고 싶은 욕구가 생기는 것은 당연한 일이지만 도를 넘어서 지나치게 매달리면 자신과 상대방 모두에게 가혹한 일이 될 뿐이다.

만약 당신이 지나치게 인간관계를 신경 쓰고 있고 그만큼 상처도 많이 받고 있다면 관계로부터 좀 초연해지는 건 어떨까? 타인의 시선을 의식하지 않으려고 노력하고 타인에게 사랑받는 것 외에 자신을 기쁘게 하는 것들을 발견해보는 것이다. 또한 혹시 주변에서 이와 같은 사람들을 본다면 높은 소속욕구로 인한 사랑에의 갈구쯤으로 생각하고 그들을 이해해주고 보듬어주면 좋겠다.

그래서 사회생활이 제일 힘들다

지금까지 다이어트를 잘하는 방법부터 투표율을 높이는 방법, 얼굴 붉힘이 사람들의 신뢰를 얻는 데 도움이 된다는 사실, 그리고 타인에게 너그러워지는 방법까지 일상생활에서 적용해볼 수 있는 소속욕구에 대해 이야기를 해보았다. 이렇게 소속욕구는 우리 삶의 구석구석에 깊이 관련되어 있다. 이쯤 되면 소속욕구가 인간의 모든 욕구들 중에서 으뜸인 욕구 또는 나와 타인을 이해하기 위한 출발점이라고 불리는 것이 이해되지 않는가?

소속욕구를 빼면 사실 사회심리학에서 이야기할 수 있는 것은 거의 없다. 지금 하고 있는 행동과 미래를 향한 목표까지 우리의 삶은 사람들에게 얼마나 사랑과 인정을 받고 싶은지, 또 그것을 얼마나 받고 있는지에 따라 큰 영향을 받는다. 사람들과 관계가 좋으면 더할 나위 없는 행복과 평화를 맛보게 되지만 소외당하면 쓰라린 외로움을 느끼게 된다. 사람들의 시선을 의식하며 그들에게 잘 보여야 한다는 부담감에 스스로 짓눌리기도 한다. 다양한 목표를 설정할 때도 사람들의 인정이 가장 중요한 고려사항 중 하나가 된다. 사람들의 시선이 자신에게 향하는 정도를 실제보다 과도하게 예상하기도 하고 사람들의 시선이 존재하는지 여부에 따라 공적으로 노출된 행동을 자신의 모습으로 쉽게 받아들이기도 한다. 때로는 사람들과의 관계에 지나치게 집착하고 기대하다가 혼자서 커다란 배신감과 분노에 빠져 허우적대기도 한다.

이렇게 우리의 사회적 욕구의 실체와 그로 인해 발생하는 다양한 현상을 알게 되면, 도대체 왜 그렇게 인생이 꼬여 있는 것처럼 느껴졌는지 어렴풋이나마 알게 된다. 모든 문제의 해결은 문제를 제대로 아는 것에서 시작하는 만큼 사회적 삶에 대한 지식들은 우리 삶의 대부분을 차지하고 있는 대인관계와 사회생활을 좀 더 이해할 만한 것, 손에 잡히는 것, 해볼 만한 것으로 만들어줄 수 있을 것이다.

이를 위해서 우리는 삶의 가시와도 같은 인간관계의 어려운 부분들에 대해 집중적으로 이야기했다. 다음에서는 본격적으로 사람들에게 인정받고 사랑받게 되면, 즉 좋은 관계를 쌓게 되면 어떤 긍정적인 일들이 일어나는지, 그리고 긍정적인 관계를 지켜줄 수 있는 다양한 기술들에는 어떤 것들이 있는지 알아보자.

Part 2

행복에
가까워질
너

앞서 얘기했듯 우리는 그냥 사회적 동물이 아니라 '하드코어한' 사회적 동물이다. 때문에 사람들에게 사랑받고 인정받는 것은 우리 삶에서 굉장히 중요한 문제다. 인간 사회에서 관계 맺기란 매우 중요한 만큼 어렵고 힘든 일이다. 하지만 그 일을 잘해냈을 때(즉 좋은 관계가 유지될 때) 우리는 커다란 기쁨과 보상을 받게 된다. 관계 때문에 힘들어하고 아파하는 만큼 즐겁고 기쁜 순간들도 많이 찾아온다는 것이다. 실연을 당하거나 소외당했을 때의 기분은 총을 맞은 것처럼 아프지만 연인이나 친구와 좋은 관계를 만들어가고 있을 때의 기쁨은 솜사탕보다 더 달콤하기 마련이다.

실제로 많은 연구들을 통해 좋은 인간관계는 우리 삶에 건강과 행복 같은 최고의 열매를 가져다준다는 것이 밝혀졌다. 이번에는 구체적으로 좋은 인간관계가 어떻게 우리 삶을 풍성하게 만드는지 이야기해보자.

사람은 무엇으로 행복해질까?
인간관계는 행복의 필요조건

약 20년간 이루어진 행복에 대한 연구들 중 가장 주목할 만한 결론은 좋은 인간관계가 행복의 필요조건이라는 사실이다. 행복에 있어서는 돈, 명예, 권력 같은 것(이들은 행복에 약 10퍼센트의 영향만 미친다)보다 좋은 사람들을 곁에 두는 것이 더 중요하다고 한다.[1] '돈은 잃더라도 사람은 잃지 말라'는 조언이 떠오른다.

그렇다면 좋은 관계가 어떻게 우리의 삶을 풍성하게 해주는지 살펴보자. 사람들이 가장 큰 행복을 느낄 때는 언제일까? 내향적인 사람들도 타인과 어울리면 행복해질까? 결혼은 미룰 수 있는 만큼 미루라는 어느 연예인의 말처럼 결혼은 정말 미친 짓일까? 사랑이나 관심을 주는 기쁨은 받는 기쁨과 어떤 차이가 있을까? 이런 질문들을 살펴보면서 우리 삶의 다양하고 일상적인 관계들 속에서 행복해질 수 있는 방법들을 찾아보자.

행복은 생각보다 쉽다

인생은 시간이다. "인생을 잘 살았는가?"라는 질문은 순간순간의 시간, 즉 일상을 얼마나 잘 보냈는지에 대한 질문이기도 하다. 적어도 행복에 있어서는 정말로 그러하다.

행복 관련 연구의 대가인 에드 디너Ed Diener와 동료들에 따르면, 큰 업적을 성취하거나 엄청난 돈을 벌거나 권력을 거머쥐는 것과 행복은 별 상관이 없다. 한 나라의 대통령이 되거나 몇백억짜리 로또에 당첨되어도 그 순간의 기쁨은 오래가지 못하고 곧 원래의 상태, 원래의 행복 수준을 회복하기 마련이다. 우리의 감정은 재물처럼 축적되는 것이 아니라는 얘기다.

엄청나게 큰 기쁨도 시간의 흐름에 따라 서서히 지워지기 때문에(적응) '전반적으로 행복한 삶'을 사는 데에는 기쁨의 크기와 총량보다는 기쁜 일들이 얼마나 자주 있는가, 즉 빈도가 더 중요하다.[2]

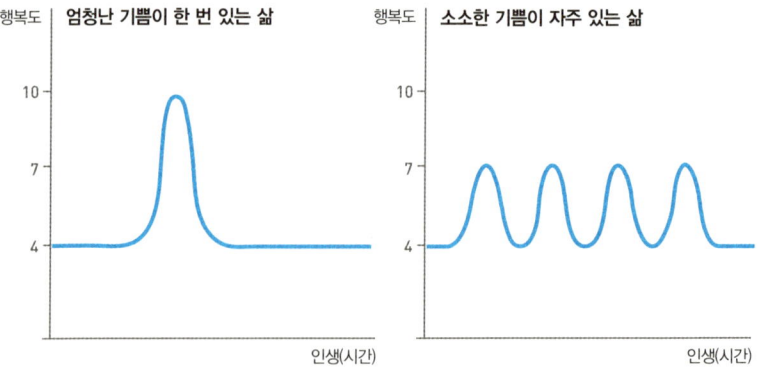

전반적으로 행복한 삶은?

왼쪽 그래프를 보며 이야기해보자. 좀 극단적으로 표현됐지만, 왼쪽 그래프는 10점짜리 기쁨(매우 큰 성취)이 한 번 있고 그다음에는 별다른 기쁨이 없는 삶이고, 오른쪽 그래프는 엄청나게 기쁜 일은 없지만 7점짜리 소소한 기쁨이 자주 있는 삶이다.

둘 중 어떤 삶이 시간이 흘렀을 때 평균적으로 더 행복한 삶이라고 할 수 있을까? 아무래도 오른쪽 그래프의 삶을 사는 사람이 왼쪽 그래프의 사람보다 자주 행복감을 느끼며 웃을 일이 더 많을 것이다.

이처럼 행복에 있어서는 '인생은 한 방이다'라는 표어가 어울리지 않는다. 엄청나게 기쁜 일이 드물게 있는 것보다 소소한 기쁨이 자주 있는 것이 우리 인생을 좀 더 행복하고 편안하게 해준다.[3]

그렇기 때문에 '카르페 디엠 carpe diem (현재에 충실해라)'은 과학적으로 근거 있는 말이라고 할 수 있다. 행복을 고된 노력 끝에 오는 그 무엇으로 생각한 나머지 순간의 기쁨을 저버린 채 오직 커다란 한 건의 성취만을 바라보며 살면 절대로 행복할 수 없다. 지금 이 순간과 앞으로의 시간들을 좀 더 즐겁게 보내려고 노력하는 것이야말로 행복으로 가는 지름길이라고 할 수 있겠다.

따라서 작은 일에 기뻐하고 감사하려는 노력을 해본다거나, 일상 속에서 작지만 특별한 이벤트를 시도해보는 등의 작은 시도들이 몇 백억짜리 로또에 당첨되는 것보다 삶을 더 풍성하게 만들어줄 것이다. 당신은 일상의 소소한 기쁨을 느끼며 살고 있는가?

몇몇 지인들과 함께 일상에서 만나는 자신만의 소소한 기쁨에 관한 이야기를 나눈 적이 있다. 퇴근길의 시원한 맥주 한 잔, 우연히 발견한 예쁜 하늘이나 거리의 풍경, 사람들과 기분 좋게 나누는 대화, 또

공감 가는 이야기나 글을 접하는 것, 좋은 책, 좋은 문장을 보거나 새로운 사실을 알게 되는 것 등이 있었다. 매일매일 이어지는 평범한 일상을 이러한 작은 기쁨들로 하나씩 채워나가면 정말 행복해질 것 같지 않은가? 작은 일들이기에 실천하기 어렵지 않다는 것 또한 참 반갑다.

이렇게 우리를 행복하게 해주는 일상의 다양한 활동들 중에서도 대표적인 것은 무엇이 있을까? 일상생활을 할 때 구체적으로 무엇을 해야 가장 효과적으로 행복해질 수 있냐는 것이다. 최근 〈사이언스Science〉지에 실린 연구를 하나 살펴보자.[4]

심리학자 매튜 A. 킬링스워스Matthew A. Killingsworth와 대니얼 T. 길버트Daniel T. Gilbert는 사람들의 일상 속으로 파고들기 위해 참가자들이 무엇을 하고 있고 그때의 기분은 어떠한지에 대한 데이터를 실시간으로 수집했다. 스마트폰 어플리케이션을 이용해서 참가자들에게 불시에 지금 얼마나 행복한지 물었다. 그리고 20가지 일상적인 활동이 담긴 리스트를 주고 그중 어떤 것을 하고 있는지 물었다. 그 결과 지금 친구와 대화를 하고 있으며 행복도는 10점 만점에 8점이라는 식의 응답이 모였다.

이러한 방식을 사용하면 "무엇을 했을 때 얼마나 행복했는지 떠올려보세요"라는 식으로 기억에 의존해서 응답하는 질문에 비해 기억의 왜곡이나 기타 여러 가지 인지적 왜곡을 줄일 수 있다. 즉 현실을 가장 잘 반영하는 데이터를 얻을 수 있다.

연구 결과 여러 가지 일상적인 활동 중 다른 사람들과 함께하는 활동이 주로 행복과 밀접한 연관이 있는 것으로 나타났다. 사람들은 연인과 사랑을 속삭일 때, 운동할 때, 사람들과 대화할 때, 맛있는 음식을 먹을 때 큰 행복을 느꼈다(반대로 행복을 느끼지 못할 때는 일을 할 때, 집에서 컴퓨터할 때, 출근할 때 등이 있었다).

결국 행복한 인생은 일상의 순간순간을 행복하게 보내는 것에 달려 있다. 이러한 결과는 행복하게 사는 데에는 곁에 있는 좋은 사람들과 함께 즐거운 시간을 보내면서 맛있는 것도 먹고 종종 운동도 하는 것만 한 게 없다는 걸 보여준다.

생각보다 너무 단순한 결론인가? 하지만 이는 명백한 사실이다. 행복을 쓰디쓴 인고를 견뎌낸 끝에 오는 엄청난 그 무엇이라고 생각하고는 상상 속의 행복을 위해 정진하며 살고 있는가? 그렇다면 이제부터라도 '행복 참 별거 아니구나'라고 생각해보자. 그리고 행복이 생각보다 가까이에 있다는 사실에 안도하며 그간 바쁘게 사느라 연락하지 못했던 친구들의 전화번호를 한번 뒤적여보자.

관계란 인간의 가장 큰 즐거움이다

한 사람이 있다. 그는 파티나 회식처럼 사람들이 우글우글한 자리를 별로 좋아하지 않는다. 그런 곳에서 시간을 보내다 보면 혼이 쏙 빠져나가는 것 같은 느낌을 받는다. 그는 다른 사람들과 함께 있을 때면 분위기를 주도해 이야기를 끌어가기보다 주로 듣기를 즐겨하며 필요할 때 조곤조곤히 자신의 의견을 전달한다. 일을 할 때도 다른 사람들과 함께 진행하는 것보다 혼자 사고하고 스스로 해결해나가는 걸 좋아한다. 친한 사람들과 이야기를 하며 좋은 시간을 보내기도 하지만 조용히 혼자만의 시간을 보내는 것 또한 매우 즐긴다. 결론적으로 이 사람은 내향적인 편이라고 할 수 있다. 당신은 내향적인 사람인가, 외향적인 사람인가?

　이렇게 왁자지껄한 사람들 속에서도 조용함을 유지하고, 다른 사람 없이 혼자 있어도 딱히 불편하지 않은 사람들을 흔히 내향적이라고 한다. 내향적인 사람이라고 하면 왠지 타인을 대면하는 것을 꺼리고 성격이 소심한, 즉 사회성이 부족한 사람들을 가리키는 것 같은 인식이 있다. 그러나 내향적이라는 말이 반드시 대인공포증을 의미하는 것은 아니다. 내향적인 사람들은 외향적인 사람들에 비해 단지 상대적으로 조용하고 사람들과 항상 어울리려고는 하지 않을 뿐이다.

　사람들의 이런 편견, 또는 실제로 그들이 덜 어울리는 현상 때문에 '내향적인 사람들은 사람을 싫어하는 것인가?'라는 의문이 등장하기도 한다. 내향적인 사람들은 정말 다른 사람들과 함께 있는 것보다 혼자 있는 것을 더 좋아해서 사람들과 덜 어울리려고 하는 걸까? 그렇다면 행복해지는 비결은 좋은 사람들을 곁에 두는 것이라고 했는데, 내향적인 사람들은 결국 행복해지기 어렵다는 것일까?

　이런 의문을 해결하기 위해서 심리학자 윌리엄 플리슨William Fleeson과 동료들은 2주 동안 매일 3시간마다 (좀 귀찮을 정도로) 사람들에게 얼마나 외향적인 행동을 했는지, 기분이 어떤지에 대해 일일이 물었다.[5]

　사람들과 어울리거나 어울리지 않았을 때 사람들의 기분이 어떻게 바뀌는지를 보았다. 결과는 내향적인 사람이든 외향적인 사람이든 단 한 명의 예외도 없이 사람들과 어울렸을 때 기분이 좋아지는 현상이 나타났다.

　외향적인 사람들이 타인과 어울리는 것을 더 즐거워할 거라는 일반적인 생각과는 달리 두 집단 간 즐거움의 정도는 아무런 차이도 나타나지 않았다. 내향적인 사람들도 외향적인 사람들 못지않게 타인과의 만남을 즐거워했다는 것이다.

연구자들은 혹시 몇 시간에 한 번씩 너무 자주 물어봤기 때문에 이런 현상이 나타난 것은 아닌지, 즉 내향적인 사람들은 사회적인 행동을 한 뒤 잠깐 동안 기분이 좋았다가 금세 다시 기분이 처지는데 이 부분을 놓친 것은 아닌지 고심했다. 그래서 이번에는 한 주 단위로 위와 같은 질문을 해보았다. 이번에도 결과는 같았다. 외향적인 사람과 내향적인 사람 모두 다른 사람들과 어울리는 것을 똑같이 즐거워했다.

이러한 결과는 실험실에서 이루어진 실험에서도 반복적으로 나타났다. 사람들과 이야기하는 상황에서 외향적인 사람처럼 또는 내향적인 사람처럼 행동해보라고 했더니 두 집단의 사람들 모두 외향적인 행동을 한 사람들이 내향적인 행동을 한 사람들보다 기분이 더 좋아진 것으로 나타났다. 조금 놀라운 것은 이 효과가 내향적인 사람들에게서 더 크게 나타났다는 것이다. 내향적인 사람들이 외향적인 사람들보다 외향적 행동을 한 뒤 기분이 더 많이 좋아졌다.

이러한 결과는 내향적인 사람들이 사람을 덜 찾는 이유가 사람들과 함께 있는 걸 싫어해서가 아님을 말해준다. 사람들과 어울리는 것은 성격과 상관없이 모든 인간에게 근본적으로 즐거운 일이라는 것이다. 외향적인 사람들이 타인과 활발하게 어울리려는 이유 또한 이와 같은 맥락에서 설명할 수 있다.

많은 연구 끝에 연구자들은 외향성의 핵심이 흔히 생각하는 '높은 사회성'이 아니라 '즐거움을 추구하는 것'에 있다는 사실을 발견했다. 다시 말해 외향적인 사람들의 가장 큰 특징은 즐거움을 찾는 데 혈안이 되어 있는 것으로, 그들이 타인과 활발히 어울리기를 좋아하는 것은 사람 자체가(상대방이) 좋아서라기보다 즐거움을 찾다 보니 그렇게 된 것일 뿐이라는 얘기다.[6]

그렇다면 결국 내향적인 사람들이 외향적인 사람들에 비해 사람들과 덜 어울리는 것은 사람들과 어울리는 것이 즐겁지 않아서가 아니라, 외향적인 사람들보다 즐거움을 찾는 욕구가 비교적 덜 하거나 혼자 있어도 지루하거나 심심해지지 않기 때문이라고 생각해볼 수 있다(즉 외향적인지 내향적인지를 알 수 있는 가장 쉬운 방법은 본인이 쉽게 지루함을 느끼는 편인지 생각해보면 된다는 것이다. 지루함을 쉽게 느끼고 새로운 자극이나 즐거움을 끊임없이 찾으려고 한다면 외향적인 사람일 가능성이, 그렇지 않다면 내향적일 가능성이 높다). 또는 뒤에서 다시 언급하겠지만, 활발하게 활동할 수 있는 에너지 자체가 부족하기 때문일 수도 있다. 여하튼 결론은 다른 사람들과 어울리는 것은 대부분의 사람들에게 있어 상당히 즐거운 일이라는 것이다.

나의 경우 한때 사람들 앞에 나설 자신이 별로 없었던 적이 있다. 나는 그때 '나는 내향적이라 사람들과 어울리는 걸 별로 좋아하지 않는다'고 생각했다. 하지만 사실 내가 사람들을 어려워했던 가장 큰 이유는 내향적인 성격 탓이 아니라 사람들이 나를 싫어할지도 모른다는 걱정 때문이었다. 즉 '거절이나 평가에 대한 두려움' 또는 '낮은 자존감' 때문이었던 것이다. 나는 이를 내향성이라고 잘못 진단하고 있었다. 자신의 부적응적 행동의 사이클을 제대로 마주하지도 않고 애꿎은 성격을 탓하며 살고 있었던 것이다. 하지만 내향성에 관한 앞의 연구들을 접하면서 내 생각이 잘못되었다는 것과, 스스로 이상한 변명 속에 갇혀 행복할 기회들을 놓치고 있었다는 사실을 깨달았다.

이처럼 괜한 성격 탓을 하며 행복으로 가는 문을 굳게 잠궈버리고 살았던 것은 아닌지 한번 생각해보길 바란다. 행복해지고 싶은가? 내향적인 성격이든 외향적인 성격이든 다른 사람들과 어울려보라. 물론 방식은 자신이 편한 방식이면 된다. 어쨌든 당신은 즐거워질 것이다.

결혼은 지옥일까, 천국일까?

우리가 살면서 맺게 되는 여러 인간관계 중에서 가장 중요한 것 중 하나가 바로 '결혼관계'다. TV 프로그램 〈사랑과 전쟁〉에 나오는 사례들처럼 실제로 많은 사람들이 결혼 때문에 울고 웃는다. '잘 몰라서 결혼하고 알게 되면 이혼하고 망각해서 재혼한다'는 우스갯소리만 봐도 결혼에 인생의 희로애락이 녹아 있음을 알 수 있다.

많은 젊은이들의 최대 관심사인 결혼을 두고 혹자는 미친 짓이라고 일축하기도 한다. 정말 그럴까? 그렇다면 결혼에 엄청난 관심을 두고 있는 사람들은 스스로 지옥문을 열기 위해 안달이 난 사람들이라는 것인가? 그래도 평생의 동반자를 얻게 되는 결혼이라는 대사건에 뭔가 좋은 게 있지 않을까?

사랑과 결혼이 많은 사람들의 커다란 관심사인 만큼 심리학자들도 결혼에 대해 수많은 연구를 해왔다. 20여 년간의 연구 끝에 그들이 내린 결론은 결혼한 사람들이 미혼이거나 동거 중인 사람들보다 '살짝' 더 행복하다는 것이다.[7]

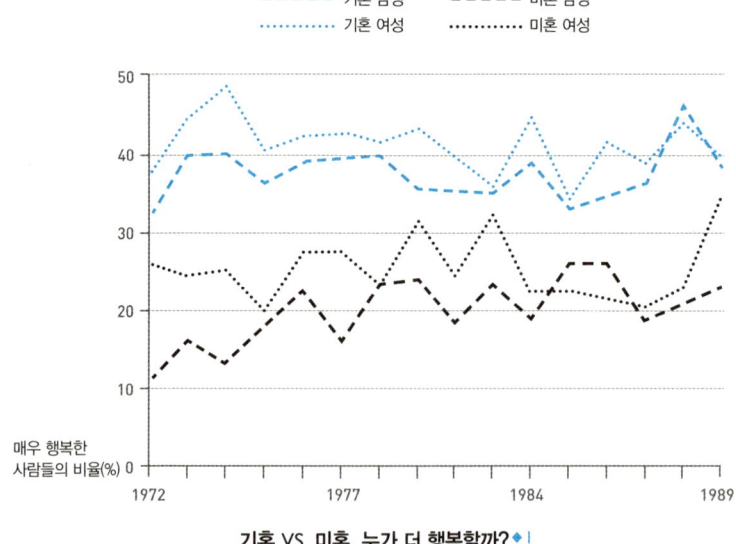

기혼 VS. 미혼, 누가 더 행복할까? ◆ 1

    심리학자 게리 R. 리Gary R. Lee와 동료들이 무려 18년간 진행한 종단연구에서는 결혼한 여자들과 남자들(상위의 점선 두 개)이 결혼하지 않은 사람들보다(하위의 선 두 개) 좀 더 행복한 편이라는 결과가 나왔다(위 그래프 참조).[8]

    또 다른 종단연구에서는 나이, 직업, 건강, 결혼 등 사람들이 보통 행복에 중요한 영향을 끼친다고 생각하는 여러 요소들 중에서 오직 '결혼 여부'만이 행복에 장기적인 영향을 주었다는 것을 확인했다. 이러한 결혼의 효과는 나이나 소득수준과는 상관없이 유효했다.[9] 나이가 몇이든 소득수준이 어떻든 배우자가 없는 사람들보다 있는 사람들이 살짝 더 행복하다는 것이다.

    심리학자 클래어 M. 더시Claire M. Dush와 폴 R. 아마토Paul R. Amato

가 진행한 최근의 연구(이 역시 종단연구)에서는 결혼한 사람들, 동거 중인 사람들, 오랜 기간 동안 사귀고 있는 사람들, 가벼운 관계인 사람들 순으로 행복도가 높다는 것이 확인되었다. 연인과 진지하고 책임감 있는 관계를 맺을수록 행복할 확률이 높다는 것을 뜻한다.[10]

    신기한 것은 이러한 현상이 관계의 질quality과는 상관없이 나타났다는 것이다. 서로 얼마나 사랑하는지 또는 관계에 어떠한 균열이 있는지와는 상관없이 단지 '진지하고 책임감 있는 형태'의 관계를 갖고 있다는 것만으로도 사람들은 더 행복해했다.

    이렇게 부부 또는 연인 간에 진지하고 깊은 관계를 맺는 것이 행복을 가져오는 이유는 무엇일까? 아마 우리의 삶에 있어 '평생을 함께할 든든한 동반자'라는 존재가 대단히 중요하고 필요하기 때문일 것이다. 치고받고 지지고 볶더라도 일단 옆에 누군가가 있다는 사실이 큰 안정감과 행복감을 전달하는 것이 아닐까? 미워 죽겠는 웬수라도 없는 것보다는 낫다는 것.

    피를 나눈 가족이라고 해도 언제나 사이가 좋을 수만은 없고 서로에게 항상 지대한 관심을 두고 있을 수는 없다. 하지만 막상 없다고 생각하면 매우 허전하고 불안해지는 것이 이 가족이라는 존재일 것이다. 가족이 그 존재만으로도 든든함을 주듯 부부나 연인도 서로에게 그런 역할을 해준다. 이게 바로 결혼을 통해 얻는 안정감의 정체가 아닐까?

    학자들은 결혼이라는 책임감 있는 관계를 통해 얻는, 이와 같은 안정감에는 경제적인 부분도 포함되어 있다고 얘기한다. 먹고살 걱정을 둘이 나눔으로써 서로의 존재를 든든하게 느낀다는 것이다.

    여하튼 이렇게 결혼(및 연인관계)이 적어도 행복에 있어서는 권장할 만한 좋은 것이라는 발견들을 보면 결혼이 꼭 미친 짓인 것만은 아니라는 생각이 든다.

물론 가벼운 관계만 계속 추구할지 아니면 결혼 같은 진지한 관계를 시도해볼지 선택하는 것은 전적으로 개인의 자유다. 다만 기억해야 할 것은 서로에게 좀 더 책임감 있는 관계로 발전하는 게 부담스럽기만 한 일은 아니라는 것이다. 여기에는 안정감과 행복이라는 보상이 분명히 존재한다. 이제껏 부담감 때문에 진지한 관계를 망설여왔다면 한 번쯤 다시 생각해보는 것도 좋겠다.

보통은 서로에게 많이 바라지도 않고 많이 주지도 않는 관계를 쿨하다고 하지만 남편이나 아내가 있는 사람들이 그렇지 않은 사람들에 비해 더 행복하다는 연구 결과를 통해 보면 삶의 질에 도움이 되는 쿨하고 멋진 관계는 서로 울고불고 싸우더라도 그 속에서 깊게 여물어가는 관계가 아닐까 싶다. 결혼이 지옥이라는 말은 아마 그렇게 관계가 여물어가기 위해서 필연적으로 넘어야 하는 각종 관문들, 예컨대 감정적인 마찰과 의견의 대립, 현실적인 문제들과의 싸움 등이 있기 때문에 생겨났을 것이다. 그런 문제들에 부딪히는 일은 정말 지옥이란 말이 어울릴 정도로 힘든 것이 사실이다. 그렇기에 더더욱 부담스럽고 무서워도, 또 때때로 상처 입고 망가지더라도, 깊은 관계에 온몸을 바치는 사람들만큼 용기 있는 사람들도 없는 것 같다.

받는 것보다 주는 게 더 행복한 법이다

누군가를 진심으로 좋아했던 적이 있는가? 그 사람을 떠올리기만 해도 흐뭇해지고 어떻게 하면 그 사람을 기쁘게 해줄 수 있을까 늘 궁리했던 경험이 있는가? 좋아하는 사람에게는 뭐든 주고 싶기 마련이다. 마음을 담은 선물을 건넸을 때, 그리고 그 선물을 받은 상대방이 기뻐하는 걸 봤을 때의 행복은 내가 선물을 받았을 때의 기쁨 못지않게 크다.

앞서 살펴본, 관계가 진지해지고 깊어질수록 행복감을 느끼게 되는 것 또한 사랑을 주는 기쁨이 매우 큰 행복을 가져다준다는 것을 보여준다. 잠깐 보고 말 관계라면 사랑을 주기보다 상대방이 주는 사랑을 최대한 많이 받으면서 가능한 한 큰 즐거움을 누리는 것이 중요한 목표가 된다. 어차피 잠깐 보고 말 사람인데 뭐하러 많은 투자를 하겠는가? 그냥 즐기기만 하면 되는 데 말이다.

이런 관계에서는 상대방을 통해 물질적 또는 정서적인 만족을 최대한 많이 얻어내려고 하면서 정작 자신은 관계 유지를 위해 요구되는 최소한의 것만을 주려는 모습들이 나타난다. 이처럼 아직 관계가 여물지 않은 단계에는 한쪽이 다른 한쪽에 비해 더 많은 걸 받아내는 일종의 '착취'가 일어나기도 한다.

하지만 관계가 진지해질수록 일방통행만으로는 그것을 잘 유지할 수 없게 된다. 한두 번이면 모르지만 시간이 갈수록 둘 중 한 사람만 이득을 보는 불공평한 상태가 지속되면 주로 주는 역할을 하는 사람이 지쳐버리기 때문이다. 밥이라도 서로 돌아가면서 사고, 연락도 비슷한 횟수로 주고받고, 정서적인 부분도 상대에게 받는 만큼 돌려 주어야 한다. 만약 당신이 어떤 사람에게 물질적이든 정서적이든 참 많은 것을 주고 있는데 그 사람은 당신에게 관심도 없고 전혀 정을 주지 않는다면, 그 관계를 지속할 마음이 들겠는가?

서로 주고받는 정도에 균형이 유지되어야 그 관계가 지속되는 현상을 '사회적 교환social exchange의 법칙'이라고 한다. 이는 비단 연인관계뿐 아니라 친구관계 및 기타 다양한 인간관계에 적용되는 중요한 법칙이다.[11] 따라서 관계가 깊어지고 이 관계를 지켜야 한다고 생각할수록 우리는 상대방에게 사랑받은 만큼 또는 그 이상으로 사랑을 주려고 노력해야 한다.

깊은 관계를 만들기 위해서 베푸는 일에 노력을 기울여야 한다는 것이 조금 버겁게 느껴질 수도 있지만 이때 일어나는 좋은 현상들도 분명 존재한다. 그것은 바로 관계가 한층 더 의미 있어지는 일이다.

일반적으로 우리는 어떤 일에 대해 노력을 하면 할수록, 투자를 하면 할수록 그 일에 큰 애착을 갖게 된다.[12] 이는 관계에도 적용된다. 관계에 대한 투자가 늘어날수록 그 관계에 더 큰 의미를 부여하게 된다. 노력을 많이 한 만큼 좋은 열매를 기대하게 되는 것이다. 또한 이러한 노력이 크면 클수록 관계가 좋은 열매를 맺을 때의 기쁨 또한 커지기 마련이다. 이렇게 우리는 서로에게 주는 것을 시작으로 자기 자신에게도 한층 더 의미 있는 관계를 형성해나간다.

사실 사랑을 주는 일은 그 자체로도 즐거운 일이다. 친구나 연인을 위해 정성스럽게 선물을 준비한 적이 있다면 그 기쁨이 어떤 것인지 알고 있을 것이다. 우리는 받는 이가 기뻐할 모습을 상상하며 선물을 고를 때 우리는 내가 받는 것 못지않게 큰 즐거움을 느낀다. 주변 사람들을 위해 뭔가를 하고 도움을 주었을 때 또한 큰 행복을 느낀다.

다음과 같은 상황을 살펴보자. 여자친구에게 남자친구의 손을 잡고 있게 한다. 한 조건에서는 아무 일 없는 상황에서 그냥 손을 잡고 있도록 했고, 다른 한 조건에서는 여자친구가 보는 앞에서 남자친구에게 전기충격(신체에 위해가 가지는 않고 불쾌감을 주는 수준의 충격)을 주었다. 물론 이 조건에서도 여자친구는 남자친구의 손을 잡고 있었다.

심리학자 트리슨 K. 이나가키Tristen K. Inagaki와 나오미 I. 아이젠버거Naomi I. Eisenberger는 이 과정 내내 fMRI(기능적 자기공명영상)를 통해 여자친구 뇌의 보상중추(초콜릿, 성행위, 돈과 같은 각종 보상에 반응하는 뇌 영역)를 관찰했다. 그 결과 평온한 상태인 남자친구의 손을 잡고 있을 때보다 고통받고 있는 남자친구의 손을 잡고 있을 때 여성들의 보상중추가 더 활성화되는 현상이 나타났다.

즉 여자친구는 평온할 때보다 남자친구가 어려울 때, 그리고 자신이 남자친구에게 힘이 되어줄 때 더 큰 기쁨을 느꼈다. 물론 남자친구가 고통받고 있으나 손을 잡아줄 수 없는 상황(자신이 도움이 못 되는 상황)에 비해서도 보상중추가 더 활발하게 반응했다. 사랑하는 사람에게 도움을 주는 것은 그 자체로 기쁨이 된다는 것이다.[13] 연구자들은 이러한 현상이 나타나는 이유에 대해 크게 놓고 보면 결국 남을 돕는 것은 나를 돕는 것이기 때문이라고 이야기한다.

연인이나 가족, 친구와 같이 나 자신의 생존에 중요한 사람들이 어려움에 처한다는 것은 곧 나의 안녕도 위협을 받을 수 있다는 것을 의미한다. 이때 주변 사람들에게 도움을 줘서 그들의 생존을 수월하게 해야 나의 생존 또한 지킬 수 있다. 연구자들은 다른 사람을 위한 도움 행동이 자신의 생존과 무관하지 않기 때문에 인간은 누군가를 위해 베풀 때 큰 즐거움을 느끼게 된 것이라고 추측한다.

이유야 어찌되었든 사랑을 주는 것은 확실히 즐거운 일이다. 봉사활동의 즐거움을 보면 알 수 있다. 많은 봉사자들이 자신이 베풀러 갔다가 오히려 잔뜩 받기만 했다고 이야기한다. 봉사활동을 하면서 자신의 삶이 확 달라졌다고 이야기하는 사람들도 많다. 그만큼 봉사활동을 통해 얻는 행복이 큰 것이다.

실제로 봉사활동을 하면 행복해지는 효과가 있다.[14] 교육수준, 경제적 상태, 나이, 성별 등과 상관없이 봉사활동에 투자하는 시간이 많았던 사람들이 그렇지 않았던 사람들에 비해 1년 후 (약간이지만) 더 행복해졌다고 한다.

이미 행복한 사람들이 봉사활동을 더 많이 하는 경향도 나타나지만 이와 상관없이 봉사활동을 많이 할수록 행복해지는 현상도 분명히 존재한다. 봉사활동을 많이 하는 사람들은 시간이 지날수록 행복해졌을 뿐만 아니라 자존감도 상승했고 우울한 정도는 줄었으며 건강 상태도 더 좋아졌다. 행복해지고 건강해지고 싶다면 봉사활동을 해보라.

베풂으로써 행복해지는 효과는 남을 위해 돈을 쓸 때에도 나타난다. 월급을 타거나 용돈이 생기면 제일 먼저 '갖고 싶었던 걸 사야지'라는 생각을 하기 마련이다. 많은 사람들이 자연스럽게 나를 위해서 무언가를 사야겠다고 생각하게 되고 그러면 행복해질 거라고 생각한다. 나를 위해 소비를 하면 정말 행복해질까?

비슷한 맥락에서 같은 액수의 돈을 나를 위해 쓸 때와 남을 위해 쓸 때 중 언제가 더 행복할까? 언뜻 생각하면 아무래도 내가 입을 옷, 내가 신을 신발을 살 때 기분이 더 좋을 것 같다. 하지만 연구에 의하면 우리는 남을 위해 돈을 쓸 때 더 행복해한다고 한다.[15]

연구자들은 평소 수입에서 자신을 위해 쓰는 돈(음식, 옷 등)과 남을 위해 쓰는 돈(기부, 선물 등) 중 어떤 것이 행복과 관련이 있는지 확인했다. 그 결과 자신을 위해 얼만큼의 돈을 쓰는지는 행복과 상관이 없었으나 남을 위해 얼마를 쓰는지는 행복과 높은 관련이 있는 것으로 나타났다. 즉 나를 위해 아무리 많은 돈을 써도 그것이 나를 행복하게 해주지 않지만 남을 위해서는 돈을 많이 쓸수록 더 많이 행복해질 수 있다는 것이다.

실제로 그런지 확인하기 위해 사람들에게 일정량의 돈을 주고 나를 위해 또는 남을 위해 쓰도록 했다. 이번에도 역시 액수가 크든 적든 나보다는 남을 위해 돈을 쓸 때 행복해지는 현상이 나타났다.

앞서 재산의 정도가 행복과 별로 상관이 없다는 것을 이야기했다. 여기에 남을 위해 돈을 쓸수록 행복해진다는 것을 함께 생각해보면 결국 돈을 얼마나 버느냐보다 어떻게, 누구를 위해 쓰느냐가 더 중요하다고 할 수 있겠다.

일상에서 삶의 의미나 보람을 느끼기 어렵다면, 또 의욕이 없어서 직접 봉사활동을 하기도 쉽지 않다면 소액기부 활동이라도 해보는 것은 어떨까? 기부만큼 간편하게 행복해질 수 있는 방법도 없을 것 같다.

행복의 열쇠는 사랑이다

행복의 중요한 비결 중 하나는 좋은 인간관계를 만드는 것이다. 우리의 일상을 가장 행복하게 보내는 방법은 사람들과 함께하는 것이다. 이는 내향적인 사람이든 외향적인 사람이든 마찬가지다. 연인과 (물론 친구들과도) 진지하고 깊은 관계를 만들어갈수록 행복해지고, 다른 사람들에게 사랑을 베풀 때 더 행복해진다.

아마 지금 불행하다면 사랑할 수 있는 만큼 사랑하지 않고 나눌 수 있는 만큼 나누지 않기 때문은 아닐까? 짧은 인생에서 행복해질 수 있는 비결이라고는 사랑하고 사랑받는 것밖에 없는데 다른 것에 밀려 이를 간과하고 있다면 참으로 안타까운 일이라는 생각이 든다.

02

병원에 가지 않고 건강해지는 법
좋은 관계가 건강한 몸을 만든다

좋은 관계가 가져다주는 선물은 행복만이 아니다. 또 다른 선물은 바로 건강이다. 많은 사람들이 행복 못지않게 건강에 매우 큰 관심을 갖고 있다. 운동이나 건강한 먹을거리, 각종 건강보조식품에 엄청난 돈을 쓰고 있는 모습들만 봐도 사람들이 건강에 얼마나 큰 관심을 쏟고 있는지 알 수 있다.

그런데 건강을 지켜준다고 알려진 대표적인 것들(운동, 먹을거리, 건강보조식품 등) 이상으로 어쩌면 좋은 인간관계가 우리를 건강하게 해줄 수 있다고 한다. 지금부터 좋은 관계가 건강에 미치는 영향들에 대해 이야기해보자.

감기에 잘 걸리는 사람은 따로 있다

건강과 관련하여 항상 중요하게 언급되는 것이 바로 '면역력'이다. 우리는 면역력을 강화하는 운동이나 면역력을 증진시켜주는 비싼 건강보조식품들에 대한 정보들을 어렵지 않게 접할 수 있다. 그런데 만약 기존의 방법들로 딱히 효과를 보지 못했다면 이제 다음 방도로 좋은 친구들을 많이 사귀어보는 것은 어떨까?

사회성이 좋은 사람들이 비교적 감기에 덜 걸린다는 사실을 밝혀낸 연구가 있다.[1] 건강과 사회성의 관계에 관한 연구로 유명한 심리학자 쉘든 코헨Sheldon Cohen과 동료들은 실험 참가자들을 감기의 원인이 되는 리노바이러스Rhinovirus에 노출시킨 후 경과를 지켜보았다. 그 결과 면역력, 나이, 성별, 스트레스 호르몬 수준, 건강 관련 생활습관들과 상관없이 사회성이 좋을수록 감기에 잘 걸리지 않고 사회성이 낮을수록 감기에 잘 걸리는 현상이 확인되었다.

아래 그래프를 보면 사회성이 제일 낮은 집단부터 높은 집단까

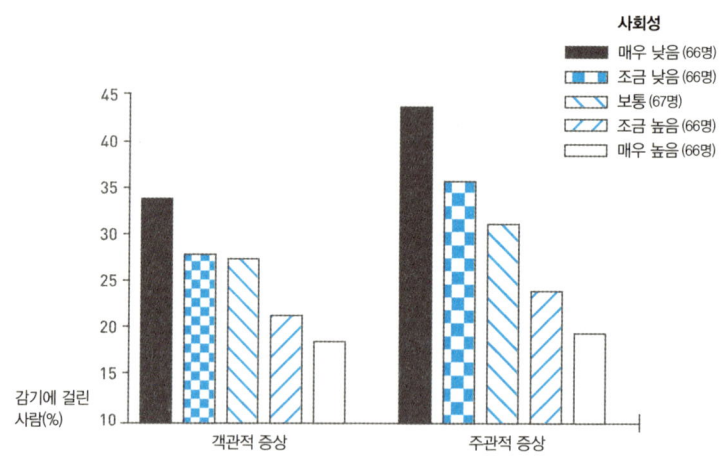

사회성이 낮을수록 감기에 잘 걸린다?◆[1]

지 다섯 개 집단별로 감기에 걸린 사람의 비율이 표시되어 있다. 각 그래프의 왼쪽 두 개 막대가 사회성이 낮은 집단을 나타낸다. 왼쪽 그래프는 감기의 객관적 증상을 기준으로 실험 참가자가 감기에 걸렸는지 여부를 판단한 것이고, 오른쪽 그래프는 참가자의 주관적 증상을 기준으로 감기에 걸렸는지를 판단한 것이다.

두 경우 모두에서 사회성이 제일 낮은 집단의 사람들이 감기에 가장 많이 걸렸으며 사회성이 높은 집단일수록 감기에 걸리는 사람 수가 적었다. 사회성이 가장 낮은 집단의 사람이 감기에 걸릴 확률은 35~45퍼센트(두세 명 중 한 명)였던 반면, 사회성이 제일 높은 집단의 사람이 감기에 걸릴 확률은 20퍼센트(다섯 명 중 한 명)였다. 언뜻 봐도 큰 차이다.

같은 바이러스에 동일하게 노출되었는데도 사회성에 따라 감염률이 달라진다는 점이 신기하지 않은가? 처음의 건강 상태나 그것에 영향을 미칠 수 있는 여러 요소들과는 상관없이 오직 사회성에 따라서만 감염률이 달라질 수 있다는 점에서 더 신기한 결과라 할 수 있겠다.

또 다른 연구에서는 사회성이 좋은 사람들이 면역력 또한 좋다는 것이 확인됐다. 인플루엔자 백신을 접종한 후 항체율을 관찰했더니 친구가 많을수록 인플루엔자 항체 생성률이 높게 나타났다.[2]

이러한 현상이 나타나는 이유는 무엇일까? 연구자들은 좋은 친구의 존재가 부정적 정서를 줄이는 반면, 긍정적 정서를 늘리고 스트레스를 줄여주는 등 건강에 보탬이 되는 역할을 한다고 이야기한다.

'귀찮은 감기, 좋은 친구와 함께 물리쳐봅시다'라는 슬로건을 만들어볼 수 있을 것 같다.

활발한 인간관계는 암도 고친다

인간관계를 통해 극복해낼 수 있는 것은 감기뿐만이 아니다. 한국인의 사망 원인 중 큰 부분을 차지하고 있는 '암' 또한 사람들과의 좋은 관계를 통해 더 잘 극복할 수 있다.

드라마를 보면 종종 부인에게 무심했던 남편이 어느 날 의사에게 아내의 암 진단 소식을 들으며 "아니, 같이 살면서 모르셨습니까?"라고 질책받는 장면이 나온다.

이러한 이야기가 나오는 이유는 주변 사람의 관심을 받고 있는 사람이라면 본인은 잘 느끼지 못하더라도 "안색이 나쁜데 어디 아픈 거 아니야?" 같은 말을 통해 몸 상태를 판단하고 병원에 제때 올 수 있을 거라 여겨지기 때문이다. 즉 안색이나 피곤한 기색 같은 걸 잘 알아차려주는 사람들이 주변에 많을수록 병을 키우지 않게 될 거라고 생각하는 것이다.

실제로 혼자 사는 사람들에 비해 결혼한 사람들이 암을 더 일찍 발견할 확률이 높다는 것이 밝혀진 바 있다.[3] 암은 조기진단이 매우 중요하다는 점을 고려하면 나에게 세밀한 관심을 가져주는 사람들의 존재가 더욱 소중하게 느껴지는 것 같다.

병을 빨리 발견하는 것뿐 아니라 치료 과정에서 환자가 얼마나 긍정적인 자세로 병마와 싸워나가느냐 하는 것 또한 병을 이겨내는 데 매우 중요한 역할을 한다. 힘들어서 포기하고 싶을 때마다 "할 수 있어!"라고 이야기하며 힘을 북돋아주고 위로해주는 사람들이 곁에 있으면 큰 도움이 된다.

몇 해 전 병원에 입원했던 적이 있다. 잠깐이지만 그때 나는 병이 얼마나 심각한지와는 상관없이 몸에 이상이 있다는 사실만으로 매우 의

기소침해졌다. 우울하고 무섭기도 했다. 그런데 다행히도 여러 지인들이 시간을 내어 병문안을 와주었고 그들에게 힘 내라는 소리를 듣는 것만으로 상당한 힘이 솟아났다. 별것 아닌 병에서도 그런 경험을 했는데 하물며 병마와 장기간 싸워야만 하는 사람들은 어떠하겠는가? 당연히 격려해주는 한 명 한 명의 존재가 정말 커다란 도움이 될 것이다.

실제로 곁에서 자신을 지지하고 격려해주는 사람들이 있는 환자들이 그렇지 않은 환자들에 비해 병을 빨리 이겨내고 생존율도 높다.[4] 여성 유방암 환자들의 경우 나이, 사회·경제적 지위, 암 진행 단계에 상관없이 주변에서 따뜻한 관심을 받고 있다고 느낄수록, 그리고 활발하게 사람들을 만날수록 병을 잘 이겨내고 살아남을 확률도 높았다.[5]

또한 대체적으로 사회적 관계의 크기가 큰 것, 즉 단순히 친구가 많은 것(물론 이것도 중요하다)보다 사람들과 깊은 관계를 맺고, 많은 대화를 나누는 것이 환자들의 건강에 더 좋은 영향을 미친다고 한다.[6] 아플 때일수록 마음속의 힘든 이야기들을 함께 나누고 때로는 응석도 받아주는 허물없는 존재가 꼭 필요한 것이다.

아프다고 해서 사회적 활동을 축소하고 방 안에만 있는 것은 바람직하지 않다. 아플수록 (물론 몸에 무리가 가지 않는 선에서) 사람들을 만나고 깊은 이야기를 나누는 등의 적극적인 사회적 활동을 할 필요가 있다.

이러한 맥락에서 최근 환자들을 위한 소셜네트워크서비스[SNS]의 필요성이 대두되고 있다. 환자들이 서로 정보를 교류하고 실시간으로 이런저런 대화도 주고받을 수 있는 공간을 만들어주자는 것인데 이미 몇몇 서비스들이 출시되었다고 한다. 온라인이든 오프라인이든 환자들의 사회적 활동이 침체되지 않고 활발하게 지속될 수 있도록 도와주는 다양한 시도들은 반드시 필요한 일이다.

비밀을 털어놓으면 건강해진다

당신은 누구에게도 말하기 부끄러운 비밀을 갖고 있는가? 나의 경우 주변 지인들과 가끔씩 '살면서 가장 부끄러웠던 일에 대해 이야기하기' 같은 게임을 하곤 한다. 이야기를 시작할 때는 다들 부끄러워하며 먼저 나서기를 꺼려하지만 누군가 물꼬를 틀기만 하면 나중에는 '내가 더 부끄러운 인간이오'라고 말하며 경쟁하는 분위기가 되곤 한다. '부끄러움의 왕좌는 내가 차지하겠어'라는 기세가 된다고나 할까. 그렇게 서로의 추하고 부끄러운 모습을 나누며 한바탕 웃고 나면 서로 간 마음의 거리가 한층 더 가까워지는 것을 느낄 수 있다.

이렇게 비밀을 털어놓을 때 우리는 실제로 행복해지는 경험을 하게 된다. 특히 쉽게 털어놓기 힘든 안 좋은 일이나 부끄러웠던 일을 이야기할 때 우리는 일종의 해방감과 함께 사람들과의 더 큰 친밀감을 느끼게 된다.

또 '밤마다 이불 속에서 하이킥을 하게 만들던 기억'을 사람들 앞에서 털어놓게 되면 부끄러움의 괴로움으로부터 빨리 벗어날 수 있다.[7] 우리는 보통 사람들이 나의 치부를 알게 되면 그 사람들을 다시는 볼 수 없을 정도로 부끄러울 거라는 생각을 하게 된다. 하지만 그러한 생각과는 달리 이야기를 대수롭지 않게 웃어 넘기는 사람들의 반응을 접함으로써 '어라, 이게 생각보다 별일 아닐 수도 있겠구나'라고 생각하게 된다.

반대로 사람들과 비밀을 나누지 않고 혼자 꼭꼭 숨기고 있는 사람들의 경우 안 좋은 일을 더 다양하게 겪을 확률이 높다고 한다. 우선 사람들에게 숨기는 것이 많아지면서 관계가 불편해지고 스스로 소외감을 느끼게 될 수 있다. 또한 비밀을 지키기 위해 감정을 숨기는 것 자체가 큰 스트레스로 이어진다. 이러한 스트레스는 건강을 악화시키는 요인으로 작용하기도 한다. 일례로 커밍아웃하지 않은 동성애자의 경우 커밍아웃을 한 동성애자에 비해 암과 같은 심각한 질병에 걸릴 확률이 더 높았다.[8]

아주 나쁜 일이 일어났을 때에도 주변 사람들과 이에 대해 이야기를 나누면 스트레스를 줄이고 건강을 회복하는 데 도움이 된다. 면접에 떨어져서 좌절하거나 시험 성적이 너무 안 나왔다거나 또는 집안에 좋지 않은 일이 생겼을 때, 가까운 친구들과 이야기를 하면 불편했던 마음이 조금이라도 편해진다. 말을 한다고 해서 문제가 해결되는 것은 아니지만 적어도 스트레스는 줄일 수 있고, 따라서 건강도 지켜낼 수 있다. 내 이야기를 들어주고 위로해주는 친구의 존재는 사고가 났을 때 충격을 흡수하는 에어백과도 같은 존재인 것이다.

배우자와 사별한 사람들의 경우 배우자의 죽음에 대해 주변 사람들과 많은 이야기를 나눈 사람들이 이야기를 나누지 않은 사람들에 비해 1년 후 비교적 좋은 건강 상태를 유지하는 것으로 나타났다.[9] 실직자들의 경우에도 감정을 털어놓을 기회를 가진 사람들은 털어놓지 않은 사람들에 비해 더 빨리 재취업에 성공하는 것으로 나타났다.[10]

이래저래 깊은 비밀 이야기나 끔찍하게 안 좋았던 일들을 다 털어놓고 이야기할 수 있는 친구의 존재가 새삼 소중하게 느껴진다.

험난한 산도 그대와 함께라면

힘들 때 친구나 가족에게 기대고 정서적, 물리적으로 도움을 받는 것을 심리학 용어로 '사회적 지지social support'라고 한다. 사람들로부터 위로받고 격려받음으로써 병을 이겨낸다든가 감정을 털어놓음으로써 스트레스를 줄이고 건강을 지켜낸다든가 하는 것 모두 사회적 지지 효과에 해당된다.

사회적 지지 효과는 다방면에서 나타나는데, 정서나 건강 영역에서뿐만 아니라 험난한 산을 완만해 보이도록 하는 일종의 착시와 같은 형태로도 나타난다. 어딜 가든 사랑하는 사람과 함께라면 힘들지 않다는 생각을 해본 적이 있는가? 이러한 효과가 실제로 존재한다는 것이다.

심리학자 시몬 슈날Simone Schnall과 동료들은 다음과 같은 실험을 했다. 같은 산 등성이를 친구와 함께 또는 혼자 바라보게 한다. 그러고 나서 산의 경사를 보고하라고 한다. 산 경사면의 각도를 말(언어)로 보고하거나, 그림으로 그려서 보고하거나, 손으로 직접 산 경사면에 맞게 각도계를 움직여서 보고하도록 하였다.

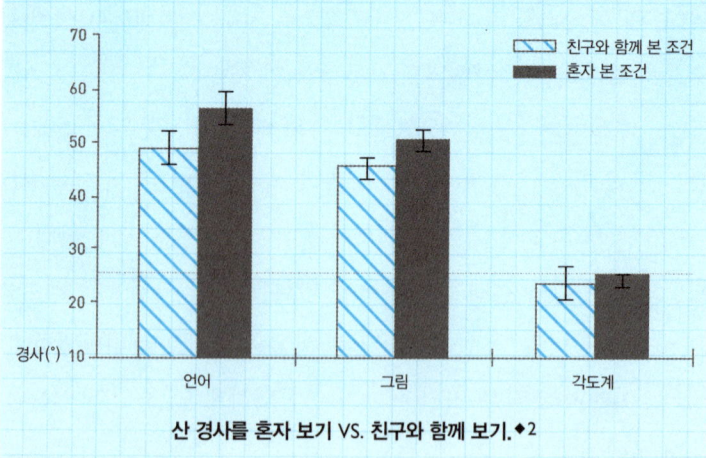

산 경사를 혼자 보기 vs. 친구와 함께 보기. ◆2

> 그 결과 정교하기 때문에 오차 범위가 상대적으로 작게 나타나는 각도계를 이용한 보고를 제외하고는 산등성이를 친구와 함께 본 사람들이 혼자 본 사람들에 비해 경사를 완만하게 지각하는 현상이 나타났다.[11]
>
> 누군가와 함께한다는 안정감이 시각적으로도 적용된 것이다. **내 눈앞에 놓여 있는 산이 얼마나 험한 산인지 지각하는 것도 옆에 누가 있는지에 따라 어느 정도 차이가 발생하는 걸 보면 우리가 사는 세상은 내 옆에 어떤 사람이 서 있느냐에 따라 장밋빛이 될 수도, 잿빛이 될 수도 있다는 것 아닐까.**
>
> 누군가 곁에 있을 때 우리의 세상이 달라지듯, 우리가 누군가의 옆에 있어줄 때 그 사람의 인생 또한 달라질 수 있다는 것을 기억해두자.

잦은 이사가 사망률을 높인다?

초등학교 때 우리 집은 거의 1년에 한 번씩 이사를 다녔다. 친구를 사귈 만하면 전학을 갔기 때문에 안타깝게도 내게는 초등학교 시절의 친구가 거의 없다. 처음 보는 학교에 처음 보는 교실, 처음 보는 선생님과 반 친구들 앞에서 매우 어색해했던 기억이 지금도 선명하다. 새 학교의 모습에 적응하고 아이들 이름을 외우는 데에만 몇 달이 걸렸던 것 같은데, 지금 떠올려도 조금 불편한 기억이다.

어렸을 때 이사를 자주 하게 되면 안정적인 사회적 관계를 형성하기가 어렵다. 특히 내향적인 사람들의 경우 낯선 사람들과 친해지는 과정이 외향적인 사람들에 비해 힘들고 오래 걸리기 때문에 더욱 안정적인 친구관계를 만들지 못하는 현상이 나타난다.

또한 내향적인 사람들은 외향적인 사람들에 비해 이런 과정이 반복될수록 큰 스트레스를 받는다. 기껏 어렵게 친구가 되었는데 금세 헤어지고, 또다시 어렵게 친구를 만들었는데 결국 또 헤어지는 과정을 반복하는 것은 내향적인 사람들에게는 지옥의 쳇바퀴같이 느껴질 수도 있다. 잦은 이사는 결국 내향적인 사람들의 행복도 및 사망률과 연관성이 있다.[12]

아래 그래프를 보자. 세로축은 다 자라서 어른이 되었을 때의 행복도, 가로축은 어렸을 때 이사를 다닌 횟수다. 네모난 점이 외향적인 사람들, 동그란 점이 내향적인 사람들이다.

외향적인 사람들은 이사를 많이 하든 적게 하든 행복도가 크게 변하지 않는 반면, 내향적인 사람들은 이사를 많이 했을수록 어른이 됐을 때 불행하다고 느낀다는 걸 확인할 수 있다. 즉 어렸을 때의 잦은 이사가 행복도를 낮출 가능성이 있다는 것이다.

내향적인 사람들 중 어렸을 때 자주 이사를 한 경우 사망률도 높은 것으로 나타났다(오른쪽 그래프 참조). 세로축은 사망률이고 가로축은 어렸을 때 이사를 한 횟수다.

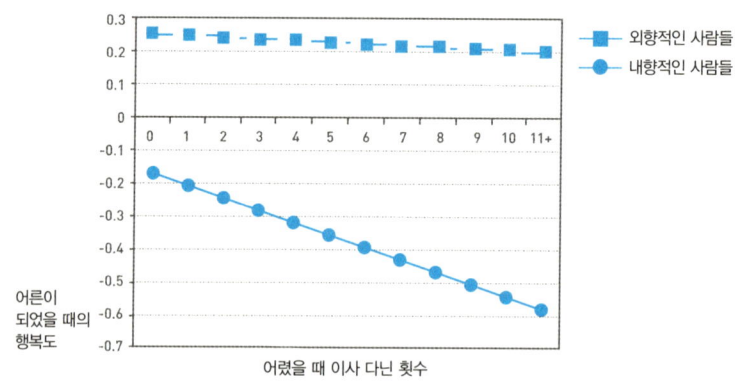

잦은 이사와 불행의 상관관계. ◆3

이번에도 역시 외향적인 사람들은 어렸을 때 이사 다닌 횟수가 나이가 들었을 때의 사망률을 전혀 예측하지 못하는 반면, 내성적인 사람들의 경우 어렸을 때 이사 횟수가 사망률을 잘 예측하는 것을 확인할 수 있다. 즉 내성적인 사람들의 경우에만 어렸을 때 이사를 많이 다녔을수록 단명한 것으로 나타났다. 이러한 현상은 사망률에 영향을 줄 수 있는 기타 요소들(재력, 기타 성격적 변인들, 교육 수준, 성별)과는 상관없이 나타났다.

연구자들은 이러한 현상이 나타나는 이유를 이사로 인한 환경 및 인간관계의 변화가 결국 삶을 튼튼하게 지탱해주는 안정적인 인간관계를 형성하지 못하게 하고 스트레스를 많이 받게 하기 때문이라고 이야기한다.

결국 죽마고우나 소울메이트 같은 절친한 친구들을 만든 사람과 만들지 못한 사람의 행복도와 사망률에 차이가 발생한다는 얘기다. 깊은 인간관계를 만든 사람들에 비해 이러한 관계를 만들지 못한 사람들

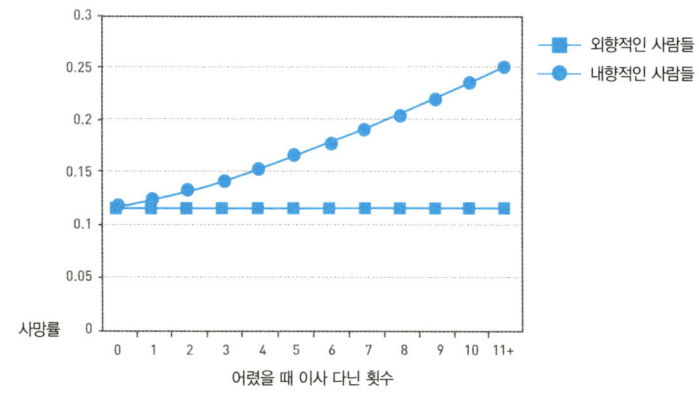

잦은 이사와 사망률의 상관관계. ◆4

이 불행한 삶을 살고 일찍 죽게 될 확률이 높은 것이다.

물론 이 효과의 크기가 어느 정도인지, 예를 들어 흡연 정도의 해로움인지 살펴보는 것은 또 다른 이야기이기 때문에 이 결과를 아주 심각하게 받아들일 필요는 없다. 하지만 (이 연구뿐 아니라 다른 연구들을 종합해서 봤을 때) 분명한 것은 깊은 인간관계가 우리의 행복과 수명에 영향을 끼칠 수 있다는 것이다.

행복하게, 그리고 오래 살기 위해서라도 서로 편하게 대하고 언제든 의지할 수 있는 친한 친구를 지금부터라도 만들어보는 것이 좋겠다.

건강한 관계가 건강한 몸을 만든다

활발한 사회적 활동과 깊은 관계는 우리를 건강하게 지켜준다는 사실을 살펴보았다.

사람들을 많이 만나고 사회성이 좋은 사람들은 면역력이 좋다. 사람들과 친밀한 관계를 유지하고 관심을 많이 받는 사람은 병이 걸렸을 때 빨리 발견할 확률이 높고 병이 나을 확률이나 생존율도 높다. 또 친구들에게 부끄러운 일이나 안 좋은 일 등을 털어놓는 경험은 우리를 충격으로부터 지켜주고 건강 또한 지켜준다. 반면 내향적인 사람들의 경우 안정적인 관계를 만들지 못하면 행복도와 생존율이 낮아질 수 있다.

이와 같이 우리는 좋은 관계를 통해 건강상의 여러 가지 좋은 점들을 얻게 된다. 만약 사람들과의 관계를 소홀히 여기고 있었다면 지금이라도 생각을 바꿔보는 건 어떨까?

Part 3

이해할 수 없었던 우리

지금까지 사회적 관계라는 것이 얼마나 중요한지에 대해 살펴보았다. 사람들과 좋은 관계를 만들어가는 것은 생존의 문제이기 때문에 우리는 사회적 관계가 잘될 때는 천국을, 잘 안 될 때는 지옥을 경험하게 된다. 행복과 건강에 있어서도 좋은 사회적 관계는 매우 중요한 역할을 한다.

사회적 관계라는 것이 그렇게 중요한 것이라면 좋은 관계를 만들기 위해 우리가 해볼 수 있는 것들은 무엇이 있을까? 실천할 수 있는 이야기들, 즉 '어떻게 하면 좋은 관계를 만들 수 있는가?'에 관한 이야기를 해보자. 어떤 사람들이 관계에 능한지, 좋은 관계를 쌓기 위한 기술은 무엇인지, 그리고 우리가 관계에 대해 오해하고 있었던 것은 무엇이 있는지 살펴보자.

어떤 사람이
사회생활을 잘할까?
관계라는 즐거움을 찾아나서는 사람들

사회생활은 모든 사람에게 어려운 일이지만 주변의 어떤 사람에겐 특별히 쉬워 보이고 또 어떤 사람에게는 특별히 더 어려워 보일 때가 있다. 불편한 회식 자리에서도 붙임성 좋게 사람들과 잘 어울리는 사람이 있는가 하면, 마지못해 앉아 있는 듯 불편한 표정을 한 사람도 있다. 이렇듯 각각의 사람들이 지닌 사회성은 차이가 있기 마련이다. 이 차이를 만드는 요인에는 어떤 것들이 있는지 알아보자.

우리는 성격대로만 살 수 있을까?

우선 개인차를 논할 때 빼놓을 수 없는 한 가지인 성격에 관한 이야기를 해보자. 우리는 흔히 "누구누구는 어떤 사람인가?"라는 질문을 던진다. 그것은 그 사람이 보통 어떤 생각을 하고 주로 어떤 정서 상태를 보이며 어떤 행동을 하는 사람인지를 묻는 것이다. 이렇게 한 사람을 특징짓는 사고, 정서, 행동의 안정적인(잘 변하지 않는) 패턴을 성격이라고 한다.

"누구누구는 어떤 사람인가?"라는 질문에 어떤 대답이 나올 수 있겠는가? '착한 사람', '활달한 사람', '꼼꼼한 사람', '고집이 센 사람' 등 무수한 대답이 있을 것이다. 학자들은 사람들의 안정적인 행동 및 사고, 감정의 특성들을 표현하는 단어, 즉 성격과 관련된 단어들을 모조리 뽑아서 분석해보면 사람들의 성격 특성을 나누는 구성 요소들을 알아낼 수 있을 거라고 생각했다. 그 결과 사람의 성격은 다음의 다섯 요소로 구성되어 있음이 밝혀졌다.[1]

1. 경험에 대한 개방성 : 모험이나 여행, 새로운 경험 등을 좋아하고 높은 예술적 감각을 보이는 특성.
2. 성실성 : 꼼꼼하고 깔끔하며 철두철미한 특성.
3. 외향성 : 사람들과 어울리고 시끌벅적하게 노는 걸 좋아하는 특성.
4. 원만성 : 착하고 갈등을 싫어하며 남을 돕기 좋아하는 특성.
5. 신경증 : 걱정이 많고 위험 지각이 빠르고 예민한 특성.

다양한 나라에서 연구를 진행한 결과 문화권에 관계없이 사람들의 성격은 보편적으로 이 다섯 요소로 구성되어 있다는 것이다.[2] 이 이론은 보편적으로 유효하게 적용된다. MBTI를 비롯해 여러 가지 성격 이론 및 검사가 많지만 현재로선 이 성격의 5요인 이론 Big5이 다른 어떤 이론보다 정확하다. 누군가 "성격 검사 한번 해보세요"라고 권유한다면 이제 "성격의 5요인 이론을 기반으로 한 검사인가요?"라는 질문을 먼저 던져보자.

그럼 이제 성격에 대한 이야기로 좀 더 들어가보자. 일단 모든 사람들은 이 다섯 가지 성격 요소들을 기본적으로 다 가지고 있다. 다만 사람마다 각 특성의 정도 차이가 있으며, 이런 차이에 따라 우리는 각자의 성격에 대한 일종의 지도를 만들 수 있다. 예를 들어 "나는 개방성과 외향성은 높은데 성실성과 신경증은 매우 낮고 원만성은 보통이다. 근데 너는 성실성은 높고 외향성은 낮구나"라는 식으로 말이다.

참고로 각 성격 요소들은 모두 독립적이다. 각각의 요소들은 다른 요소와 상관없이 높을 수도 있고 낮을 수도 있다. 물론 다섯 요소가 전부 높을 수도 있고 전부 낮을 수도 있다. 성격들의 조합이 무한대로 나올 수 있다는 얘기다. 따라서 혈액형별 성격처럼 사람의 성격을 단 몇 가지로 나누는 시도는 현실을 상당히 왜곡하는 것이다. 사람은 우리의 생각 이상으로 훨씬 복잡한 존재다.

좀 더 중요한 이야기를 해보자. 성격 요소들은 많은 부분, 약 50~60퍼센트 정도가 유전에 의해 결정된다고 한다.[3] 무슨 이야기냐 하면, 성격은 태어날 때부터 이미 많은 부분이 정해져 있으며 잘 변하지 않는다는 것이다. 성격은 우리가 가지고 태어난 '씨앗'과도 같다.

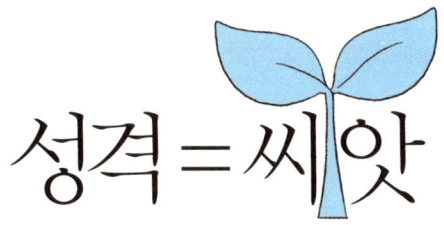

성격은 씨앗이다.

예를 들어 어떤 사람이 '높은 성실성의 씨앗'을 가지고 태어났다면 이 사람은 성실성의 씨앗을 덜 가지고 태어난 사람에 비해 깔끔하고 꼼꼼한 행동을 훨씬 수월하게 할 수 있다. 그렇다고 해서 성실성의 씨앗을 적게 가지고 태어난 사람들이 절대로 성실하고 꼼꼼해지지 못하는 것은 아니다. 다만 이 씨앗이 있는 사람에 비해 후천적인 노력을 많이 기울여야만 할 것이다. 사람마다 주어진 성격에 따라 출발선이 다르기 때문이다.

나의 경우를 보면, 나는 성실성이 그리 높지 않은 편이다. 그래서 꼼꼼함이 요구되는 임무를 맡게 되면 그것을 수행하기까지 엄청난 스트레스를 받는다. 반면 높은 성실성을 타고난 주변 지인은 비교적 큰 스트레스 없이 아주 여유로운 모습으로 일을 처리해낸다. 같은 정도의 꼼꼼함을 발휘하기 위해 각고의 노력을 기울여야 하는 나와는 다르게 손쉽게 뚝딱 해치우는 그를 보면 얄미운 생각이 들 정도다.

외향성의 경우도 마찬가지다. 외향성이 낮다고 해서 은둔형 외톨이 마냥 사람들과 전혀 어울리지 못하는 것은 아니다. 다만 외향적이지 않은 사람들은 외향성을 타고난 사람에 비해 훨씬 많은 에너지를 소모해야만 한다.

실제로 내향적인 사람들이 사람과 함께하는 것 자체를 싫어해서 내향적으로 행동하는 것이 아니라, 사람들과 함께 있는 건 좋아하지만 많은 에너지와 노력들이 들어가기 때문에, 즉 사회성을 발휘하기 위한 비용이 외향적인 사람들보다 훨씬 많이 발생하기 때문에 사회적 상황을 회피한다는 것을 보여주는 연구들이 있다.[4]

이렇게 우리는 서로 다른 성격들을 가지고 이 세상을 살아간다.

같은 상황에서도 다른 성격으로 반응하여 다른 결과를 만들어내고, 같은 목표에 대해서도 서로 다른 정도의 노력을 쏟는다. 성격이 우리의 행동 전반과 삶의 모습에 큰 영향을 미친다는 것이다.

하지만 그렇다고 우리의 성격이 삶의 구석구석을 모두 결정하는 것은 아니다. 타고난 성격대로만 행동하며 살 수 있다면 성격이 행동의 대부분을 좌지우지하겠지만 현실은 그렇게 녹록하지 않다. 살다 보면 성격대로 행동하고 싶어도 주어진 상황이나 역할 때문에 원래의 나와는 다른 사람인 것처럼 행동해야 하는 경우가 자주 발생한다. 이럴 때 우리는 원래의 성격을 '죽이고' 성격이 아닌 다른 지침(예를 들어 각종 사회적 규범 등)에 따라 행동한다.

이렇게 필요에 의해 타고난 성격대로만 살지 않고, 성격과는 맞지 않는 행동도 애써 하는 것을 '자기통제'라고 한다(자기통제에 대한 자세한 내용은 뒤에서 더 살펴보자).

우리는 타고난 성격대로, 그리고 때때로 성격대로 행동해선 안 될 때에는 전두엽을 사용해가면서(자기통제력을 발휘하면서) 살아가고 있다. 그래서 보통 우리의 행동은 타고난 성격＋상황에 따라 발휘하는 자기통제력에 의해 좌우된다.

그러다 보니 성격은 우리 삶의 전반적인 모습이나 '일반적인' 행동과 사고의 패턴에 영향을 주긴 해도 사소한 행동 하나하나를 전부 결정하지는 않는다. 우리의 구체적인 행동에는 성격뿐 아니라 각종 상황적인 요인과 자기통제력 등의 각종 인지적, 행동적인 기술들이 복잡하게 개입하게 된다. 이것이 바로 내향적인 사람들도 겉으로는 꽤 외향적인 사람처럼 행동할 수 있는 이유다.

성격에 대한 일반적인 이야기는 이 정도로 마무리하고, 이제 사회생활을 잘하는 것과 가장 크게 관련된 성격 특성인 '외향성'에 대해 알아보자.

외향적인 사람은 행복하기 쉽다

주변에 언제나 활달하고 목소리가 크며 사람들과 어울리는 걸 좋아하는 사람이 있는가? 만약 머릿속에 떠오르는 이가 있다면 그가 바로 외향적인 사람이다.

외향적인 사람은 일을 하든 놀든 다른 사람들과 함께 어울리는 것을 좋아한다. 흔히 '사회성이 좋다'는 말을 하게 만드는 행동 특성이 바로 이 외향적인 사람들이 가지고 있는 특성이다.

외향적인 사람들은 높은 사회성 덕분에 다양한 이득을 보게 된다. 대표적인 예로 그들은 사람들에게 호감을 잘 사는 편이다. 면접을 볼 때도 높은 호감도로 인해 후속 면접을 보게 될 확률이 높고 따라서 최종적으로 합격할 확률도 높다.[5]

호감을 잘 살 뿐만 아니라 사람들을 쉽게 좋아하기 때문에 어디서나 원만한 인간관계를 유지할 확률이 높다. 직장에서도 원만한 인간관계를 유지하기 때문에 직장에 대한 만족도도 높은 편이다(이직의 대표적인 이유가 인간관계와 관련된 문제라는 것을 고려하면 직장 내 인간관계가 좋을수록 직장에 대한 만족도도 높다는 사실은 그리 놀라운 결과가 아니다).[6]

21세기에 성공하는 인간은 똑똑한 인간도 돈이 많은 인간도 아닌, 인간관계가 좋은 사람이라고 했던가? 외향적인 사람들은 원만한 인

간관계를 무기로 직장에서도 잘나가는 편이고 사업을 해도 성공할 확률이 높다.[7]

이렇게 외향적인 사람들은 높은 사회성으로 인해 여러 가지 이득을 보게 된다. 그렇다 보니 외향적인 사람들을 바람직한 인간상으로 보는 사회적 시각도 존재한다. 그리고 스스로 사회성이 부족하다고 여기는 사람들은 사회성을 높이고 싶다는 생각을 하기도 한다.

앞에서도 이야기했지만 외향성의 씨앗이 없는 사람이 외향적인 사람만큼의 사회성을 발휘하기 위해서는 엄청난 노력과 에너지가 필요하다. 조금 과장해서 이야기하면 콩 심은 데서 팥을 나게 하는 것 못지않게 스스로를 혹사시키는 일이 될지도 모른다. 또한 모든 성격 요소들이 그렇듯 외향성에는 장점 못지않은 단점들이 존재한다.

그래서인지 학자들은 생긴 대로 살기를 권한다. 내향적인 사람의 경우 필요한 만큼의 사회성을 갖추는 것으로 만족하고 사회성이 크게 필요한 일, 예를 들어 영업직 같은 업무는 가급적이면 맡지 않는 것이 더 행복하게 사는 길이라고 이야기한다. 왜냐하면 성격은 많은 부분 유전에 의해 정해지며 잘 바뀌지 않기 때문이다. 자신의 타고난 성격에 맞는 삶을 택하는 것이 더 현명한 일이 아닐까?

외향적인 사람들의 또 다른 특징은 항상 에너지가 넘치고 즐거워 보인다는 것이다. 내향적인 사람들에 비해 이들은 항상 기운이 넘치는 것처럼 보이고 스스로도 그렇게 이야기한다. 또 어떤 일을 해도 즐거워하는 편인데, 예를 들어 책을 읽는 것과 같은 정적인 활동에서도 내향적인 사람들에 비해 외향적인 사람들이 더 많은 즐거움을 느낀다. 즉 외향적인 사람들은 언제나 즐거움을 추구하고 어디서든 재미 요소를 잘 발견해내는 능력을 갖고 있다.

사실 학자들은 외향성의 핵심 요소가 바로 이 '즐거움에 대한 민감성', 즉 즐거움을 열심히 추구하고 잘 발견해내는 능력이라고 이야기한다. 흔히 생각하는 것처럼 사람들과 잘 어울리는 것(높은 사회성)이 외향성의 핵심 요소가 아니라는 것이다. 물론 높은 사회성은 외향성을 나타내는 중요한 특징이지만, 이는 외향성의 핵심 요소에서 파생된 부수적인 요소다. 많은 사람들이 높은 사회성을 외향성이라고 정의하는 만큼 이와 같은 사실이 의외라는 생각이 들 수도 있겠다. 하지만 이는 명백한 사실이다.

외향적인 사람들은 즐거움을 열심히 찾아 헤매는 성향을 타고났다. 그리고 일상생활의 대표적인 즐거운 일이 바로 사람들과 함께하는 것이다. 그러다 보니 결과적으로 사람들과 많이 어울리게 된 것이다. 뒤집어 보면 일상생활에서 쉽게 찾을 수 있는 즐거운 일이 만약 사람들과 함께하는 게 아니라 다른 것이라면 외향적인 사람들은 주저 없이 그것을 선택했을 거라는 얘기다. 즐거움을 쉽게 찾을 수 있는 흔한 활동이 공교롭게도 사람들과 어울리는 일일 뿐이라는 것.

실제로 외향성과 사회성의 관계보다 외향성과 긍정적인 정서, 즉 즐거움과 관련된 요소들이 서로 더 큰 연관을 보인다.[8] 외향성에는 사회성보다 즐거움을 느끼고 추구하는 것이 더 중요하게 자리하고 있다는 것이다.

비슷한 맥락에서 외향적인 사람은 행복한 사람이라고도 이야기할 수 있다. 앞서 행복을 위한 중요한 활동 중 대표적인 것이 '사람들과 함께하는 것'이라는 이야기를 했다. 외향적인 사람들은 내향적인 사람들에 비해 각종 사회적 활동에 활발히 참여하고 그로 인해 일상생활에서 많은 기쁨을 느낀다.9 뿐만 아니라 즐거움을 활발하게 찾아 나서고 잘 발견해내는 능력 때문에 기본적으로 행복한 삶을 영위하기가 더 쉽다. 실제로 외향성은 다섯 가지 성격 요소들 중 행복과 가장 중요하게 연관되어 있는 요소로, 외향적인 사람들은 그렇지 않은 사람들에 비해 훨씬 행복도가 높다.

흔히 외향적인 사람을 떠올릴 때 사람들의 머릿속에 떠오르는 그림은 다음과 같다. 심심한 걸 잘 견디지 못하고 항상 즐거운 일을 찾아다니며 잠깐이라도 재미있는 뭔가를 하지 않으면 좀이 쑤시는 사람, 그러다 보니 모임에도 자주 참석하고 집에 혼자 있는 일이 거의 없는 사람, 모임에서는 분위기를 주도하며 즐겁게 이야기하는 그런 사람이다.

우리 어머니는 내가 지금까지 봐온 사람들 중 가장 외향적인 사람이다. 일단 어머니는 거의 집에 계시는 일이 없다. 언제나 아침에 나가서 밤에 들어오는 편이고 하루에도 평균 두 개 이상의 모임에 참석한다. 혹시라도 바깥 모임이 없는 날에는 좀이 쑤셔서 견디기 힘들어하는 모습을 볼 수 있다. 요즘은 얼마 전 구입한 스마트폰을 통해 집에 있을 때도 사람들과 활발하게 메시지를 주고받고 있다. 그러다가도 심심함이 고조에 다다르면 긴 연락처 목록을 항해하다가 마침내 약속을 잡고는 거침없이 집을 나선다.

모임에 참여하면 특유의 웃음소리로 좌중을 압도한다. 언제나 제일 많이 이야기하고 제일 많이 웃는다. 어머니가 없으면 그 자리는 정적이 감돌 거라는 생각이 들 정도다. 몇 년 전부터 다이어트에 몰두한 상태지만 워낙 많은 모임과 회식 때문에 살은 좀처럼 줄지 않고 있다. 그래도 누구보다 행복하기 때문에 누구보다 건강할 것이라고 스스로 강하게 믿고 있다. 내 생각도 그러하다.

반면 내향적인 성격의 친구 '미역' 양을 보자. 그녀는 몸이 항상 축 늘어져 있어서 미역이라는 별명이 붙었다. 그녀는 아침에 일어나서 저녁에 잠을 잘 때까지 집에 가만히 있어도 전혀 심심해하지 않는다. 집에서 책을 읽거나 간단한 운동을 하거나 밥을 먹는 활동만으로 미역 양은 괜찮은 하루를 보낼 수 있다. 그러다가 약속이 있어서 집밖을 나설 일이 생기면 "귀찮아"라는 말을 늘어놓는다.

물론 이는 단편적인 예이므로 일반화를 시킬 수는 없지만 끊임없는 자극이 필요한 외향적인 사람과 비교적 그렇지 않은 내향적인 사람의 특징을 잘 보여주고 있다. 당신 자신과 주변 사람들은 외향적인 편인가 내향적인 편인가? 한번 생각해보자.

스프레이를 뿌리면 외향적인 사람이 된다고?

옥시토신Oxytocin은 신뢰, 애정 등 사회적 교감을 나누는 것과 관련된 호르몬이다. 요즘 들어 이 호르몬의 효과를 과장하여 상품을 팔려는 시도가 늘고 있다. 대표적인 예로, 옥시토신 스프레이를 뿌리면 외향적인 사람이 된다고 광고하는 상품이 있다.

하지만 옥시토신 스프레이를 뿌린 사람이 실제로 사회성이 좋아지는 것을 확인한 연구는 아직 없다. 옥시토신 스프레이를 뿌린 후 스스로 사회성이 더 좋아졌다고 느꼈다는 연구는 있지만,10 그것은 주관적인 느낌일 뿐 실제로 사회성이 좋아져서 외향적인 행동을 하게 되는 것과는 분명히 다르다. 또한 옥시토신 스프레이를 뿌린 사람들이 그냥 물을 뿌린 사람들에 비해 스스로 사회성이 좋아졌다고 느끼긴 했지만 그 차이는 매우 작았다.

앞서 이야기했듯이 성격은 많은 부분 유전에 의해 결정된다. 물론 환경에 따라 변하기도 하지만, 엄청나게 충격적인 사건을 겪지 않은 한 원래의 성격에서 크게 벗어나지 않는 선에서 변화가 이루어진다. 이러한 특성을 지닌 성격이 옥시토신 스프레이를 몇 번 뿌렸다고 해서 확 달라질 수 있는 걸까? 그렇지 않다고 보는 게 맞을 것이다.

또한 옥시토신 호르몬이 일시적으로 기분의 변화를 일으킬지는 몰라도 이게 실제 우리의 사회적 행동에 어떤 영향을 미치는가에 대해서는 서로 상반되는 결과가 많다. 누군가 "단 돈 얼마에 외향적인 인간이 되십시오!"라고 얘기한다면 "거짓말 마세요"라고 또박또박 이야기해보자.

외향성이 능사는 아니다

모든 성격 요소들이 그러하듯 외향성에도 장점과 단점이 골고루 있다. 장점은 앞서 얘기한, 사회성이 좋고 행복해지기 쉽다는 것이다. 그렇다면 단점은 어떤 것들이 있을까?

외향성이 높은 사람들은 대체로 목소리가 크다. 그들은 자기주장이 강하거나 고집이 세서 독불장군 같은 모습을 보이기도 한다. 이러한 모습 때문에 영업사원의 경우 외향성이 아주 높으면 오히려 실적이 떨어진다는 연구 결과가 있다.[11] 자기 얘기만 하고 고객의 이야기를 잘 듣지 않는 모습을 상상해보면 그리 놀라운 결과도 아니다. 외향성이 높은 것은 대체로 원만한 사회생활을 하는 데 도움이 되지만 도가 지나치면 오히려 방해가 될 수 있다.

이외에도 외향적이기 위해 수반되는 비용들이 존재한다. 외향적인 사람들은 재미있는 일을 찾아 나서는 데 혈안이 된 사람들이다. 따라서 이들은 재미가 있다면 아무리 위험한 일이라도 좋아하기 마련이다. 때문에 외향적인 사람들은 사건 사고에 잘 휘말린다.[12] 재미있는 일을 찾아(사람들을 만나러) 돌아다니기를 좋아하기 때문에 전염병이 유행할 경우 사망률이 높아진다.[13]

성격 요소들이 매력적인 이유는 이렇게 모든 요소들이 저마다 나름의 장점과 단점을 가지고 있기 때문이다. 따라서 어떤 성격이 어떤 성격에 비해 좋다고 이야기할 수는 없다. 어떤 성격을 특히 부러워할 이유도 없다. 어떨 때는 내 성격이 제일 이상해 보이고 다른 사람의 성격은 하나도 문제가 없어 보이기도 하지만 실은 다들 나름의 고충을 가지고 있다.

사회성이 좀 부족하면 외향적인 사람이 되고 싶다는 생각이 들 것이다. 그러나 이는 어쩌면 물고기가 육지에서 살기를 결심하는 만큼의 각오가 필요할지도 모른다. 또한 앞에서 이야기했듯 외향적인 인간이 됨으로써 지불해야 하는 비용들이 분명히 존재한다.

우리가 할 수 있는 것은 우선 내향적이든 외향적이든 자신의 성격을 있는 그대로 잘 파악하는 것이다. 자신이 각각의 성격 요소에서 어느 위치에 있는지(외향성과 원만성은 높으나 성실성이 낮고 나머지는 중간이라는 식), 각각의 성격 요소는 어떤 장점과 단점을 가지고 있는지를 알아야 한다. 그러나 많은 사람들이 의외로 이 단계를 성공적으로 해내지 못한다.

자신의 성격을 파악했다면 이제 성격의 좋은 부분은 잘 부각되고 안 좋은 부분은 별로 문제가 되지 않는 일과 환경을 찾아 나서야 한다. 많이 내향적이라면 모임이 자주 있거나 높은 사회성이 요구되는 일 또는 환경은 굳이 선택하지 않는 것이 좋겠다.[14]

그렇다고 아무런 변화나 노력이 필요하지 않은 환경은 지루해지기 쉬우므로 '생긴 대로+약간의 노력' 정도로 살아갈 수 있는 환경을 만들어가는 것이 최적이지 싶다. 외향적인 사람이라면 자신의 외향성을 최대한 발휘하면서 다양한 사회적 기술들 또한 습득해야 하는 환경이, 내향적인 사람이라면 높은 사회성에 대한 요구가 대체로 없는 편이지만 때때로 사람들과 즐겁게 어울릴 기회가 있는 환경이 좋지 않을까?

또한 사회생활을 잘하는 데에는 외향성만이 능사가 아니다. 원만한 사회생활을 위해서는 외향적인 사람들처럼 남들과 어울리기를 좋아해야 하는 것도 맞지만 여러 가지 능수능란한 사회적 기술도 갖추어야 한다. 기술적인 면은 노력을 통해서 충분히 갖출 수 있는 부분이기 때문에 외향적이지 못한 성격 탓에 사회생활에 미숙하다고 좌절할 필요는 없을 것 같다.

그러니 굳이 성격을 개조할 생각을 하기보다 자신의 고유한 성격으로도 사람들과 잘 어울릴 수 있는 방법을 찾는 것이 더 좋을 것이다.

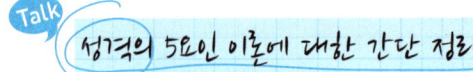
성격의 5요인 이론에 대한 간단 정리

경험에 대한 개방성 :

모험, 여행, 새로운 경험 등을 좋아하는 것, 그리고 뛰어난 예술적인 감각과 관련된 특성. 창의성, 호기심, 높은 지능과도 관련됨.15 경험에 대한 개방성이 높은 사람은 낯선 음식을 먹는 것도 꺼리지 않음.

성실성 :

꼼꼼하고 깔끔하고 철두철미한 특성. 빅파이브 성격 요소 중 한눈에 파악하기 가장 쉬운 특성. 책상과 컴퓨터 바탕화면이 정리정돈된 정도를 보면 알 수 있음. 이 특성이 높을 경우 학교 성적이 잘 나오는 편.16 의지력이 높아 건강과 관련된 귀찮은 규칙들도 잘 준수하기 때문에 건강하고 장수할 확률이 높음.17 하지만 성실성이 지나치게 높을 경우 완벽주의이거나 스스로를 지나치게 통제하는 경향이 있어 주변 사람들에게 인기가 없거나 스스로 덜 행복할 가능성이 있음.18

외향성 :

사람들과 어울리고 시끌벅적하게 노는 걸 좋아하는 특성. 사회생활을 잘하는 편이고 행복함.19 즐거운 일을 찾아 나서는 것이 핵심 특성.20 하지만 자기주장이 강한 면과 자극을 추구하는 성향이 있어 독불장군이라는 말을 듣거나 위험한 행동들을 할 수 있음.21 사랑에 잘 빠지기 때문에 바람둥이가 될 가능성도 비교적 높음.22

원만성 :

착하고 갈등을 싫어하고 남을 돕기 좋아하는 특성. 대인관계가 원만하고 주변 사람들로부터 사랑받음.23 하지만 거절을 잘 못하기 때문에 보증을 서거나 사

> 기당할 위험이 있음. 실제로 원만성이 높은 사람들의 경우 신용등급이 낮다는 연구 결과가 있음.[24]
>
> **신경증 :**
>
> 걱정이 많고 위험 지각이 빠르며 예민한 특성. 쉽게 스트레스를 받기 때문에 건강이 나빠질 가능성이 높음.[25] 행복도가 낮음.[26] 주변 사람들을 괴롭게 만들 수 있고 이혼율 또한 높음.[27] 신경증이 높은 사람들은 위기 상황을 제일 빨리 대피하고 끝까지 살아남을 확률이 높음.[28]

대청소와 회식, 무엇이 더 힘들까?

외향적인 사람들의 큰 특징 중 하나는 언제나 에너지가 넘친다는 것이다. 또 사회적 활동들은 기본적으로 누구에게나 많은 에너지가 소요되는 힘든 활동이다. 이 때문에 혹시 '에너지'라는 것 자체가 사람들로 하여금 사회적 활동을 할 수 있게 해주는 중요한 요소가 아닐까 하고 생각한 적이 있다. 달리 말하면 적정 수준의 에너지가 있어야 사회성을 발휘할 수 있을 거라는 생각이었다. 이와 관련된 연구를 하나 살펴보자.[29]

우선 에너지의 개념이 중요하다. 인간에게 있어 에너지는 모든 활동, 즉 생각을 하거나 몸을 움직이는 데 필요한 '연료(포도당)'를 의미한다. 격한 활동을 해서 몸에서 활용 가능한 연료가 급격히 줄어들게 되면 우리는 '피곤함', '지침'과 같은 신호를 받게 된다.

중요한 것은 에너지가 많이 들어가는 힘든 일일수록 그 일을 할지 말지를 결정할 때 에너지의 수준이 중요하게 작용한다는 것이다. 예를 들어 하루 일과가 끝난 뒤 피곤에 절은 몸을 이끌고 집에 들어갈 때 당신은 걸어가겠는가 아니면 뛰어가겠는가? 에너지의 양이 충분할 때에는 둘 다 무리 없이 할 수 있다. 하지만 에너지 수준이 낮아진 상태라면 뛰는 것은 아무래도 무리다. 따라서 이때는 비교적 에너지가 덜 들어가는 활동인 걷기를 선택할 확률이 높아진다.

당연한 얘기지만, 에너지 수준이 부족해지면 힘든 활동은 가급적 피하고 힘이 덜 드는 활동을 하게 되는 것이다. 즉 피곤하고 지친 상태일 때는 평소에 비해 '얼마나 에너지를 소모하는가' 하는 문제가 어떤 활동을 할지 말지를 결정하는 중요한 요소가 된다.

이런 식으로 사람들이 지친 상태일 때 A와 B 활동 중 어떤 걸 하려고 드는지를 보면 둘 중 어떤 것이 상대적으로 더 힘든 활동인지 알 수 있다. 만약 지쳐 있는 사람들이 (평소에는 동일한 정도로 하고 싶거나 하기 싫은) A와 B 활동 중 A를 선택한다면 그 사람에게 A가 B에 비해 비교적 덜 힘든 활동일 확률이 높다는 것이다.

이러한 점에 착안하면 '뭐니뭐니 해도 사회생활이 제일 힘들다'는 말을 검증해볼 수 있지 않을까? 만약 사회적 활동들이 정말 상당히 힘든 일이라면, 에너지 수준이 낮을 때 사람들은 매우 힘든 일(예컨대 격한 육체적 활동)보다도 사회적 활동을 더 기피하게 될 것이다.

예를 들어 굉장히 피곤할 때 대청소와 회식 중 하나를 해야 한다면 당신은 어떤 것을 선택하겠는가?

만약 당신이 대청소를 골랐다면 당신에게 있어 회식 같은 사회적 상황이 대청소라는 육체노동보다 더 많은 에너지를 요구하는 활동이라고 볼 수 있다. 이렇게 만약 사회적 활동들이 상당한 에너지를 소모시킨다면 이들은 에너지 수준이 떨어졌을 때 타격을 받는 대표적인 활동이 될 것이다. 즉 에너지 수준이 낮을 때 사람들은 다른 활동들보다 사회적인 활동을 특히 더 하지 않게 될 수도 있다. 에너지 수준이 낮아짐에 따라 특히 사회적 의향, 즉 사회성이 급격히 떨어질 수 있다는 것이다.

다음 실험을 살펴보자. 조건은 에너지 소모 조건과 통제 조건이 있다. 실험은 한 명씩 순서대로 진행됐다. 에너지 소모 조건의 사람들은 악력기를 사용해서 힘을 빼도록 했고, 통제 조건의 사람들은 악력기를 만져보게만 했다. 참가자들에게는 악력기의 사용성을 평가하는 실험이라고 해두었다.

그러고 나서 간단한 설문을 작성하게 했다. 실험자는 설문지를 주면서 "설문을 마치면 303호에 있는 홍길동 씨에게 제출하거나, 아니면 복도 끝에 있는 상자에 넣어둔 후 귀가하라"고 했다.

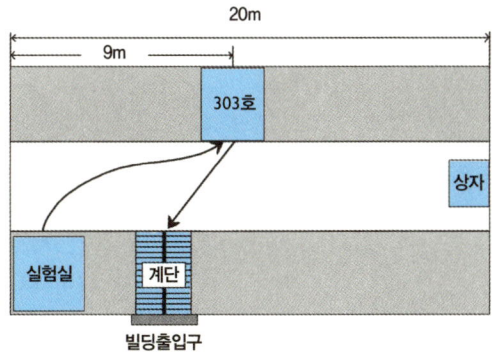

303호의 홍길동 씨에게 설문지를 제출하는 경우(사회적 상황).

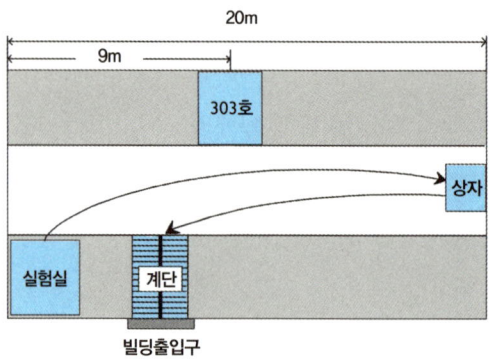

복도 끝 상자에 설문지를 제출하는 경우(비사회적 상황).

그림을 보자. 첫 번째 그림은 참가자가 303호의 홍길동 씨를 찾아갈 때의 동선이다. 실험이 진행된 건물은 복도를 사이에 두고 방들이 마주보고 있는 구조였다. 303호는 실험실에서 불과 9미터 정도 떨어진 곳에 있었다. 그리고 건물을 나설 때 사용해야 하는 계단이 바로 맞은편에 있어서 303호에 설문을 제출하는 참가자들은 최소한의 동선만 밟으면 되었다. 즉 303호로 설문을 제출한다는 것은 물리적인 힘은 별로 들지 않지만, 홍길동이라는 사람을 잠깐 만나야 하는 사회적인 상황을 맞딱들이게 된다(힘 X, 사회적 O).

반면 두 번째 그림처럼 복도 끝에 놓인 상자에 설문을 제출하는 상황은 물리적인 힘은 훨씬 많이 들지만 사람은 만나지 않아도 되는 비사회적인 상황이었다(힘 O, 사회적 X). 실험실과 복도 끝은 20미터 정도 떨어져 있었다. 설문지를 제출하고 건물을 나설 때의 동선까지 고려하면 상자에 제출하는 것은 303호에 제출하는 것보다 두 배 이상의 동선을 밟아야 했다.

만약 303호의 홍길동 씨에게 설문지를 제출하는 잠깐의 사회적 상황도 에너지를 꽤 소모하는 활동이라면, 다시 말해 홍길동 씨를 잠깐 만나는 것이 20미터를 추가로 걷는 것보다 더 힘든 일이라면 에너지를 소모한 참가자들은 그렇지 않은 참가자들에 비해 홍길동 씨를 더 많이 피해야 한다.

자, 이쯤에서 곰곰이 생각해보자. 당신이 만약 이 실험의 참가자라면 어떤 선택을 하겠는가? 조금 많이 걷더라도 사람을 만나는 걸 피하기 위해 먼 길을 돌아가겠는가(설문지 제출을 위해 다른 사람과 잠깐 마주하는 일이 더 힘든 일일까?)? 이제 실제 결과를 들여다보자.

아래 그래프에서 세로축은 사람의 수이고 가로축은 에너지 소모 조건과 통제 조건이다. 유색 막대는 303호의 홍길동 씨에게 설문지를 제출한 사람들의 수고 회색 막대는 복도 끝 상자에 설문지를 제출한 사람들의 수다.

결과를 보면 에너지를 소모한 사람들(에너지 소모 조건)이 그렇지

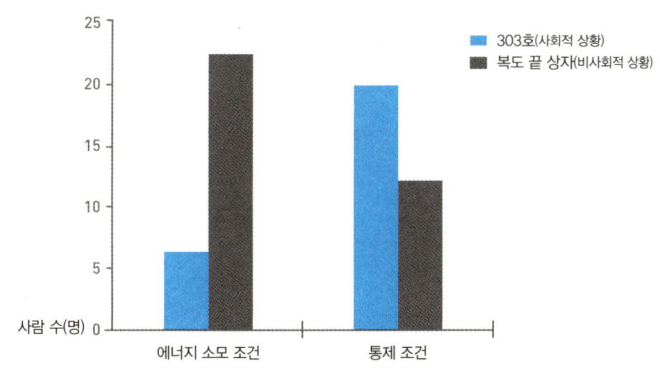

에너지 소모 조건 VS. 통제 조건에 따른 사회성. ◆2

않은 사람들(통제 조건, 에너지를 소모하지 않은 평상시의 상태)에 비해 더 많이 복도 끝까지 걸어가서 상자에 설문을 제출했다. 악력기로 잠시 에너지를 소모한 것이 사람을 아주 적극적으로 피하는, 즉 사회성이 급격히 떨어진 것과 같은 상황을 만든 것이다.

무척 놀라운 결과다. 에너지를 소모한 사람들이 다른 사람을 만나는 것을 꺼리리라고 예상하긴 했지만 이렇게 극명한 결과가 나타날 줄은 생각하지 못했던 것이다. 힘을 잠깐 쓴 것만으로 사회성이 급격히 저하되는 모습을 보이다니, 그만큼 사람과 사람이 만나는 사회적인 활동들은 상당한 에너지를 요구하는 힘든 일임을 보여주는 것일까?

바쁜 하루를 마치고 집에 돌아갈 때 걷고 있는 길 앞에 아는 사람이 앞서 걷고 있다. 그럴 때 아무리 친한 사람이라도 마주치기가 꺼려져서 일부러 길을 돌아가거나 걸음을 살짝 늦췄던 적이 있는가? 아무리 외향성이 두드러진 사람이라도 가끔은 혼자 있고 싶을 때가 있을 것이다. 아무 문제없이 사람들과 잘만 지내다가 어느 순간에는 혼자 있고 싶어지는 등 하루에도 몇 번씩 사회성이 변하는 것처럼 보인다. 이러한 현상은 우리의 에너지 수준과 밀접한 연관성이 있는 것 아닐까?

이 연구로는 에너지 수준이 높아지면 사회성이 좋아지는 효과가 있는지는 알아낼 수 없다. 하지만 적어도 사람들을 만나고 사회성을 발휘하기 위해서는 적절한 수준의 에너지가 필요할 것이라고 얘기할 수는 있겠다. 평소에 에너지 수준이 낮은 사람들은 그렇지 않은 사람들에 비해 사회적 활동을 더 꺼릴 수도 있다.

사회성을 발휘하는 데에는 적절한 수준의 에너지가 필요하다는 결과에 비추어보면 사람들과 함께 어울릴 때는 에너지를 보충할 만한 음식을 미리 먹어두는 것도 사회성을 유지하는 좋은 방법이라고 이야기할 수 있다.

능숙한 사회인을 만드는 자기통제력

앞서 이야기했지만 100퍼센트 성격대로만 행동하며 살 수는 없다. 우리는 때때로 자기 본연의 모습과는 다른 행동을 할 필요가 있다.

어엿한 사회인으로 살아가기 위해서는 말이나 행동, 감정 표현들을 생각나는 대로 던져서는 안 된다. 그럴 때 우리는 마음의 소리를 잠재우고 이 사회에서 바람직하게 보이는 행동을 해야 할 것이다. 이를 돕는 능력이 바로 자기통제력이다. 자기통제력이란 첫째 목표 성취를 위해, 둘째 불필요한 욕망을 억제하고, 셋째 바람직한 방향으로 행동과 감정을 조절할 수 있는 능력으로 정의된다. 쉽게 말하면 '생긴 대로만 살지 않을 수 있는 능력'이라고 할 수 있다.[30]

예를 들어보자. 직장에서 상사가 얼토당토 않은 일로 트집을 잡는다. 합리적 이성의 소유자인 당신은 화가 치밀어 올라 참을 수가 없다. '어퍼컷을 한번 날려버려?'라는 생각과 함께 몸과 마음이 꿈틀대지만 당신은 이내 꾹 참고 아무렇지 않은 척 미소를 지어 보인다. 마음이 시키는 대로 어퍼컷을 날려버리기엔 바로 어제 6개월 할부로 산 예쁜 구두가 토끼눈을 하고 쳐다보고 있었던 것이다. 한 번의 통쾌함이 장기적인 악몽이 되어 돌아올 수 있기에, 당신은 상사의 말도 안 되는 트집을 미소로 대응한 것이다. 이렇게 자기통제는 '미래, 바람직한 목표' 같은 것을 생각해서 지금의 충동을 잠재우고 올바른 행동을 하게 만드는 과정이라고 할 수 있다.

이렇게 애쓰며(자기통제를 하며) 사는 것은 인간과 다른 동물들을 크게 구분 지어주는, 인간만의 '피곤한' 특성이라고도 말한다. 인간만큼 본능이 이끄는 대로 살지 않는 동물이 없다는 것이다. 먹고 싶을 때 먹고, 싸고 싶을 때 싸고, 공격하고 싶을 때 공격하는 다른 동물들과 달리 우리는 먹고 싶지만 다이어트를 하고, 아무리 급해도 노상방뇨는 용납하지 않으며, 상사나 얄미운 친구를 공격하고 싶어도 분노를 억누르며 평화롭게 넘어가곤 한다.

이러한 자기통제력은 사람마다 그 정도가 다르다. 어떤 사람은 좀 부족하기도 하고 어떤 사람은 수월하게 잘 해내기도 한다. 그리고 이 자기통제력은 소위 '좋은 사회인'이 되는 데에 중요한 역할을 한다.[31]

네 살배기 아이들도 자기통제력 수준이 서로 다르다. 아이들에게 맛있는 초코바를 나누어준다. 그러고는 초코바를 당장 먹어도 되지만 조금만 참고 기다리면 하나 더 주겠다고 얘기한다. 이와 같은 상황이라면 당신은 어떻게 하겠는가? 성미가 급하고 식탐을 잘 참지 못하는 사람들은 아마 눈앞의 초코바를 바로 먹어치울 것이다. 더 큰 이익을 위해 당장의 욕망을 억누르는 것이 무슨 유익이 있나 생각할지도 모르겠다. 만약 당신도 이와 같다면 당신은 자기통제력이 약한 편이라고 할 수 있다.

한편 심리학자 유이치 쇼다Yuichi Shoda와 동료들에 의하면 당장 먹고 싶은 충동을 이기고 더 큰 이득을 얻기 위해 기다리며 자신의 행동을 통제한, 자기통제력이 강한 아이들은 청소년이 되어서도 사회적, 학업적으로 더 능력 있는 학생이 될 확률이 높았다.[32]

이와 같이 사회에서 관계를 이루며 살다 보면, 바람직하다고 여겨지는 목표를 성취하기 위해 당장의 욕구를 억누르고 이런저런 규칙과 요구에 따라 자신의 감정이나 행동을 조절해야 하는 순간이 여러 번 찾아온다. 예를 들어, 면접 상황에서 면접관들이 냉정한 표정으로 당신을 바라보고 있는 상황이라면 그 순간 아무리 겁이 나고 화가 난다 하더라도 감정을 그대로 드러내서는 안 된다. 합격이라는 목표를 성취하기 위해서는 복잡한 감정들을 숨기고 애써 여유로운 표정과 자세로 '능력 있고 점잖은' 사람을 연기해야 할 것이다.

이렇게 자신이 원하든 원하지 않든 사회생활을 하며 상대방의 마음에 들기 위해 특정 인격을 연기하는 것을 '자기제시self-presentation'라고 한다. 사회적 삶의 곳곳에서 필요한 요소인 자기제시는 원래의 욕구와 성향들을 억제하고 말투와 표정, 행동들을 외부의 요구에 맞게 조정하는 자기통제력을 필요로 한다. 실제로 자기통제력이 높은 사람들은 낮은 사람들에 비해 각종 어려운 사회적 상황에서 상황적 요구에 맞게 자신을 '남들 보기에 괜찮은 사람'으로 포장해내는 데 더 능숙한 모습을 보인다.[33]

한 가지 재미있는 사실은 자기통제가 뇌에서 상당히 많은 양의 에너지를 소모하는 고급 인지능력이라는 사실이다. 우리의 뇌는 몸의 어떤 장기들보다도 단위면적 대비 많은 양의 에너지를 소모한다고 한다. 이러한 뇌의 활동들 중에서도 논리적인 사고나 기존의 틀에서 벗어나 새로운 생각을 하는 것 또는 자기통제는 단순 계산이나 암기 같은 것에 비해 상당히 많은 양의 에너지를 소모한다.[34]

자기통제력과 같이 에너지를 많이 소모하는 고급 인지능력이 사회생활에서 많이 쓰인다는 것은 사회생활은 만만한 일이 아니라는 사실이나 에너지 수준의 저하가 사회성의 저하를 낳는다는 사실과 같은 맥락에 있다. 에너지 소모를 많이 해야 하는 고급 인지능력이 많이 쓰이기 때문에라도 사회생활은 힘들 수밖에 없는 것이고, 따라서 연료가 충분히 채워져 있어야 사회성을 제대로 발휘할 수 있는 것이다.

> **Talk** 의지력과 자기통제력에 대한 흥미로운 이야기
>
> 자기통제력은 흔히 '의지력'이라고 불린다. 앞서 이런 의지력이 상당한 에너지를 소모한다는 점을 언급했는데 이에 대해 좀 더 살펴보자.
> 우리 몸에 있는 에너지는 한정되어 있다. 따라서 의지력 또는 자기통제력이 상당한 에너지를 요구한다는 것은 이들을 내 마음대로 아무 때나 발휘할 수 없다는 얘기가 된다. 즉 우리의 의지력은 한정되어 있다는 것이다. 우리가 컴퓨터 게임을 할 때 어떤 기술을 썼다고 해보자. 그러면 갖고 있던 에너지가 다시 충전될 때까지는 기술을 쓰지 못한다. 자기통제력도 이와 비슷하다. 자기통제력을 계속 쓰다 보면 방전되는 순간이 오게 되고 다시 발휘하려면 충전이 될 기다려야 한다.
> 바우마이스터와 동료들은 사람들이 자기통제력을 요하는 1차 과제를 하고 나면 또 다른 자기통제력을 요하는 2차 과제를 잘 못하게 된다고 밝혔다. 여기서 중요한 것은 2차 과제가 자기통제력이 요구되는 과제가 아닐 경우 수행 능력이 떨어지지 않지만, 자기통제력이 필요한 과제일 경우에는 반드시 수행이 떨어지게 된다는 것이다.
> 자기통제 과제로는 먹고 싶은 걸 먹지 못하게 하거나(눈앞에 갓 구운 쿠키를 두고 쳐다보게만 한다) 익숙한 규칙을 따르는 경향을 억제하거나(게임 중에 갑자기 규칙

을 바꾼다) 지구력을 발휘하게 하는 것(악력기를 쥐고 오래 버티기를 시킨다) 등이 있다. 예를 들어 1차 과제로 먹고 싶은 걸 먹지 못하게 만들고 나서 2차로 지구력 테스트를 하거나 하고 있던 게임의 규칙을 갑자기 바꾸면 1차 과제에서 자기통제력을 쓰지 않은 사람에 비해 자기통제력을 쓴 사람이 2차에서 수행 능력이 현저히 저하된다. 자기통제 과제들의 조합이나 순서를 여러 가지로 바꿔봐도 비슷한 결과들이 확인된다. 그런데 2차 과제에서 간단한 수학 문제를 푸는 것처럼 어렵긴 하지만 자기통제력을 쓰지 않는 과제를 하게 하면 앞서 자기통제력을 썼더라도 곧잘 하게 된다.

이러한 연구 결과들을 보고 학자들은 자기통제력과 관련된 특별한 자원 같은 것이 있는 게 아닌가 하는 생각을 하게 되었고, 최근 이 자원이 결국 포도당이라는 것이 밝혀졌다.[35] 학자들은 1차 자기통제 후 설탕물을 먹게 하면 2차 자기통제도 거뜬히 해내는 현상을 확인했다. 물론 설탕 대용품으로 맛만 달게 한 물을 먹은 경우에는 자기통제력이 회복되지 않았다.

이러한 다양한 연구 끝에 결국 자기통제력은 인간의 다양한 기술들 중 에너지를 순식간에 상당히 많이 쓰는 고급 기술이라는 큰 결론을 얻었다. **뇌는 우리 몸에서 부피 대비 가장 많은 당분을 소모하는 장기인데 그런 뇌 활동 중에서도 유독 많은 에너지를 소모하는 활동이 자기통제라는 것이다. 그래서 자기통제를 하게 되면 에너지가 쑥 줄어들게 되고 다시 채워질 때까지는 자기통제를 하지 못하게 되는 것이다.**

이러한 자기통제의 특성 때문에 나타나는 재미있는 현상들이 있다. 우선 다이어트의 경우를 보자. 다이어트에는 상당한 의지력이 필요하다. 그런데 앞서 살펴보았듯이 의지력을 발휘하는 데에는 충분한 에너지가 요구된다. 따라서 무턱대고 굶으면 의지력이 고갈되기 때문에라도 다이어트에 실패하기 쉽다. 성공적인 다이어트를 위해서는 무작정 굶기보다 중간 중간 적절한 포도당을 보충해주어야 한다. 대표적인 자기통제 사례인 금연의 경우에도 적절한 포도당을 보충해가면서 하는 것이 좋다.

사회적 상황에서도 포도당의 힘을 활용해볼 수 있다. 예를 들어 짜증나지만 공격해선 안 되는 사람 앞에서 표정 관리를 잘하려면 미리 사탕이나 초콜릿을 좀 먹어두는 것이 좋겠다.

하루 종일 많은 양의 에너지를 쓰고 하얗게 타버린 상태로 늘어져 있는 밤에 우리는 고삐 풀린 망아지처럼 이상한 짓들을 하곤 한다. 괜히 센티해져서 헤어진 애인에게 전화를 걸어본다거나 일기장에 이상한 말들을 잔뜩 써놓는다거나 하는 식으로 말이다. 이렇게 평소와는 다른 모습들을 보이는 원인 중 하나는 '정신을 단단히 붙들고 행동을 통제하는 데 쓰일 에너지가 이미 고갈된 상태이기 때문'이라고 한다.

또한 해야 할 일을 하지 않은 채 잔뜩 미루고 있을 때 습관적으로 다른 일에 열중하는 사람들이 있다. 시험공부를 하기 싫을 때 괜히 방 청소를 한다거나 하는 식으로 말이다. 그런데 이런 습관을 들이게 되면 일을 미루는 버릇에서 헤어나오기가 더 어려워진다고 한다. 왜냐하면 다른 행동을 함으로써 에너지를 소모하게 되어 의지력을 발휘해서 그 일을 수행하는 일이 더 어려워지기 때문이다. **따라서 어떤 일이 귀찮고 미루고 싶을 때 가장 좋은 것은 아무것도 하지 않고 쉬는 것이다. 자신을 다시 채찍질할 에너지를 보충하라는 것.**

의지력이 상당한 에너지를 소모한다는 사실은 이렇게 다양한 현상들을 만들어낸다. 이를 잘 기억하여 적절한 휴식을 취하거나 포도당을 잘 섭취하여 의지력을 발휘해야 하는 중요한 상황을 잘 대비해보자. 아마 많은 도움이 될 것이다.

나와 맞는 환경 찾기

이번 장에서 우리는 어떤 사람들이 사회생활을 잘하는지 살펴보았다. 대체로 내향적인 사람에 비해 외향적인 사람이, 에너지 수준이 낮은 사람에 비해 적절한 에너지 수준을 유지하고 있는 사람이, 자기통제를 못하는 사람에 비해 잘하는 사람이 사회생활에 능숙한 모습을 보인다.

이러한 특성을 가지고 있는 사람들은 그렇지 않은 사람들에 비해 비교적 능숙하고 쉽게 사회생활을 할 수 있을 것처럼 보인다. 하지만 외향적이지 않다고 해서, 에너지 수준이 낮다고 해서, 자기통제를 못한다고 해서 사회부적응자가 된다는 것은 아니다. 다만 좀 더 많은 노력이 필요할 것이다.

또한 결국 중요한 것은 내 주변 환경이 나에게 어느 정도의 사회성을 요구하느냐 하는 것이다. 아무리 외향적인 사람이라고 해도 자신이 속한 환경이 자신의 성향보다 훨씬 높은 외향성을 요구한다면 좌절하기가 쉽다. 반면 내향적인 사람이라고 해도 사회성이 비교적 덜 중요한 일을 하면 별 불편 없이 잘 살아갈 수 있다. 자신의 상태가 어떻든 주변의 요구에 크게 뒤지지 않는 정도의 사회성을 발휘하고 있다면 그것으로 충분하다.

내향적인 친구인 미역 양도 자신이 할 수 있는 만큼의 사회성을 발휘하면서 같은 해조류과 친구들과 함께 행복하게 잘 살아가고 있다.

남을 많이 신경 쓰는 사람들이 사회생활을 잘할까?

사람을 적당히 신경 쓰는 것은 당연히 필요한 일이다. 사람들의 시선을 전혀 신경 쓰지 않고 하고 싶은 대로만 하고 산다면 후안무치하다거나 무개념 인간이라는 소리를 듣게 될 것이다. 하지만 사람들을 지나치게 많이 신경 쓰게 될 경우 오히려 대인공포증이 생길 수도 있다. 또한 누군가가 자신을 지켜보고 있는 것 같다는 부담감으로 인해 잘하던 것도 잘 못하게 될 수도 있다. 즉 다른 사람들을 적당히 신경 쓰는 것은 좋지만 도가 지나치면 사회생활에 독으로 작용할 수 있다는 것이다.

뿐만 아니라 사람들의 시선을 많이 신경 쓰는 것은 결국 '자신'을 신경 쓰는 것이다. 남의 눈에 보이는 자기 자신에게 엄청난 관심을 가지고 있는 상태라는 것. 즉 주의가 다른 사람에게로 향하는 게 아니라 오로지 자신에게만 향하고 있는 상태다. 36

그렇기 때문에 남을 많이 신경 쓰는 사람들이 타인의 생각이나 감정에 오히려 둔한 모습을 보이기도 한다. 37 앞에 있는 사람이 무슨 이야기를 하고 있든 간에 머릿속에 가득 찬 것은 결국 '나 지금 예뻐 보이나?', '나 지금 자연스럽게 행동하고 있나?'와 같은 생각들이기 때문에 상대방의 이야기가 들어올 자리가 없다는 것이다.

남을 많이 신경 쓰는 사람들이 남들의 생각과 감정에 둔할 수 있다는 사실은 무척 아이러니하게 느껴진다. 사람들에게 잘 보이고 싶어서 많은 신경을 쏟은 것인데 오히려 멀어질 수 있다니 말이다.

02

우리는 서로 얼마나 잘 알고 있을까?
상대방에 대한 깊고 넓은 이해

영수는 친구 사이에서 갈등은 웬만하면 생기지 않는 것이 좋다고 생각한다. 그래서 불만이 있어도 잘 이야기하지 않고 속으로 삭이는 편이다. 철수는 사람들에게 뭔가를 설명할 때 많은 이야기를 늘어놓지 않는다. 왜냐하면 자신이 개떡같이 말해도 상대방은 찰떡같이 알아들을 거라고 믿기 때문이다. 영희의 부하직원이 지각을 했다. 영희는 '저 사람 부지런한 줄 알았는데 꽤 게으른가 보네'라고 생각했다.

당신은 주변 사람들을 얼마나 잘 알고 있는가? 우리는 사람들과의 관계에서 문제가 생길 경우 상대방의 잘못이라 생각하고 비난의 화살을 그에게 돌리곤 한다. 그런데 정말 그의 잘못일까? 그 사람에 대한 이해가 부족하거나 당신의 태도에 문제가 있었던 것은 아닐까?

위에 언급한 사례들은 우리의 일상생활에서 흔히 볼 수 있는 것들이다. 이제 우리가 큰 문제의식 없이 가지고 있던 타인에 대한 생각이나 태도들 중 관계에 좋지 않은 영향을 미칠 수 있는 것들에 대해 살펴보자.

아무리 사회생활에 적합한 성격을 타고났어도 관계에 대해 엄청난 오해를 가지고 있다면 좋은 관계를 만들어가기 어려울 것이다. 좋은 관계를 시작하기 위해서는 타인에 대한 올바른 태도와 생각을 쌓아야 한다.

좋은 관계를 위해 버려야 할 것들

다음의 OX퀴즈를 풀어보자.

1. 연인/친구 사이에 의견 차이가 발생하는 것은 관계 유지에 좋지 않다. (O X)

2. 좋은 연인/친구라면 표현하지 않아도 서로의 생각이나 느낌을 알아차릴 수 있어야 한다. (O X)

3. 이미 나빠진 관계를 회복하거나 이를 위해 자신이 바뀌는 것은 불가능에 가까운 일이다. (O X)

이 중 몇 개가 맞는다고 생각되는가? 맞고 틀리고의 문제와는 별개로 위의 문장들은 좋은 관계를 쌓는 데 방해가 되는 대표적인 믿음 또는 고정관념이다.[1] 따라서 X를 많이 선택했을수록 관계와 사람들을 대하는 데 좋은 태도를 가졌다고 볼 수 있다. 당신이 O를 선택한 항목들을 다시 한 번 찬찬히 살펴보자. 이러한 생각들이 좋은 관계를 만드는 데 방해가 되는 이유는 무엇일까?

다른 의견은 용납할 수 없어

사람은 모두 다를 수밖에 없다. 아무리 성격이나 가치관이 비슷한 사람들이라고 해도 똑같을 수는 없다. 양말을 뒤집어 벗는 것은 옳은가 옳지 않은가, 맛있는 반찬을 먼저 먹는 것이 좋은가 마지막에 먹는 것이 좋은가와 같은 사소한 생활습관 문제에서부터 인생을 어떻게 사는 것이 좋을지와 같은 무거운 가치관 문제들까지 크든 작든 세상의 모든 사람들은 의견 차이를 보이기 마련이다.

하지만 이렇게 자연스럽게 발생하는 의견 차이를 부정하고, 좋은 연인/친구 사이에는 절대로 의견 차이가 있어서는 안 된다고 생각할 경우 관계가 삐걱거릴 수 있다. '나와 다른 의견을 가졌으니 좋은 연인/친구가 될 수 없겠구나'라고 생각하고는 관계를 쉽게 포기해버릴 수도 있고, 사소한 갈등을 무시하거나 회피함으로써 문제가 곪아 터질 수도 있다. 따라서 관계 속에서 의견 차이가 발생할 때에는 무조건 회피하기보다 서로 이해하려고 노력하면서 좋은 합의점을 찾아가는 것이 성숙한 관계를 만드는 현명한 대처법이 될 것이다.

의견 차이는 사실 우리가 살아가는 데 매우 큰 도움이 되기도 한다. 어떤 사람과의 관계가 틀어졌을 때 그 사람이 나빴다며 투정하는 나에게 항상 "아니, 나는 그렇게 생각하지 않아"라고 이야기하는 친구가 있다. 그런 말을 들을 당시에는 '얘는 누구의 친구지'라고 생각하며 서운한 감정이 들기도 한다. 하지만 상황을 객관적으로 보고 다른 사람의 입장에서 이야기해주는 친구의 이야기를 듣다 보면 절대 이해할 수 없을 것 같던 그 사람이 왜 그렇게 행동했는지 조금씩 이해가 된다. 쓸데없이 편협하게 굴었던 것은 아닌지 반성도 하게 되는 것 같다.

의견 차이를 드러내지 않기 위해 무조건 편을 들어주는 것은 겉으로는 매우 쉬워 보이고 평화로운 방법인 것처럼 보인다. 하지만 차이를 두려워하지 않고 허심탄회하게 이야기하는 것이 때로는 문제를 지혜롭게 풀어나갈 수 있는 열쇠로 작용하기도 한다. 우리는 자기의 시선으로밖에 세상을 바라볼 수 없기 때문에 다른 시선을 가지고 세상을 보는 친구들이 많아질수록 더 넓은 세상을 접할 수 있게 될 것이다.

비슷한 맥락에서, 나와 다른 시각을 가지고 있는 사람들이 존재함으로써 창의력이 높아지기도 한다. 때때로 도무지 자신의 머리로 해결할 수 없는 문제에 봉착하게 되면, 다른 사람들은(주변 사람들 또는 스티브 잡스 같은 유명인들) 어떻게 했을지 상상해보는 것도 좋겠다. 이 방법은 참신한 해결책을 찾는 데 실제로 큰 도움이 되는 것으로 알려져 있다.[2]

말하지 않아도 다 알지?

당신은 가장 친밀한 관계의 사람과 이야기를 할 때 당신이 아무리 개떡같이 말해도 그는 찰떡같이 알아들을 거라고 믿고 있는가? 이 말은 조금 다르게 생각해보면 상대가 당신의 눈치를 잘 봐야만 한다는 말과 같다. 하지만 앞서 얘기했듯 눈치로 상대의 의중을 알아맞히는 것은 매우 힘든 일이다. "이거 정말 예쁘다"라는 여자친구의 말을 "당장 지갑을 열지 못하겠니?"라는 말로 자동 필터링하는 것은 신경을 곤두세워야 가능한, 아주 어렵고 피곤한 일이다. 주변 사람들에게 이런 피곤한 일을 강요하는 것은 조금 불합리해 보이지 않은가?

또한 눈치라는 것은 만능이 아니다. 인간의 눈치는 결국 자신의 경험에 비추어 상대의 느낌과 생각을 추측해내는 것에 지나지 않는다.[3] 결국 '내가 비슷한 일을 겪었을 때 이랬으니까 저 사람도 그렇겠지'라고 생각하는 정도다. 즉 눈치는 세상의 모든 일을 경험해보지 않은 이상 상당히 제한된 주관적 상상물이라고 할 수 있다.

이와 같은 눈치의 한계 때문에 상대방에게 나의 느낌과 생각을 최대한 정확히 표현해주지 않으면 상대방은 상당한 어려움을 겪을 수밖에 없다. 말하지 않아도 알겠거니 생각하면 안 된다는 것이다. 말하지 않으면 모른다. 말하지 않아도 알 거라는 강한 믿음 때문에 연인이나 친구에게 자신의 마음을 정확히 잘 표현하지 않는 편이라면 그로 인해 오해를 사거나 사랑하는 마음을 충분히 전달하지 못하고 있는 것은 아닌지 한번 생각해보자.

관계를 되돌리는 것은 불가능한 일이야

당신은 자신의 능력이나 자신이 속한 환경이 변할 수 있다고 생각하는가, 변할 수 없다고 생각하는가? 우리가 변화 가능성에 대해 일반적으로 가지고 있는 믿음 또는 통념 중에는 '실체 이론entity theory'과 '증진 이론incremental theory'이 있다. 실체 이론은 우리의 능력이나 환경이 변하지 않는다는 믿음이고, 증진 이론은 노력을 통해 변화시킬 수 있다는 믿음이다. 별것 아닌 것처럼 느껴져도 둘 중 어떤 생각을 가지고 있느냐에 따라 사람들은 여러 가지 상황에서 서로 다른 대처 방법을 취하게 된다.[4]

예를 들어 수학 문제를 풀 때 지능은 불변한다는 믿음을 가진 사람들은 문제가 조금만 어려워지면, 본인의 실제 IQ가 높든 낮든 쉽게

포기해버린다고 한다.5

　변화 가능성, 발전 가능성에 대한 믿음은 사실 여부를 떠나 사람들에게 희망을 주기 때문에 무엇이든 해볼 만하다는 동기를 부여해준다. 반면 어떤 사안에 대해 희망이 없다고 믿는 사람들은 그 일에 매진할 이유도 노력을 투자할 이유도 비교적 흐릿하게 느낀다. 따라서 노력을 덜하기 쉽다. 그렇기 때문에 현실이 어떻든 간에 긍정적인 마인드를 갖는 것이 좋다고 이야기하는 것이다.

　지능이나 성격은 많은 부분 유전에 의해 결정된다. 그럼에도 불구하고 많은 사람들이 아직도 이런 요소들을 바꿀 수 있을 거라고 믿는 데에는 인간을 계속해서 열심히 살게 하려는 자연의 속셈이 반영된 것이 아닐까? 만약 인류가 완벽히 현실적인 안목을 가졌다면, 우리는 지금에 비해 훨씬 덜 의욕적인 태도로 덜 노력하며 살고 있을 것이다. 또 당대에는 터무니없어 보이지만 결국엔 세상을 바꾼 여러 일들도 훨씬 덜 일어났을 것이다. 하늘을 날아보겠다는 엉뚱한 시도를 한 사람들이 없었다면 비행기는 만들어지지 않았을 거라 예상할 수 있듯이 인류가 매우 현실적이었다면 문명은 지금에 비해 상당히 볼품없는 모습이었을 것이다.

　관계에 대해서도 이러한 실체 이론을 믿게 되면, 다시 말해 관계가 발전할 리 없다거나 관계가 좋아지는 데에는 한계가 있다고 생각하게 되면 조그마한 갈등에도 쉽게 관계를 끝내버리고 도망치려 할 수 있다.6 관계를 진지하게 시작해보기도 전에 '안 될 거야'라고 생각하고는 포기해버릴 수 있다는 것이다.

　나는 인간관계나 관계의 역동을 만들어가는 사람들의 특성은 잘 변하지 않는다고 믿는다. 그러다 보니 사람들에게 쉽게 실망하거나 빨리 포기해버리는 일이 발생한다. '이 사람은 나와 잘 맞지 않는 것 같아. 이 사람의 특성은 변할 리가 없으니까 친해질 생각을 하지 말자. 그냥 적당히 거리를 두고 지내야겠어.' 이런 식이다.

연인과도 이런 이유로 헤어질 뻔한 적이 있었다. 별것 아닌 일이었는데 '나는 이 사람의 이런 특성이 거슬리는데, 그렇다고 이 사람이 바뀔 리는 없고 이런 특성을 싫어하는 나 또한 바뀔 리가 없으니, 이 사람과 함께하는 한 불편함은 영원히 지속될 수밖에 없는 것 아닌가?' 하고 생각했다. 그리고 그것은 헤어져야겠다는 극단적인 생각으로까지 이어졌다. 진득하게 깊은 관계로 들어가는 것이 힘들 수밖에 없었다. 그러다 실체 이론을 접하게 되었고, 마침내 내게 이런 면이 있었다는 걸 깨닫게 되었다. 덕분에 지난 경험들을 돌아볼 수 있었고 관계에 있어 속단하고 성급하게 결정해버린 부분들이 있었음을 알게 되었다. 개인적으로 실체 이론은 심리학의 지혜 중 가장 많은 도움이 된 이론 중 하나다.

우리는 관계에 대한 회의적인 믿음을 가지고 세상을 살고 있다. 우리는 보통, 사람들은 겉모습이나 스펙만을 보고 다른 사람을 판단한다고 생각하고 남을 완전히 이해하는 것은 무척 힘든 일이라고 생각한다. 대표적인 예가 남자와 여자의 역할이나 심리에 대한 강력한 고정관념이다. 이러한 회의적인 믿음은 그것이 사실이든 아니든 사람들을 체념하게 만들고 관계를 만드는 데 방해가 된다.

관계에 대한 이러한 통념이나 고정관념이 무서운 이유는 그것이 자기도 모르게 자신이 맺고 있는 관계 전반에 아주 큰 영향을 주기 때문이다.[7] 사람은 잘 변하지 않는다는 작은 통념 하나 때문에 관계가 조금만 힘들어지면 그것이 친구든 직장 동료든 심지어 가족이나 연인이든 상관없이 각종 관계로부터 쉽게 도망치려고 하는 것처럼 말이다. 무엇보다 자신도 모르는 사이에 이런 일이 벌어질 수 있다는 사실이 무서운 것이다. 어떤 계기가 있어서 깨닫게 되기 전까지는 자동 명령어가 입력된 것 마냥 그 고정관념에 맞춰 행동하게 되니 말이다.

좋은 관계를 쌓고 싶은가? 그렇다면 먼저 그간 당신으로 하여금 타인과의 관계에 벽을 치게 만들었던 통념이나 고정관념을 되돌아보는 것은 어떨까?

그렇게 행동한 이유는 무엇일까?

앞서 회사에 지각한 부하직원을 보고 '이 사람은 게으른 사람이군'이라고 생각한 영희의 경우처럼 우리는 사람들의 말이나 행동을 보며 시시각각 그 사람이 그렇게 행동한 원인은 무엇인지, 그 사람은 어떤 속성을 가진 사람인지를 판단한다. 이를 귀인歸因, 즉 행동의 원인을 찾는 행위라고 한다.

> A군 : B와 이야기를 하다가 장난으로 그의 행동에 트집을 잡았다. 그런데 그가 버럭 화를 냈다. 이 친구 성격이 참 다혈질적인 것 같다.

이 경우 B군은 얼마나 다혈질적인지 평가해보자. 10점 만점에 몇 점을 줄 수 있을까?

이번에는 화를 낸 당사자인 B군의 이야기를 들어보자.

B군 : 오늘따라 아침부터 안 좋은 일들이 많았다. 아침에는 간발의 차로 버스를 놓쳐서 지각을 하고 회사에선 커피를 쏟는 바람에 옷이 엉망이 됐다. 기분을 추스르며 친구를 만났는데 친구 A마저 트집을 잡는다. 그래서 나도 모르게 화가 나서 소리를 지르고 말았다.

B군의 다혈질 점수를 다시 매겨보자. 이번에는 10점 만점에 몇 점을 주겠는가? 아마 처음보다는 적은 점수를 줘야겠다는 생각이 들었을 것이다. 이와 같은 차이가 발생하는 이유는 무엇일까?

남이 화를 내거나 지각을 하게 되면 우리는 흔히 다혈질인 사람, 게으른 사람 등의 평가를 내린다. 반면 같은 행동을 내가 하면 그날따라 안 좋은 일이 많았다거나 차가 막혔다거나 하는 등의 이유를 생각하게 된다.

어떤 행동의 원인을 다혈질, 게으름같이 성격을 포함한 내적 특성에서 찾는 것을 '내적 귀인'이라 하고, '차가 막혀서' 같은 환경적, 외적 요소에서 찾는 것을 '외적 귀인'이라고 한다. 둘 중 어느 요소 때문에 그런 행동을 한 것인지는 상황에 따라 다르고, 때로는 내적 요소와 외적 요소 모두가 원인이 되기도 한다. 중요한 것은 우리는 스스로의 잘못에 대해서는 주로 외적 귀인을 하는 반면 타인의 잘못에 대해서는 주로 내적 귀인을 한다는 사실이다.[8]

A군의 경우, B군의 성격을 원인으로 지목한 전형적인 내적 귀인 사례를 보여주었다. 하지만 사실 B군은 다혈질이라서가 아니라 그날의 예기치 못한 사건들 때문에 쉽게 화를 낼 수밖에 없는 사정이 있었을 수도 있다. 그럼에도 불구하고 많은 경우 우리는 '그에게 그럴 만한

사정이 있었겠지'라는 생각은 잘 하지 않는다. 자신의 실수에 대해서는 '내가 무능해서', '내가 게을러서' 같은 이유를 잘 붙이지 않고 '그럴 만한 상황이 있었다'고 쉽게 말하는 것과는 대조적이다. '내가 하면 로맨스고 남이 하면 불륜'이라는 말이 생각나는 대목이다.

이렇게 타인의 잘못에 대해 '이 사람이 원래 이런 사람이라서'라고 빨간딱지를 붙여버리는 것은 사실 상당히 무서운 일이다. 가난의 이유에 대해 '이 사람이 게을러서'라는 딱지를 붙여버리고 전혀 도와줄 필요가 없다고 주장하면서도 정작 자신이 금전적인 손해를 보게 되었을 때는 시장과 사회의 부조리함을 탓하는 경우나 노동자들의 시위를 보며 험악한 사람들이라고 생각하면서도 자신이 부당해고를 당했을 때는 억울하다고 하소연하는 경우를 생각해보자. 모순이 있다는 생각이 들지 않는가?

우리 삶은 분명히 우리 뜻대로만 되는 것이 아니다. 우리의 모든 행동, 삶의 모습은 우리의 내적 특성뿐 아니라 그때그때의 환경적인 영향을 받는다. 정말 열심히 준비했는데 원하는 기업에 공채가 뜨지 않는다는 이야기, 열심히 모은 돈을 한순간에 사기당해 무일푼이 되었다는 이야기, 역사적인 사건들, 예컨대 전쟁으로 인해 삶이 박살나버렸던 이야기 등은 우리의 삶이 자신의 능력 밖에 있는 환경적 요소들에 의해 얼마든지 좌우될 수 있다는 것을 잘 보여준다. 따라서 어떤 사람의 행동이나 그런 삶을 살게 된 원인을 진단할 때 내적 요소만을 고려하게 되면 반쪽짜리 진단을 내리는 것과 같은 일이 된다. 누가 우리의 모든 실수에 대해 "그건 전적으로 네가 나태하고 무능력해서 그런 거야"라고 진단했다고 생각해보자. 억울하지 않겠는가?

이와 관련된 유명한 사건을 이야기해보자. 미국에서 제노비스라는 여성이 괴한의 칼에 여러 번 찔려 살해되었다. 당시 이 사건이 사회적으로 화제가 되었던 이유는 목격자가 매우 많았기 때문이다. 새벽 시간이었지만 많은 사람들이 사는 곳에서 일어난 일이었고 이 여성이 살려달라고 소리를 질렀기 때문에 40가구 정도가 그 여성이 위험에 처했다는 사실을 알았다. 어떤 사람은 괴한에게 그 여성에게서 떨어지라고 소리를 치기도 했다. 하지만 경찰에 신고한 사람은 아무도 없었고 직접 나와서 도와준 사람도 전혀 없었다. 결국 이 여성은 다수의 목격자가 존재하는 상황에서 쓸쓸하게 죽고 말았다.[9]

언론은 이 사건을 대서특필했고 이러한 참극의 원인을 현대인의 이기심과 메마른 마음 탓으로 돌렸다. 하지만 심리학자들의 생각은 조금 달랐다. 학자들은 현대인들의 이기심, 즉 내적 특성이 아니라 '상황', 즉 외적 요인에 그 원인이 있다고 생각했다.

방에 혼자 있다. 그런데 문틈에서 연기가 새어나온다. 불이 났나 싶어 당장 뛰쳐나간다. 아마 혼자 있는 상황에서 연기를 보았다면 대부분은 이렇게 즉각적으로 행동하게 될 것이다. 그런데 이러한 반응의 속도는 같이 있는 사람의 수에 따라 달라진다.[10]

실험 참가자들은 방에 혼자 있거나 다른 사람들과 함께 있다. 연구자들은 참가자들이 있는 방 문틈으로 연기를 들여보냈다. 그러자 혼자 있었던 참가자들의 75퍼센트는 연기가 나자마자 2분 만에 방에서 나와 "뭔가 이상해요. 연기가 나는 것 같아요"라고 보고했다. 하지만 여러 명의 사람들과 함께 있었던 참가자들은 서로 눈치만 봤고 단 13퍼센트만이 방을 나와서 뭔가 이상하다고 이야기했다. 연기에 대응하지 않은 참가자들에게 왜 가만히 있었는지를 물었더니 불안하긴 했지만 다들 가만히 있기에 별일이 아닌 걸로 생각했다고 응답했다.

　이렇게 사람이 많아질수록 문제 상황에 대해 무관심한 듯 행동하게 되는 이유는 책임이 분산되기 때문이다. 문제가 발생한 상황에서 함께 있는 사람이 많아지면 많아질수록 '내가 아니라도 누군가 대응하겠지', '괜히 나섰다가 별일 아니면 창피할 거야'와 같은 생각이 우리의 행동을 지배하게 된다. 함께 있는 사람들의 수가 n명이라면 개인이 느끼는 책임감은 n분의 1이 된다. 따라서 사람들은 평소에 자신이 얼마나 사람들에게 친절하고 이타적인 사람인가와는 상관없이 문제 상황에서 침묵을 유지하게 된다.

　실제로 위급한 사람을 눈앞에 둔 경우에도 주변에 사람들이 많을수록 우리가 직접 그 사람에게 도움을 주게 될 확률은 떨어진다. 한 실험에 의하면 도움이 필요한 사람을 발견했을 때 1 대 1 상황인 경우 85퍼센트가 도움을 주었지만, 목격자가 4명인 경우는 62퍼센트가, 7명인 경우는 31퍼센트만 도움을 주는 현상이 나타났다. 도움을 주지 않은 이유는 역시 내가 아니라도 누군가가 도울 것이라고 생각했기 때문이었다.[11]

　그래서 학자들은 위급할 때 도움을 받기 위해서는 다수의 사람들에게 "도와주세요!"라고 하지 말고 한 사람을 콕 집어서 "거기 노란색 티 입고 있는 분, 저 좀 도와주세요"라고 1 대 1 상황을 만들어 부탁할 것을 조언한다.

　이런 예만 봐도 우리의 행동이 주변 환경에 얼마나 큰 영향을 받는지 알 수 있다. 이타심과 같은 내적 요소는 일정하다고 해도 우리의 행동만큼은 상황에 따라 여러 가지 양상으로 나타날 수 있다. 그래서 사회심리학과 성격심리학은 '사회 및 성격심리학'이라는 이름으로 항상 한 쌍으로 붙어 다닌다. 행동의 원인은 항상 내적 요소＋외적 요소의 상호작용으로 나타나기 때문이다.

따라서 어떤 사람의 한 가지 또는 몇 가지 행동만을 보고 하나를 보면 열을 알 수 있다는 식의 생각은 하지 않는 것이 좋다. 섣부른 판단 대신 '그럴 만한 이유가 있었겠지'라고 생각하게 되면 상대방에 대한 불필요한 실망이나 반쪽짜리 판단의 오류를 꽤 많이 줄여줄 수 있을 것이다.

요즘 인터넷에는 '○○녀', '○○남'이라는 제목으로 사람들의 행동을 앞뒤 맥락 없이 단편적으로 찍은 동영상이나 사진이 올라오는 일이 많다. 그 게시물을 본 사람들은 그들을 쉽게 비난하고 ○○녀 ○○남은 금세 파렴치한이나 나쁜 사람으로 매도된다. 인터넷과 사진, 동영상의 특성상 상황의 맥락이 잘 나타나 있지 않기 때문에 그 상태에서 명백히 보이는 것은 오로지 행위자의 그릇되어 보이는 행동일 뿐이다. 따라서 사람들은 더욱 쉽게 그 사람을 비난해버린다.

하지만 그 사건들의 진위(어쩔 수 없는 상황에서 벌어진 일이거나 전후 사정이 밝혀짐)가 드러나면서 인터넷의 호된 여론이 잘못 형성된 것임이 여러 차례 밝혀졌다. 이런 일은 당사자에게 극심한 피해를 주는 등 그 폐해가 적지 않아 이제 사회문제로까지 대두되고 있다. 이러한 마녀사냥과 같은 일을 피하기 위해서 '저 사람 행동 좀 봐. 아주 나쁜 사람이군' 같은 마음의 소리가 들리면 섣불리 판단하기 전에 경계심을 먼저 가져보는 건 어떨까?

마음을 읽으려면 자기중심성에서 벗어나라

열 길 물속은 알아도 한 길 사람 속은 알 수 없다는 말처럼, 또는 "오빠는 내가 왜 화났는지 몰라?"라는 말이 10대 미스터리 중 하나인 것처럼 사람들의 생각과 느낌을 읽는 것은 매우 어려운 일이다. 하지만 마음 읽기는 사회생활을 잘하기 위해 꼭 필요한 기술이다. 우리는 과연 사람들의 마음을 읽을 수 있을까?

그림을 보자. 샐리와 앤이 있다. 샐리는 바구니에 공을 넣는다. 샐리가 자리를 뜨고, 앤이 그 사이에 바구니에서 공을 꺼내 상자에 옮겨둔다. 샐리가 돌아왔다. 그녀는 두고 간 공을 찾으려고 한다. 샐리는 바구니와 상자 중 어디에서 공을 찾을까? 잠시 생각해보고 답해보자.

답은 '바구니에서 찾는다'이다.[12] 샐리는 앤이 공을 상자로 옮겼다는 사실을 모른다. 그녀가 공을 마지막으로 본 곳은 바구니 안이었기 때문에 당연히 바구니 안을 들춰보게 될 것이다. 혹시 상자라고

샐리는 공을 어디에서 찾을까? ◆1

대답했다면 잠시 반성해보자.

네 살 이하의 어린이들은 이러한 비교적 간단한 과제를 잘 해내지 못하는 경향을 보인다. 다른 사람들이 자신과는 다른 시각과 생각, 느낌을 가질 수 있다는 것을 이해하지 못하기 때문이다. 샐리는 공이 상자로 옮겨진 것을 전혀 보지 못했지만 자신(실험에 참가한 어린이)은 이를 보았기 때문에 샐리도 당연히 그 사실을 알고 있을 거라고 생각하게 된다. 어린아이들은 자신에게 있는 정보가 샐리에게는 없다는 점, 즉 그녀와 자신은 전혀 다른 지식과 경험을 가진다는 것을 모른다. 때문에 샐리의 생각을 추론하려면 순전히 그녀의 입장, 그녀가 처한 상황에만 집중해서 그녀의 생각을 읽어야 한다는 것 또한 알지 못한다.

이렇게 입장 차이가 존재함을 모르고 남들도 나와 똑같이 생각하고 행동할 거라고 여기는 현상, 즉 자신의 시각으로만 다른 사람들의 마음과 세상을 해석하려고 하는 현상을 '자기중심성'이라고 한다. 우주가 자신을 중심으로 돈다고 생각하는 모습이랄까?

어렸을 때 있었던 일이다. 친한 친구의 생일선물로 무엇을 해야 할지 고민하다가 당시 한창 빠져 있었던 연예인 사진을 모아서 줘야겠다고 생각했다. 나는 그 스타의 사진만 봐도 행복이 솟구쳤기 때문에 친구도 당연히 그럴 것이라 믿어 의심치 않았던 것이다. 나는 예정대로 선물을 했고 그것을 받아든 친구는 당황한 기색을 내비쳤다. 고맙다고 말하며 애써 웃어 보였지만 사실은 어떤 마음이었을지 지금에 와서야 상상이 된다. 그 선물은 내 자기중심성의 결정체였던 것이다.

우리는 나이가 좀 들어서야 남들은 나와 입장이 다를 수 있다는 사실을 이해하게 된다. 이러한 이해를 '마음 이론Theory of mind'이라고 한다. 나이가 들면서 타인과의 다양한 경험들을 통해 마음 이론을 습득하게 되어 자기중심성에서 조금씩 벗어날 수 있게 되는 것이다.[13]

이는 다른 사람들의 마음을 본격적으로 읽으려고 하기 전에 반드시 기본적으로 갖추어야 하는 소양이다. 우리는 서로의 입장이 다를 수 있다는 걸 인지한 후에야 다른 사람의 입장이 되어보려는 시도를 하게 된다. 내가 좋아하는 하는 것을 다른 사람은 좋아하지 않을 수도 있다는 걸 알아야 그에게 진짜 좋은 선물은 무엇일지 생각해볼 수 있다. 자폐아의 경우 이를 깨닫는 능력이 정상 아동들에 비해 현저히 떨어진다.[14]

이렇게 자기를 중심으로 타인과 세상을 해석하는 자기중심성에서 벗어나 각각의 사람들이 처한 입장이 다를 수 있다는 것을 이해하고 순전히 그 사람의 입장이 되어 생각과 느낌을 추론할 때 비로소 우리는 성공적으로 사람들의 마음을 알 수 있게 될 것이다. 하지만 애초에 자

양쪽으로 뚫려 있는 책장. ◆2

기중심적으로 태어난 인간이 자기중심성을 벗어나게 되는 것은 말처럼 쉬운 일이 아니라는 게 문제다.

에플리와 동료들의 최신 연구를 살펴보자. 양쪽으로 뚫려 있는 책장 하나를 사이에 두고 두 사람이 앉아 있다. 책장에는 여러 가지 물건이 놓여 있다. 두 사람 중 한 명은 이런저런 물건을 집으라고 지시하는 지시자 역할을, 다른 한 명은 물건을 집는 역할을 맡았다. 왼쪽의 사진에서 보이는 책장의 하얀 부분은 양방향으로 뚫려 있는 부분이고(놓여 있는 물건이 양쪽 사람 모두에게 보임), 어두운 부분은 가려져 있는 부분이다(놓여 있는 물건이 물건을 집는 사람에게만 보임). 왼쪽 사진은 물건을 집는 사람의 눈으로 본 책장의 모습이고, 오른쪽 사진은 특정 물건을 집으라고 지시하는 지시자의 눈에 비치는 책장의 모습이다.

지시자가 건너편 사람에게 이런저런 물건을 집으라고 지시하다가 '접착제(아래에서 두 번째 칸 중앙) 위에 있는 작은 차'를 집으라고 말한다. 당신도 직접 물건을 집는 사람이 되어 왼쪽 그림에서 집을 물건을 선택해보자. 총 세 대의 차 중 어떤 것을 골랐는가?

아래에서 세 번째 줄, 접착제 바로 윗칸 제일 오른쪽에 있는 차를 골랐다면 당신은 미션에 실패했다. 왜냐하면 이 차는 지시자에게는 보이지 않는 차이기 때문이다. 지시자가 집으라고 주문한 차는 그의 눈에 보이지 않는 이 차가 아닌 그의 눈에 보이는 작은 차, 즉 위에서 두 번째 줄 제일 왼쪽에 있는 차가 된다.

하지만 일반적으로 사람들은 자신의 시점에서 봤을 때 가장 작은 차인 접착제 바로 윗칸의 차에 자동적으로 제일 먼저 시선을 두게 된다. 시간이 좀 지나서야 지시자가 이 차를 보지 못한다는 사실을 깨닫고는 지시자가 말한 차를 바라보게 된다. 이러한 경향은 어른에게나 아이에게나 똑같이 나타난다. 다른 점은 어른들이 좀 더 빨리 지시자가 이 차를 보지 못한다는 사실을 깨닫는다는 것뿐이다.[15]

이러한 결과는 나이가 많거나 적거나 상관없이 우리가 완전히 자기중심성에서 자유롭지 못하다는 사실을 보여준다. 타인의 의도를 살필 때도 자신의 입장에 먼저 빠져 있다가, 그다음에야 황급히 타인의 상황을 고려하게 된다는 것이다. 이렇게 다른 사람들의 생각과 의도를 추론하는 일은 자신의 경험에 일단 닻을 내린 후 그다음에 부랴부랴 수정하는 과정을 거쳐 이루어진다. 앞서 언급했듯이 이러한 과정을 닻 내린 후 조정하기라고 한다.

결국 마음 읽기가 어려운 이유는 아이든 어른이든 기본적으로 본인의 입장에서 세상을 이해하기 때문이다. 타인의 입장을 생각하려면 기존의 자기중심적 생각에서 벗어나려는 노력을 엄청나게 기울여야 한다는 것이다. 생각의 전환과 동시에 갑자기 수많은 정보들(그 사람의 성격 등 내 상황과는 다른 그의 상황에 대한 정보들)을 한꺼번에 고려해야 하는 수고까지 감행해야 한다.

이렇게 기본 테두리에서 급격히 벗어나는 일이나 수많은 정보들을 추가로 한꺼번에 고려하는 일은 인지적으로 매우 어려운 활동, 즉 뇌에 상당한 과부하가 걸리는 일이다. 그래서 사람 속을 아는 것이 어려운 것이다.

> **Talk** '집모생강수' 이게 뭔가요?
>
> 집 근처 한 패브릭 가게 유리창에 한동안 '집모생강수'라는 글자가 큼지막하게 붙어 있었다. 이게 과연 무슨 말일까 궁금해하며 지나갈 때마다 생각하곤 했는데, 당신은 혹시 이 글자의 의미를 파악했는가?
>
> 이 글자들을 오른쪽부터 읽으면 비로소 '수강생모집'이라는 말이 된다. 유리창 안쪽에서 바깥쪽을 향해 글자를 하나하나 붙이면서 외부에서 보는 이의 시점을 고려하지 못하고 자기가 읽는 방향대로 붙여버린 것이다.
>
> 이는 우리의 자기중심성을 잘 보여주는 좋은 예다. 혹시 이와 비슷한 실수를 한 적이 있진 않은가? **이처럼 자기 안의 세상에서 벗어나 다른 사람의 관점에서 생각하는 것은 상당히 어려운 일이다.**

마음 읽기에도 조정이 필요하다

상황을 판단할 때 우리는 무의식적으로 자신의 경험에 비추어 그것을 바라보게 된다. 따라서 이러한 시선에서 애써 벗어나 다른 사람의 상황이 어떤지를 객관적으로 고려하려는 것은 상당한 노력과 노하우가 필요하다. 그런데 이를 해내는 게 정말 가능하긴 한 걸까?

게다가 이러한 조정 과정을 잘해낸다 하더라도 마음을 읽는다는 것은 태생적으로 자신의 경험에 비추어 타인의 상황과 생각을 추론하는 것에 불과하기 때문에 과연 얼마나 정확할 수 있을까 하는 회의감을 지울 수가 없다. 하지만 연구에 의하면 이런 조정 과정을 잘 거치게 되면 완벽하진 않아도 어느 정도 사람들의 마음을 읽는 것이 가능해진다고 한

다. 조정 과정이 마음 읽기의 열쇠가 될 수 있다는 것이다.[16]

다음 질문에 답해보자.

> 소개팅을 했다. 그런데 상대방이 별로 맘에 들지 않는다. 마침 친구가 "소개팅 어땠어?"라는 문자 메시지를 보냈고 나는 시니컬한 느낌으로 "말도 마. 정말 끝내주던데?"라고 답을 했다. 친구는 나의 본심을 알아챌 수 있을까?

당신의 답은 무엇인가? 문자 메시지는 목소리 톤이나 표정같이 감정을 직접적으로 전달하는 중요한 요소들이 결여된 소통 방법이기 때문에 본래의 의미를 충실히 전달하지 못하고 종종 오해를 사기도 한다. 문자 메시지 때문에 오해를 사거나 상대방의 의도를 잘 이해하지 못했던 적은 없는가?

이렇게 감정과 관련된 정보들이 결여된 매개체(문자 메시지)로 특히 시니컬한 메시지를 보내면 사람들은 많은 경우 이를 잘 파악하지 못한다. 실제 이런 문자를 받은 사람은 보내는 이의 감정이 긍정적인지 부정적인지 거의 분별하지 못하는 것으로 나타났다.

현실이 이런데도 사람들은 자신이 보낸 시니컬한 문자가 70퍼센트의 확률로 잘 받아들여질 거라고 생각한다.[17] 많은 사람들이 위의 질문에서 '그렇다'를 답으로 선택한다는 것이다. 즉 상대방은 기타 정보 없이 문자를 받는 상황이라는 사실을 염두에 두지 못한다는 건데 이는 앞서 언급한 자기중심성을 잘 드러내준다.

하지만 사람들에게 충분히 생각할 시간을 주고 위의 질문에 답하게 하면 생각할 시간이 별로 없을 때에 비해 정확도가 다소 높아진다.[18] 충분한 시간을 주고 조정 과정을 거치게 하면 비교적 정확하게 사람들의 마음 상태를 알 수 있게 된다는 것이다.

마음 읽기를 잘하면 보상하겠다는 이야기를 해도 정확도가 올라간다.[19] 즉 조정을 충분히, 그리고 열심히 하게 되면 사람들의 마음을 비교적 잘 읽을 수 있게 된다.

희망이 조금 보이는가? 사람들의 마음을 파악하기 어렵다고 느낀 적이 있다면 사람들과 커뮤니케이션을 할 때 자기중심적 시각에 빠져 있지는 않았는지, 내 입장에서 벗어나 상대방의 입장을 고려하려는 시도인 조정을 하지 않았던 것은 아닌지 생각해보는 것이 좋을 것 이다.

'너희들은 내 마음 알지?'라는 착각

마음속으로 '학교종이 땡땡땡'을 부르며 손가락으로 장단을 맞춰보자. 사람들은 당신이 그 노래를 부른다는 것을 알아차릴 수 있을까? 100명 중 몇 명 정도가 알아차릴 수 있을까?

자기중심성의 또 다른 예는 내 머릿속의 생각을 남들이 훤히 들여다볼 수 있을 거라고 생각하는 현상이다. 사람들은 기본적으로 나의 감정, 생각, 경험을 남들이 어느 정도 알아차릴 거라고 생각한다. 이를 '투명성의 착각, 훤히 보인다는 착각'이라고 한다.

'학교종이 땡땡땡'은 대한민국 사람이라면 모두가 다 아는 노래다. 우리는 속으로 이 동요를 부르면서 손가락 장단을 치면 손가락의 움직임만으로 내가 어떤 노래를 부르고 있는지 100명 중 최소한 30명 정도는 알아차릴 수 있을 거라고 생각한다. 하지만 결과는 그렇지 않다. 100명 중 약 3명만이 내 손가락이 흥얼거리는 노래를 알아맞힌다.[20]

머릿속에서 '학교종이 땡땡땡'이 울려 퍼지는 생생한 경험에 빠져 이 경험은 나만 하고 있다는 것, 같은 시각 다른 사람들은 이 동요와 관련된 그 어떤 경험도 하고 있지 않다는 것을 고려하지 못한 것이다.

우리는 가끔 어떤 잘못을 저지르거나 부끄러운 행동을 하면 왠지 남들이 내 얼굴만 보고도 '뭔가 잘못한 일이 있구만'이라고 생각할 것 같다는 착각을 한다. 물론 족집게처럼 미세한 표정 변화까지 잘 알아차리는 사람도 있겠지만 대부분의 사람들은 그걸 알아차리기 쉽지 않을 것이다. 그런데도 우리는 왠지 남들이 내 속을 훤히 들여다보고 있는 것 같은 착각을 하게 된다. 이 또한 투명성의 착각에 해당되는 예다.

또한 자신이 개떡같이 얘기해도 남들은 찰떡같이 알아들을 거라고 생각하는 사람들이 있다. 이런 사람들과 이야기를 할 때면 항상 전후 사정을 좀 더 설명해달라거나 다시 이야기해달라고 요청해야 한다. 이런 착각도 자신의 머릿속이 남들에게 훤히 보일 것이라고 생각해버리는 것에서 기인하는 게 아닐까 싶다.

타인에 대한 성급한 판단은 버려라

우리는 대체로 우리 주변 사람들을 잘 알고 있다고 생각한다. 더 정확히 말하면, 다른 사람들은 나를 몰라도 나는 다른 사람들을 잘 안다고 생각한다. 하지만 이는 정말로 근거 없는 자신감일 확률이 높다.

우리는 타인과 관계에 대한 각종 잘못된 고정관념을 갖고 살아간다. 타인의 행동 몇 가지를 보고 저 사람은 원래 그런 사람이라며 성급한 진단을 내리기도 한다. 사람들에 대해 이해하는 것은 결국 자신의 경험을 통해 상상하는 것일 뿐인데, 이마저도 지나치게 자기 위주로 상상해버린다. 결국 우리는 다른 사람들을 제대로 이해하기에는 아직 부족하다.

이처럼 우리가 다른 사람들을 온전히 이해하기에는 부족함이 너무 많다는 사실은 타인에 대해 성급한 결론을 내리는 것은 바람직한 일이 아니라는 사실을 깨닫게 한다. 또한 내가 사람들에 대해 뭔가 오해하고 있는 것은 아닌지 끊임없이 돌아보게 하고 사람들을 더욱 깊이 이해하기 위해 노력해야 한다는 것도 알려준다.

나 또한 나만큼은 남들을 잘 이해할 수 있다며 자신감을 철철 흘리고 다녔던 시절이 있었다. 하지만 지금은 현실을 직시하고 스스로의 판단을 과신하지 않게 되었다. 나의 판단력이 '저렇게 행동하는 것 봐. 저 사람은 나쁜 사람이라고!' 이렇게 외쳐대도 '짧은 판단력 주제에…'라고 타이르며 생각을 다잡을 수 있게 된 것 같다.

이런 노력들이 점점 쌓이고 쌓이면, 우리는 더욱 너그러운 사람이 되고 좀 더 성숙한 관계를 만들어갈 수 있을 것이다.

03

정글 같은 세상에서 유쾌하게 살아남기
좋은 관계를 만드는 본격적인 기술들

좋은 관계를 만들기 위한 준비 운동을 마쳤다면 이제는 본격적인 기술에 관한 이야기를 해보자. 대부분의 사람들은 사람들로부터 호감을 얻는 방법에 대해 매우 큰 관심을 가지고 있다. 사람들의 마음을 얻을 수 있는 과학적으로 검증된 전략에는 어떤 것들이 있을까? 여기서 우리는 지금껏 흔히 접해볼 수 없었 던 것들을 먼저 살펴볼 것이다.

좋은 인상을 얻으려면

우리는 "저 사람은 인상이 참 좋아" 또는 "저 사람은 인상이 험악해"라는 말을 흔히 한다. 인상이 좋은 사람과는 가까워지고 싶어 하지만 인상이 좋지 않은 사람과는 아는 척도 하기 싫어진다.

인상이란 '이 사람은 어떤 사람일 것 같다'는 평가이고 인식이다. 인상이 좋다는 것은 좋은 사람으로 평가되었음을 의미하는 반면 인상이 나쁘다는 것은 좋지 않은 사람으로 여겨지고 있음을 의미한다.

아직 상대방의 정보를 충분히 수집하지 못한 상태에서 형성되는 첫인상은 아무래도 한눈에 파악하기 쉬운 겉모습의 영향을 많이 받는다. 이렇게 인상 형성에는 외모가 중요한 역할을 한다.

하지만 우리는 이 외모가 인상에 미치는 영향을 지나치게 과대평가한다. 얼굴 생김새만 달라지면 인상이 훨씬 좋아질 거라는 생각도 그 한 예다. 이런 판단에는 관상학에서 이야기하듯 물리적인 얼굴 생김새만 봐도 그 사람의 성격이나 마음을 알 수 있다는 생각이 깊게 깔려 있다. 그렇다면 외모와 성격은 정말 관련이 있을까? 그리고 인상 형성에 제일 중요한 것은 정말 외모일까?

결론부터 말하면 외모는 분명 우리의 내면에 대한 정보를 어느 정도는 가지고 있다. 하지만 외모가 전달하는 정보는 상당히 제한된 것이다. 예를 들어, 얼굴의 세로 길이 대비 가로 길이의 비율이 높을수록 험악한 사람 또는 믿을 수 없는 사람이라는 평가를 받기 쉽다고 한다.[1] 실제로 얼굴의 가로비가 큰 사람들은 비교적 남성호르몬(테스토스테론) 수치가 높다. 남성호르몬 수치는 공격성, 호전성과 관련되어 있기 때문에 얼굴이 넓적한 사람들에게 무섭다는 느낌을 받는 것은 완전히 틀린 반응은 아닐 것이다.

하지만 중요한 것은, 물론 호르몬이 우리의 행동에 많은 영향을 주긴 하지만 우리에게는 잔소리하는 엄마와 같은 존재, 즉 자기통제력이란 것이 존재한다는 사실이다. 우리에게는 화가 나더라도 꾹 참을 수 있는 능력이 있다.

따라서 남성호르몬 수준이 높다고 해서 반드시 호전적인 사람이 되어 사람들을 마구 공격하고 다니는 것은 아니다. 그렇기 때문에 얼굴이 넓은 모든 사람들에게 겁을 먹는 것은 잠재적인 호전성에 대한 적응된 반응이면서도 좀 과도한 반응이다.

그럼에도 여전히 겉모습은 분명 그 사람에 대한 많은 정보를 가지고 있다. 왜냐하면 우리에게는 그때그때 생각과 감정 상태에 따라 반응하는 표정과 제스처가 있기 때문이다.

표정과 제스처는 우리의 감정 상태에 대한 많은 정보를 우리 자신도 모르게 시시각각 유출한다. 살짝 일그러진 표정, 기뻐하는 표정, 당당하게 편 가슴 등 우리는 그때그때 마음 상태에 따라 무의식적으로 다양한 표정과 제스처를 만들게 된다. 그리고 상대방은 이를 통해 우리가 어떤 상태에 있는지, 우리가 어떤 사람인지에 대한 정보를 순식간에 수집한다. 어떤 사람이 예쁜 얼굴이지만 항상 찡그린 표정을 하고 있다면 '성질이 더럽겠군' 하고 생각하게 된다는 것이다. 즉 이마 넓이가 어떻고 인중의 길이가 어떻고 하는 등의 '외모의 물리적 생김새'보다 표정과 제스처가 우리와 타인에 관한 더 많은 정보를 담고 있으며 인상 형성에도 큰 영향을 준다.

예를 들어 같은 원빈이라도 내 눈을 똑바로 바라보는 원빈과 쭈뼛쭈뼛하며 고개도 들지 못하고 눈을 내리깔고 있는 원빈은 매우 다르게 느껴지지 않겠는가? 전자의 원빈은 자신감 넘치는 사람이라는 평가를 받는 반면 후자의 원빈은 자신감이 부족하거나 뭔가 잘못을 저지른 사람이라는 평가를 받게 될 것이다.

로라 P. 나우만Laura P. Naumann과 동료들은 다음과 같은 실험을 했다. 사람들에게 다양한 사진을 보여주고 사진 속 사람이 어떤 사람인지 평가해보라고 한다. 한 조건의 사람들에게는 정지된 자세의 무표정한 사진을 보여주고, 다른 조건의 사람들에게는 다양한 표정과 포즈를 담은 사진을 보여준다.

　　표정이나 제스처 같은 정보 없이 외모만을 보고 평가한 사람들은 사진 속 주인공의 다양한 특성들 중 자존감과 외향성 수준을 어느 정도 맞힐 수 있었다. 하지만 표정이나 제스처 같은 정보를 보고 평가한 사람들은 훨씬 더 많은 특성들을 더 높은 정확도로 맞혔다.[2] 즉 외모 자체보다는 표정과 제스처가 그 사람에 대해 더 정확한 정보를 담고 있다는 것이다. 그리고 이는 겉모습만으로 인상을 결정하는 것이 아주 틀린 이야기는 아님을 말해주고 있다. 그렇지만 여전히 관상과 같이 표정과 제스처 없이 얼굴의 생김새만으로 사람의 특성을 추론하는 것은 상당히 위험하다.

　　당신이 좋아하는 주변 사람들의 얼굴과 표정을 한번 떠올려보라. 그 사람의 물리적인 생김새 때문에 이 사람을 좋아하는 것인지 특유의 표정과 제스처, 말투 등에 호감을 느낀 것인지 생각해보라. 그러면 표정과 제스처가 얼마나 중요한 것인지 새삼 느낄 수 있을 것이다.

　　사람들에게 좋은 인상을 전달하기 위해서는 표정이나 제스처를 잘 가꾸는 것이 크게 효과적일 수 있다는 사실을 기억하자. 이는 좋은 인상을 위해 성형수술을 받는 것보다 훨씬 쉽고 이득이 남는 일일 것이다. 그리고 믿을 만한 사람이라는 인상을 전달하는 데에도 유용하다.

당신은 믿을 만한 사람입니까?

"너를 믿었는데, 믿고 모든 걸 다 주었는데, 어떻게 나한테 이럴 수가 있어!" 배신은 인간관계 곳곳에서 나타나는 현상이다. 연인뿐 아니라 사업파트너나 친구 등 다양한 관계에서 우리는 이러한 말을 쉽게 들을 수 있다.

'이 사람이 과연 믿을 만한가?'라는 대인신뢰interpersonal trust에 대한 판단은 매우 중요하다. 상대방이 믿을 만한 사람이어야만 속마음을 털어놓을 수 있고, 사업적으로 거래를 할 수 있으며, 중요한 업무를 맡길 수 있다. 믿을 만하지 않은 상대라면 상대가 혹시 나쁜 마음을 가지고 있지는 않은지 항상 경계해야 하고 방심한 모습을 보이지 않기 위해 조심해야 한다.

이와 같이 신뢰에 대한 판단은 기본적으로 안전과 깊게 연관되어 있다. 믿을 만한 사람인가에 대한 질문은 결국 '함께 있어도 될 만큼 안전한 사람인가?'와 같은 질문이다. 어떤 사람이 아무리 잘생기고 능력이 좋고 완벽해도 우리에게 조금이라도 해를 가할 가능성이 있다고 여겨지면 그 사람은 믿을 만하지 않은 사람, 상종할 수 없는 사람이 되어버린다.

이렇게 누군가를 믿을 수 있는가에 대한 판단은 인간관계 속에서 하게 되는 다양한 판단들 중 생존에 가장 밀접한 판단이다. 자신에게 해를 가할 수 있는 사람을 믿을 만한 사람이라고 잘못 판단했다가 나중에 큰 배신이라도 당하게 되면 본인뿐 아니라 주변 사람들에게도 큰 해를 끼칠 수 있기 때문이다. "브루투스 너마저!"라는 말에 얽힌 이야기처럼 우리는 역사 속에서 많은 사람들이 사람을 잘못 믿어서 패가

망신하거나 목숨까지 잃게 되었다는 것을 익히 알고 있다.

따라서 다시 한 번 말하지만 어떤 사람을 믿고 어떤 사람을 믿지 말아야 하는가의 문제에 있어 정확한 판단을 내리는 것은 매우 중요한 일이다. 그런데 우리는 사람의 어떤 특성을 보고 신뢰성을 판단하게 될까? 즉 무엇이 사람을 믿을 만하게 만드는 것일까?

사람마다 얼굴에 '나는 믿을 만한 사람입니다' 또는 '믿으면 안 되는 사람입니다'라고 딱 쓰여 있으면 얼마나 편할까? 하지만 그런 일은 절대로 없기 때문에 우리는 다양한 정보를 통해 사람의 신뢰성을 판단해야 한다. 앞에서도 이야기했지만 이는 생존과 밀접한 매우 중요한 판단이다. 때문에 우리 인간은 이미 본능적인 수준에서 이런 판단을 꽤 잘하게끔 만들어져 있지 않을까? 생존을 위해 맛있는 음식 냄새에 고개가 획 돌아가듯 어떤 사람이 믿을 만하거나 믿을 만하지 않다면 이를

'나는 믿을 만한 사람입니다'라고 적힌 티셔츠.

귀신같이 탐지할 수 있는 능력이 우리 안에 잠재되어 있는 것은 아닐까?

심리학자 알렉산더 코가나Aleksandr Kogan와 동료들의 실험을 살펴보자.[3] 사람들에게 20초 정도의 동영상을 하나 보여준다. 한 사람이 다른 사람의 이야기를 듣고 있는 상황에서 카메라가 듣는 사람(청취자) 쪽만 비추고 있는 영상이다. 내용은 "내 삶의 이 시기가 이러이러해서 너무 힘들었다"는 식이었다. 실험 참가자들에게 다양한 청취자들의 모습을 담은 영상을 보여주고 영상 속 사람이 얼마나 믿을 만한지, 신뢰가 가는지 평가해보라고 했다.

만약 우리 인간이 신뢰와 관련된 판단을 본능적으로 아주 잘하도록 만들어져 있다면 우리는 20초라는 상당히 짧은 시간 안에도 신뢰할 수 있는 사람과 그렇지 않은 사람을 잘 분간해낼 수 있을 것이다.

연구 결과, 실제로 사람들은 믿을 만한 사람을 꽤 신속하게 잘 분간해냈다. 참가자들로부터 '이 사람 믿을 만해요'라고 평가 받은 사람들은 대부분 옥시토신의 AA, AG, GG 중 GG형을 가지고 있는 사람들인 것으로 나타났다. 옥시토신 호르몬은 사랑, 사회적 유대 등과 관련된 호르몬으로 알려져 있으며 GG형을 가지고 있는 사람들은 다른 사람들에 비해 친절하게 행동하는 것으로 알려져 있다.

즉 우리는 믿을 만한 사람으로서의 잠재성이 높은 사람을 20초라는 짧은 시간 안에도 잘 알아차릴 수 있다는 것이다. 이는 또한 타인이 우리를 믿을 만한 사람인지 판단하는 것도 20초 안에 이루어질 수 있다는 것을 의미한다. 즉 믿을 만한 사람으로 인식되기 위해서는 처음 20초 안에 승부를 봐야 한다는 것이다.

그런데 사람들은 어떻게 GG형을 가진 사람들을 분간해낼 수 있었을까? 이들의 어떤 특징을 보고 친절하고 믿을 만한 사람이라고 생각하게 된 걸까?

연구자들은 GG형을 가진 사람들이 이야기를 들을 때 고개를 더 잘 끄덕이고 잘 웃어주는 등 많이 공감하는 모습을 보였다는 점에 주목했다. 즉 사람들은 20초 동안 청취자들이 보인 친절한 모습, 진실한 태도 등에 관련된 표정이나 제스처를 귀신같이 탐지해낸 것이다. 우리는 그만큼 누군가 자신에게 보이는 호의, 친절 등의 태도에 민감하게 반응한다는 얘기다.

이렇게 사람들은 서로가 서로를 대하는 태도의 진실성이나 호의를 표정이나 제스처 등을 통해서 잘 감지해낸다. 따라서 믿을 만한 사람이라는 인상을 주기 위해서는 상대방의 말 한 마디 한 마디에 집중하고 경청하는 습관을 만들어두는 것이 필요하다. "나는 믿을 만한 사람입니다"라고 직접 이야기하거나 스스로 자랑을 늘어놓는 것보다 작은 표정이나 제스처에서 나오는 '나는 당신의 말을 정말로 듣고 있습니다'와 같은 사인sign이 상대방으로부터 신뢰를 얻는 데 더 큰 역할을 할 수도 있으니 말이다.

결국 사람들에게 믿을 만하다는 인상을 주기 위한 최선의 방법은 '처음 얼굴을 마주한 순간부터 진실한 태도로 최선을 다해 대하기'인 것 같다. 이런 마음가짐이라면 자신을 믿어주고 지지해주는 고마운 사람들을 곁에 더 많이 둘 수 있게 되지 않을까?

뜨거운 햇빛이 코트를 벗긴다

믿을 만한 사람인지에 대한 평가와 더불어 우리가 타인을 볼 때 가장 먼저 평가하게 되는 것은 이 사람이 따뜻한 사람인지 차가운 사람인지에 대한 것이다. 사실 신뢰성에 대한 평가 또한 넓게는 '따뜻함(친절한, 상냥한, 배려심 있는, 믿을 만한 등등 인간적인 특성)'에 대한 평가에 포함된다.

철수 : 잘생기고 똑똑하고 성실하고 유머러스하고 따뜻한 사람
영수 : 잘생기고 똑똑하고 성실하고 유머러스하고 차가운 사람

철수와 영수는 다섯 가지 특성 중 네 가지 특성이 같다. 하지만 철수는 따뜻한 사람이고 영수는 차가운 사람이다. 이 두 사람이 비슷하다고 느껴지는가? 당신은 둘 중 누구와 친하게 지내고 싶은가?

능력도 좋은데 따뜻하기까지 한 철수는 왠지 완벽한 사람인 것 같다. 함께 있으면 즐거울 것 같고 힘들 때도 큰 힘이 되어주는 좋은 친구일 것 같다. 반면 영수는 철수 못지않게 좋은 특성들을 많이 가지고 있으나 왠지 냉랭하고 쌀쌀맞을 것 같다. 같이 있으면 왠지 기분이 나빠질 것 같고 좋은 친구가 되기 힘들 것 같다.

실제로 따뜻함에 대한 정보는 한 사람의 전체적 인상을 결정하는 역할을 한다.[4] 그 외의 다른 정보는 있으나마나 할 정도로 이 정보는 인상 형성에 독보적인 역할을 한다. 철수와 영수의 예와 같이 사람들은 어떤 사람을 평가할 때 따뜻하거나 차갑다는 정보로 그 외 다른 특성들을 덮어버린다. 즉 아무리 좋은 특성을 가지고 있어도 그가 차가운 사람이라면 나머지 특성들도 별로 좋게 보지 않는다는 것이다. 따뜻함이

란 이렇게 사람에 대한 인상 형성에서 가장 중요한 평가 기준이다.

실제로 사람의 인성을 나타내는 여러 형용사들, 예컨대 따뜻한, 친절한, 믿을 만한, 상냥한, 똑똑한, 성실한, 활기찬 등의 단어들을 늘어놓고 사람을 볼 때 제일 먼저 고려하는 기준이 무엇인지 물으면 친절한, 믿을 만한, 상냥한 등 따뜻함과 관련된 단어들이 압도적으로 1순위를 차지하는 현상이 나타난다. 그다음에는 '능력'과 관련된 단어들이 선택된다.[5]

또한 어떤 사람에 대해 다양한 특성들을 평가해보라고 한 후 전반적으로 이 사람이 얼마나 좋은 사람인지 평가하게 하면 따뜻함과 관련된 특성들이 그 사람을 좋게 또는 나쁘게 보는 데 압도적인 영향을 미치는 것으로 나타난다. 능력과 관련된 정보는 따뜻함과 관련된 정보에 비해 전체적인 인상에 비교적 적은 영향을 미치는 것으로 나타난다. 똑똑하고, 잘생기고, 성실하고, 돈도 많지만 차가운 것보다 능력이나 외모, 재력 등은 보통이지만 따뜻한 것이 더 좋은 인상을 줄 수 있다는 얘기다.[6] 당신이 좋아하는 사람들을 생각해보자. 그 사람들이 아무리 좋은 특성을 많이 가졌다 해도 만약 굉장히 차가운 성격을 지녔다면 지금처럼 그들을 좋아할 수 있을까?

따뜻함과 관련된 정보는 사람의 능력과 관련된 정보보다 더 오래 기억되며 그 사람의 인상에 더 장기적인 영향을 미치기도 한다.[7] 어떤 사람이 똑똑해 보이거나 어수룩해 보이는 행동을 했다는 사실은 인상에 그렇게 많이 남지 않지만, 그 사람이 나에게 따뜻한 말이나 따뜻한 손길을 보내주었다든가, 차가운 모습을 보여주었다든가 하는 일은 뇌리에 깊숙이 박히게 된다.

지나간 추억을 잠시 더듬어보자. 당신이 좋은 추억으로 품고 있는 대부분의 기억들은 아마 친구들과 기쁜 일을 함께 축하하고 즐거워했던 일들, 위로와 격려의 말을 들었던 순간들, 즉 따뜻함과 관련된 것들로 가득 차 있을 것이다. 이번엔 좋지 않은 기억들을 떠올려보자. 자신의 능력 때문에 발생한 문제보다는 주변 사람들의 의외의 냉대에 서운한 마음을 느꼈다든가 하는 것들이 대부분일 것이다. 친구나 주변 사람들에게 나의 멍청함이나 똑똑함은 비교적 빨리 잊히지만 무심코 건넨 따뜻한 혹은 차가운 말 한마디는 아주 오랫동안 기억될 수 있다는 것을 기억해두자.

어떤 사람이 따뜻한 사람인지 아닌지 판단하는 것은 똑똑한 사람인지 아닌지 판단하는 것보다 훨씬 빨리 이루어진다. 연구에 의하면 사람을 0.1초만 봐도 우리는 자신도 모르는 사이에 이 사람이 따뜻한 사람인지 차가운 사람인지 판단을 내리게 된다고 한다.[8] 따뜻하거나 차가운 사람이라는 인상이 이처럼 매우 짧은 시간에 형성되기 때문에 첫 만남에서 '따뜻한 인사'의 중요성이 항상 강조되는 것이 아닐까?

인상 형성에 있어 따뜻함 다음으로 고려되는 요소는 바로 '능력'이다. 우리는 대부분의 사람들을 따뜻함과 능력의 두 차원을 통해 바라보고 있다.

다음의 그래프는 미국인들이 특정 직업인이나 인종에 대해 갖고 있는 인상 또는 고정관념이다. 다양한 사람들에 대한 고정관념을 따뜻함과 능력의 두 차원으로 나눠보면 이와 같은 형태가 나타난다. 그래프를 살펴보면 노숙자는 따뜻하지도 능력이 좋지도 않은 사람으로, 미국인 자신들은 따뜻하면서 능력도 좋은 사람으로 생각되고 있는 것을 볼

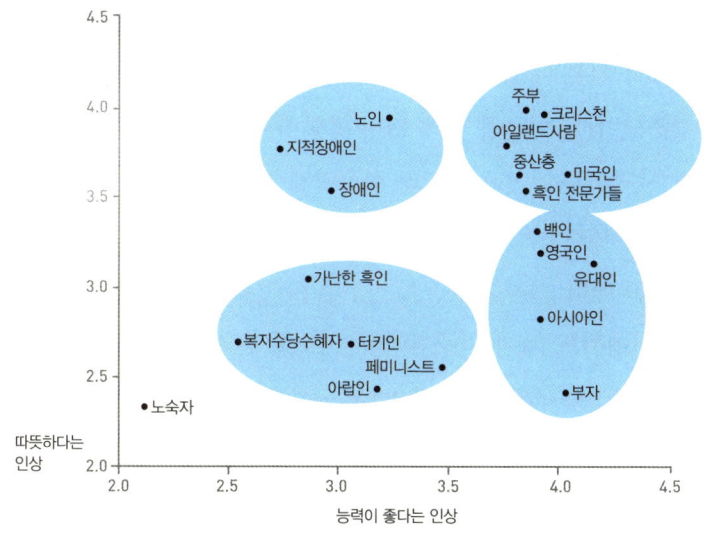

여러 집단들에 대한 고정관념(미국의 경우).◆ |

수 있다. 미국인들이 본 아시아인은 부자들과 마찬가지로 능력은 좋지만 차가운 사람으로 인식되고 있다. 노인은 능력은 별로 없지만 따뜻한 사람으로 인식되었다.

이러한 구분은 모든 사람들에게 해당된다. 예를 들어 당신의 친구들도 저 두 가지 축을 통해 분류해볼 수 있다. 또한 친구들에게 자신은 어떤 편에 속하는지 물어보는 것도 재미있는 일일 것이다.

따뜻함과 능력의 두 차원에서 어디에 위치하느냐에 따라 그 사람을 대하는 사람들의 반응이 달라진다. 따뜻한데 똑똑하기까지 한 사람에 대해서는 동경을, 차가운데 능력도 없는 사람에 대해서는 경멸을, 능력은 없지만 따뜻한 사람에 대해서는 동정을, 뛰어난 능력을 가졌지만 차가운 사람에 대해서는 부러움 같은 감정을 갖게 된다고 한다.9

또한 전반적으로 따뜻함이 높은 사람에 대해서는 친근하게 대하고 도와주고 싶은 마음을 갖게 되고, 차가운 사람에 대해서는 반박하거나 공격하고 싶은 마음을 갖게 된다고 한다. 능력이 좋은 사람에 대해서는 잘 사귀어두고 필요에 따라 협력관계를 유지하고 싶은 마음을 갖게 되고, 능력이 좋지 않은 사람들에 대해서는 무시와 같은 태도를 보이게 된다고 한다.[10]

여기에서도 역시 따뜻함이라는 요소가 얼마나 중요한지 알 수 있다. 능력이 아주 좋거나 좋지 않다는 정보는 협력관계 유지 또는 무시와 같은 반응을 이끌어내는 수준이지만, 따뜻하거나 차갑다는 정보는 친근하게 대할지 아니면 적대적으로 대할지 등의 격렬한 반응을 이끌어낸다.

이렇게 우리가 인간의 여러 특성들 중 따뜻함과 관련된 특성을 제일 중요하게 여기고 있는 이유는 무엇일까? 이는 따뜻함에 대한 평가는 일종의 인성 평가, 사람의 됨됨이에 대한 평가이기 때문이다.[11] 따뜻함에 대한 평가는 이 사람이 '선한 의도'를 가지고 있는 사람인지 판단하는 것이다. 악한 의도를 가지고 있다면 상종해선 안 되지만 선한 의도를 갖고 있는 사람이라면 안심하고 함께 지낼 수 있게 된다. 이와 같이 따뜻함에 대한 판단은 우리의 '안전'이나 '생존'과 깊이 관련되어 있다.

따라서 따뜻함에 대한 판단이나 상대방의 의도가 선한지 혹은 악한지 판단하는 것은 '그 사람이 그 의도를 실행할 능력이 있는가'에 대한 판단(능력에 대한 판단)보다 훨씬 시급하게 결정해야 할 문제가 된다. 능력이 아무리 좋아도 이 사람이 악한 의도를 가지고 나를 해할 수 있는 사람이라면 그 능력은 절대로 우리에게 좋은 것이 될 수 없을 것이다. 독이 발린 사과 같은 것이라고나 할까? 겉으로는 좋아 보이지만 결국은 해가 되는 것이다. 선한 의도를 확인한 다음에야 그 사람의 능력이 좋게 느껴질 수도 있고 조금 아쉽게 느껴질 수도 있다.

실제로 사람들은 따뜻함에 대한 판단을 통해 이 사람이 좋은 사람인지 나쁜 사람인지 결론을 내린다. 그러고 난 후 능력에 대한 판단을 통해 그가 '얼마나' 좋은(또는 나쁜) 사람인지 판단한다. 따뜻한 사람이 능력도 뛰어나다면 매우 좋은 사람이라고 생각하고, 차가운 사람이 능력이 뛰어나다면 매우 위협적인 존재라고 생각한다.[12]

이렇게 따뜻함에 대한 판단은 능력에 대한 판단에 비해 인상 형성에 더 큰 영향을 미치고, 더 빨리 이루어진다. 따라서 사람들을 처음 대면했을 때는 자신의 능력을 드러내기 전에 자신의 따뜻한 면을 우선적으로 보여주는 것이 중요할 것이다. '해치지 않아요'라는 메시지를 확실하게 전달해야 상대방도 마음을 열고 호의를 보일 것이니 말이다.

따뜻한 면을 보이려는 노력은 지속적으로 이루어져야 한다. 왜냐하면 따뜻하다는 평가는 한순간에 뒤집힐 수도 있기 때문이다. 바로 어제 따뜻한 사람으로 평가된 사람이 오늘은 '그 사람 그렇게 안 봤는데, 나쁜 사람이었구만'이라고 쉽게 평가될 수 있다는 것이다.

사람들은 보통 사람의 인성에 대해 "나쁜 사람은 가끔 착한 일을 해도 착한 사람은 아예 나쁜 일을 하지 않아(종종 착한 일을 한다고 해서 무조건 착한 사람인 것이 아니지만 나쁜 일을 한 번이라도 하는 사람은 무조건 나쁜 사람이다)"라고 생각한다. 그리고 능력에 대해서는 "똑똑한 사람이 가끔 멍청한 일을 저지를 수는 있어도 멍청한 사람은 아예 똑똑한 행동을 할 수 없어(멍청한 일을 종종 한다고 똑똑하지 않은 건 아니지만 똑똑한

일을 할 수 있다는 건 정말 똑똑하다는 것이다)"라고 생각한다고 한다.[13]

따라서 능력 있는 사람이 되는 것보다 착한 사람이 되는 것이 훨씬 까다로운 조건을 지닌다. 능력 있는 사람이 되기 위해서는 때로 실수를 하더라도 필요할 때 능력 있는 모습을 보여주면 되지만 착한 사람이 되기 위해서는 조금도(물론 작은 실수는 용납이 되겠지만) 나쁜 일을 해서는 안 되는 것이다.

따뜻함에 대한 판단은 우리의 안전 및 생존과 직결되는 문제이기 때문에 매우 보수적으로 내려지는 것이다. 음식이 조금만 상해도 못 먹을 음식으로 여기는 것처럼 100가지 착한 일을 해도 한 가지 나쁜 일을 하면 나쁜 사람으로 여겨진다. 억울하다고 생각될지 모르겠지만 어쩌겠는가? 노력할 수밖에.

호감을 얻는 데에 능력보다 따뜻함이 더 중요하다는 이야기는 한편으론 안도감을 가져온다. 사람들에게 호감을 얻고 친분을 쌓는 것이 오로지 스펙과 같은 능력에 의해 좌우된다면 세상은 얼마나 삭막할까? 조금 부족한 사람이라도 나에게는 누구보다 따뜻한 존재이기에 '사랑하는 내 친구'라고 부를 수 있다는 것은 마치 작은 구원처럼 느껴진다.

부정적인 이야기를 긍정적으로 하는 법

항상 불평불만을 입에 달고 있고 찡그린 표정을 하고 있는 사람과 언제나 긍정적인 이야기를 하며 밝은 표정을 하고 있는 사람 중 누구와 함께 있을 때 더 즐겁겠는가?

어린 시절 항상 어두웠던 친구가 있었다. 세상과 자기에 대해 어두운 면만을 보고 미래에 대해서도 늘 어두운 전망만을 늘어놓던 아이였다. 나는 그 친구와 여러 번 짝꿍을 했었는데, 그 친구의 영향인지 불과 몇 달 만에 나 또한 이 세상은 과연 살 만한 곳인가, 인간은 과연 행복해질 수 있는가와 같은 생각에 사로잡혔다.

이와 같이 감정은 전염된다. 우리는 행복한 사람과 함께 있으면 행복해지고 어두운 사람과 함께 있으면 어두워진다. 그러다 보니 우리는 어두운 사람보다는 밝고 긍정적인 사람을 더 좋아하게 된다.

실제로 행복한 사람들은 그렇지 않은 사람들에 비해 인기가 많다. 언뜻 생각하면 어두운 사람들은 비슷한 사람들끼리 뭉치려는 경향이 있는 것 같지만, 실제 연구 결과에 의하면 비관적이고 어두운 사람들도 어두운 사람보다 밝은 사람을 좋아한다고 한다.[14]

이러한 현상은 SNS 세상에서도 나타난다. 혹시 페이스북facebook 같은 공간에 삶에 대한 푸념을 잔뜩 쏟아부은 적이 있는가? 조사 결과, 사람들은 SNS에서 삶이 힘들어 죽겠다는 얘기 등 부정적인 이야기를 늘어놓는 사람을 별로 좋아하지 않는 것으로 나타났다. SNS에 무심코 올린 부정적인 이야기가 사람들을 지치게 만들 뿐 아니라 나 자신에 대해 피곤한 사람이라는 인상을 심어줄 수 있다는 것이다.[15]

주로 자존감이 낮은 사람들이 어두운 이야기를 많이 한다고 한다. "나 같은 게 과연 잘할 수 있을까?", "세상은 나를 반기지 않는 것 같아"처럼 그들은 낮은 자신감과 회의로 가득 찬 이야기를 한다. 허심탄회하게 쓴 걱정 많은 글들이 의도치 않게 주변 사람들을 피곤하게 만들고 자신의 이미지도 부정적으로 형성되게 할 수 있다는 사실을 기억해두자.

위로와 응원을 받고 싶다면 "나 같은 건 안 될 거야" 같은 부정적인 말보다는 "할 수 있을지 모르겠지만 응원해줘"처럼 긍정적인 기운을 담은 메시지를 전달해보자. 비슷한 의도와 내용을 담고 있지만 어떻게 표현하느냐에 따라 보는 사람의 기분을 긍정적으로도 부정적으로도 변하게 할 수 있다. 기왕이면 사람들의 기분을 다운시키지 않으면서 응원도 받을 수 있는 표현이 더 낫지 않을까?

힘들 때 힘들다는 이야기를 주변 사람들과 나눌 수 있는 것은 매우 중요하다. 하지만 힘든 이야기를 나누는 것은 짐을 나눠 가지는 것과 같다는 점을 기억해두자. 우리의 힘든 이야기를 들음으로써 친구들도 잠시나마 근심과 걱정에 빠지게 된다는 것. 따라서 가능하면 힘든 이야기를 할 때 들어주는 사람까지 무기력하게 만들 정도로 지나치게 어두움의 일로로 빠져드는 것은 경계하자. 별일 아닌 것 가지고도 시도 때도 없이 심하게 투덜대거나 불평하는 행동 역시 삼가는 것이 좋을 것이다.

그 사람의 마음이 궁금하면 표정을 따라하라

지금까지 사람들은 어떤 사람을 좋아하는지에 대해 이야기했다. 여기서부터는 사회생활의 중요한 기술인 사람의 감정 읽기 및 소통하기와 관련된 이야기를 해보자.

오열하는 사람들의 사진이나 영상을 보고 있으면 자연스럽게 '저 사람 참 힘들겠다'는 생각을 하게 되고 때로는 눈시울이 붉어지기도 한다. 그런데 그 사람이 그렇게 힘들다는 것을 우리는 어떻게 알게 되는 걸까?

소설가 에드거 앨런 포Edgar Allan Poe는 어떤 사람이 어떤 감정 또는 생각을 갖고 있는지 궁금할 때에는 그 사람의 표정을 따라해본다고 말했다. 표정을 그대로 베낌으로써 감정도 베낄 수 있다고 믿은 것이다. 이 방법은 실제로 사람들의 마음을 읽을 수 있는 좋은 방법이다. 또한 우리가 우리 자신도 모르게 자주 쓰고 있는 방법이기도 하다.

이런 것이 가능한 이유는 감정은 머리로만 느끼는 것이 아니기 때문이다. 예를 들어 '기쁜' 감정은 웃는 표정, 과장된 제스처 등 여러 가지 행동적인 특성들과 연관된다. 기쁜 감정을 느끼면 자신도 모르게 미소를 짓게 되고 목소리 톤이 올라가는 등 기쁨과 관련된 다양한 행동들을 보이게 된다.

아래 그림은 기쁨이라는 감정과 관련된 다양한 요소들을 담고 있는 거미줄이다. 기쁨과 관련된 호르몬들, 반달 모양의 눈, 웃고 있는 입 모양, 웃음소리 등이 모여 기쁨이라는 감정 경험을 이룬다.

이렇게 감정 경험에는 다양한 요소들이 개입되는데 이들은 하나의 네트워크로 거미줄처럼 긴밀하게 연결되어 있다. 따라서 하나를 건

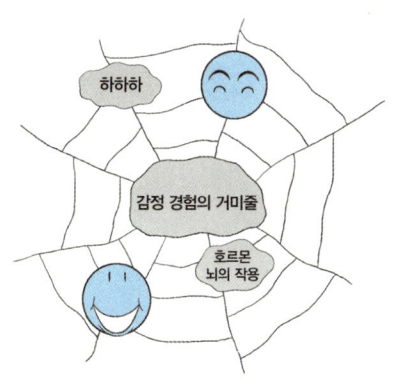

기쁨과 관련된 다양한 요소들.

아 즐거워라~ 하하하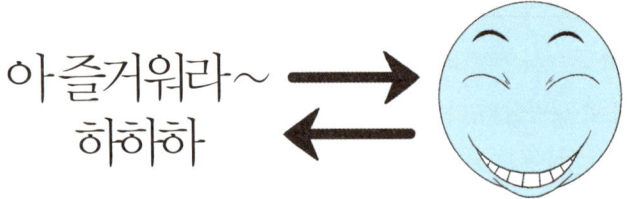

행복해서 웃는 것이고 웃어서 행복한 것이다.

드리면 거미줄에 연결된 다른 요소들이 다 같이 들썩들썩 하게 된다.16 웃는 표정 하나만 건드려도 기쁨 경험과 관련된 것들이 줄줄이 따라오게 된다는 것이다.

그래서 단순히 웃는 표정을 짓는 것만으로 감정이 진짜 즐거워지는 효과가 발생된다. 찰스 다윈Charles Darwin의 말처럼 우리의 감정이란 표현하는 행위를 통해서 더 강해지거나 약해질 수 있다. 많이 웃을수록 실제로 더 즐거워지고 많이 찡그릴수록 실제로 더 짜증이 날 수 있는 것이다. 또한 행복해서 웃는 게 아니라 웃어서 행복한 것이란 말도 성립하게 된다.

이쯤에서 이를 잘 보여주는 심리학자 프리츠 스트랙Fritz Strack과 동료들의 실험을 살펴보자.17 한 집단의 사람들은 입술로 펜을 물고 있게 하고 다른 집단의 사람들은 이빨로 펜을 물고 있게 한다.

오른쪽 페이지의 사진에서 왼쪽은 입술로 펜을 물고 있는 모습으로, 웃는 표정과는 거리가 멀다. 오른쪽은 이빨로 펜을 물고 있는 모습으로, 입 모양이 웃는 것 같다.

이후 참가자들에게 네 가지 종류의 만화를 보여주고 만화가 얼마나 재미있는지 물어보았다. 그랬더니 같은 만화에 대해서도 웃는 입

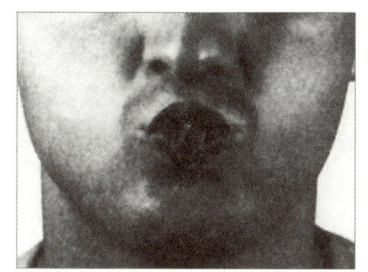 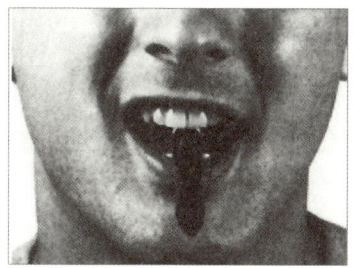

웃지 않는 입 VS. 웃고 있는 입. ◆2

모양을 한 참가자가 훨씬 더 재미있었다고 보고하는 현상이 나타났다.

이렇게 겉으로 드러나는 표정을 바꿈으로써 내적 감정 상태도 변화시키는 것이 가능하기 때문에 사람들의 표정을 따라함으로써 그 사람의 감정 상태를 (아주 조금이라도) 경험하는 것 또한 가능한 일이 된다. 이러한 효과를 노린 것인지 우리에게는 다른 사람의 표정과 제스처를 따라하는 습관이 내재되어 있다.

사람들은 자신도 모르는 사이에 눈앞에 있는 사람의 미세한 표정이나 제스처를 조금씩 따라하곤 한다. 자신도 모르는 사이에 친구나 연인의 미세한 얼굴 근육의 움직임이나 말하면서 턱을 괸다든가 하는 자잘한 버릇, 또는 특이한 말투 등을 따라하게 된다. 이와 같은 행위를 '모방 행동'이라고 한다.

자신은 그렇지 않다고 생각할지 모르겠지만, 모르는 사람들끼리 5분 정도 이야기를 나누게 하고 이를 영상으로 찍어서 보면, 두 사람 모두 서로의 표정이나 제스처를 조금씩 따라하는 현상이 보편적으로 관찰된다. 물론 대화하는 사람들은 자신들이 서로를 조금씩 따라하고 있다는 사실을 알지 못한다. 이렇게 모방 행동은 무의식적으로 상대방이 누구냐에 상관없이 나타나며 상대방의 마음을 특히 잘 읽고 싶어 하거나 읽어야 할 경우, 예컨대 눈앞에 직장 상사가 있거나 하는 등의 특정 상황에서 더 잘 일어난다.

혹시 자신도 모르는 사이에 평소 자주 만나는 어떤 사람의 말투나 제스처가 몸에 배었던 경험이 있는가? 앞에서도 잠깐 언급한 우리 어머니 얘기를 조금 더 하겠다. 어머니는 전국 각지 출신의 사람들을 폭넓게 사귀면서 본인도 모르는 사이에 출처 불명의 사투리를 구사하게 되었다. 이 역시 흔한 모방 행동의 한 가지 예라고 할 수 있겠다.

우리는 상대방이 친근하게 느껴질 때 더 많이 그 상대방을 따라 한다. 하품이 전염된다는 사실은 이미 잘 알려진 사실이다. 누군가 주변에서 하품을 하면 왠지 따라서 하품을 하게 되는 것이다. 하품의 전염 현상은 하품을 하는 사람을 친근하게 느낄수록 빨리 전염된다는 연구가 있다. 연구 결과, 가족의 하품이 전염 속도가 제일 빠르고 그다음으로는 친구, 아는 사람, 낯선 사람 순이라고 한다.[18]

연인이나 부부가 세월이 흐를수록 서로 닮아가는 것 또한 모방 행동과 관련된 현상으로 보인다. 이는 부부가 오랜 시간 서로의 특정한 표정 및 각종 말투와 제스처를 따라하면서 점점 비슷한 습관들을 갖게 되기 때문에 나타나는 현상일 것이다. 사람들이 밝고 행복한 사람을 좋아하는 것도 그들과 함께 있으면 밝은 표정을 따라하게 되고, 그 결과 기분이 좋아지기 때문일 가능성이 있다.

이렇게 우리는 본능적으로 주변 사람들을 잘 따라한다. 때문에 학자들은 인간에게 '사회적 카멜레온'이라는 별명을 붙였다.[19] 카멜레온이 주위 환경을 복사해 자신의 색깔을 바꾸는 것처럼 우리는 사회적 상황에서 주변 사람들의 표정이나 제스처 등을 복사하는 데 뛰어난 능력을 가졌다는 것이다. 그때그때 주위 환경에 맞춰 자신을 바꾼다는 점에서 인간은 꽤 약삭빠르다는 생각도 든다. 그래도 사회적 동물인 우리에게 다른 사람의 마음을 엿볼 수 있게 해주는 모방은 매우 유용한 기술임이 분명하다.

> **Talk**
> **보톡스를 맞으면 타인의 감정에 둔해진다?**
>
> 보톡스는 다양한 표정을 짓는 데 사용되는 얼굴 근육을 경직시키는 역할을 한다. 그래서 보톡스를 과하게 맞으면 잘 웃지 못하는 등 어색한 표정을 짓게 된다. 간혹 이러한 부작용을 겪은 사람들의 이야기를 들어본 적이 있을 것이다. 앞서 우리는 표정을 따라함으로써 그 사람의 감정을 어느 정도 느낄 수 있게 된다는 이야기를 했다. 그런데 얼굴 근육을 경직시키는 보톡스를 맞게 되면 어떻게 될까? 얼굴 근육이 경직되어 사람들의 미세한 표정을 따라하는 능력이 떨어지면, 사람들의 감정에 둔해질 수도 있지 않을까?[20]
>
> 이러한 현상은 실제로 나타난다. 보톡스를 맞은 사람들과 보톡스가 아닌 다른 주름 완화제를 맞은 사람들에게 다양한 표정을 짓고 있는 사람들의 사진을 보여주고 그들의 감정을 맞춰보라고 했다. 그 결과 보톡스를 맞아 얼굴 근육이 경직된 사람들은 보톡스를 맞지 않은 사람들에 비해 타인의 감정을 잘 맞히지 못했다. 보톡스를 맞기 전에 이러한 부작용을 한번 상기해보자.

만지면 사랑이 전달된다

감정을 읽고 전달하는 데에 표정은 분명 중요한 역할을 한다. 하지만 우리에게는 표정 못지않게 다른 사람들과 감정을 소통할 수 있는 훌륭한 통로들이 더 있다. 그중 하나가 바로 촉감이다.

'터치touch'라고 하면 보통 터치스크린 스마트폰 같은 것들이 먼저 떠오른다. IT 쪽에서 흔히 이야기하는 터치와는 조금 다르지만 심리학에서도 피부와 피부가 만나는 터치, 촉감을 이용한 소통에 대해 아주 오래전부터 주목하고 있다.

해리 할로Harry Harlow라는 유명한 심리학자가 있다. 그는 아기원숭이와 엄마원숭이의 관계를 통해 '애착(친밀한 관계 형성)'이나 '사회적 고립(왕따 등)' 같은 현상의 영향을 연구한 사람이다.

그의 실험 방법은 좀 잔인하다. 아기원숭이와 엄마원숭이를 격리시켜놓고 아기원숭이가 어떤 이상 반응들을 보이는지 살펴보는 식이었다. 그의 실험에 의하면 엄마원숭이와 떨어져 혼자 자란 아기원숭이들은 먹이를 잘 주고 환경을 잘 조성해주어도 자폐 증세를 보이거나 지나친 공격성 또는 자해 증세 등의 정신 질환을 보였다. 원숭이들에게는 매우 슬픈 일이었지만 덕분에 심리학자들은 접촉이 영장류에게 얼마나 중요한 것인지 알게 되었다.

그렇다면 먹이를 주는 엄마와 따뜻한 온기가 느껴지는 엄마 중 어떤 엄마가 좋은 엄마일까? 철사로 만들어진 대신 우유가 나오는 엄마원숭이와 폭신한 헝겊으로 만들어진 대신 우유가 나오지 않는 엄마원숭이가 있었다. 할로는 아기원숭이가 어느 엄마를 선택할지 살펴보았다.

아기원숭이는 우선 먹이를 주는 철사 엄마에게 가서 먹이를 먹었다. 다 먹고 나서는 몸을 일으켜 헝겊 엄마에게로 갔다. 아기원숭이는 배가 고파질 때까지 계속해서 헝겊 엄마에 매달려 있었다. 그러다 배가 고파지면 철사 엄마에게 가서 먹이만 먹고, 재빨리 헝겊 엄마에게 돌아오기를 반복했다. 밥보다 따뜻한 촉감에 본능적으로 더 끌리고 있음을 보여준 것이다.

이 연구 결과는 곧 큰 충격을 가지고 왔다. 당시에는 아이에게 깨끗한 환경, 좋은 영양, 훌륭한 교육을 제공하는 것이 최고의 양육이라는 생각이 팽배했기 때문이다. 하지만 이러한 연구 결과는 다른 어떤 것보다 '촉감, 스킨십'이라는 것이 영장류에게 사랑이나 따뜻함을 전달하는 중요한 통로이며 유대감을 쌓는 데 매우 중요한 수단이 된다는 것을 보여주었다.

이처럼 별것 아닌 듯 보여서 간과하기 쉬운 단순한 접촉이 우리 인간의 삶에도 정말 중요한 영향을 미칠까? 결론부터 말하면 '매우 그렇다.' 이러한 사실은 공교롭게도 서로 다른 고아원의 운영 방침에 의해 밝혀졌다. 위생적으로 매우 청결하고(감염을 염려하여 보모들이 아이들을 잘 건드리지도 않았다), 영양도 잘 공급해주는 고아원 A가 있었다. 그런데 이 고아원 아이들은 자폐와 가까운 증세를 보이고(타인과의 상호작용이 전혀 없었다) 빨리 죽는 경향이 있었다. 반면 위생적으로 별로 청결하지 않고(보모들이 아이들을 계속 만지작거리고 아이들끼리도 서로 부대꼈다) 다른 면에서도 고아원 A보다 질이 떨어지는 고아원 B가 있었다. 그런데도 이 고아원 아이들은 성격이나 건강에 별다른 이상 없이 무럭무럭 잘 자랐다.[21]

이러한 사례를 통해 학자들은 '피부와 피부를 통한 접촉이 인간의 발달, 특히 사회성 발달과 생존에 정말 중요한 요소일지도 모른다'는 생각을 하기 시작했다. 학자들은 아이들을 양육할 때 자주 접촉할 것을 장려했고, 그러자 실제로 고아원 아이들의 사망률이나 발달장애가 많이 줄어들게 되었다고 한다.[22]

이와 동시에 심리학자나 의사들이 특히 아동과 관련한 스킨십의 효과를 확인하는 연구들을 다수 진행했고 그 결과 예외 없이 스킨십이 아동의 신체적, 사회적 발달에 매우 중요한 요소임이 확인되었다.[23]

아이를 달랠 때 엄마와의 접촉만큼 효과적인 게 없다고 한다. 다른 어떤 방법으로 어르는 것보다 엄마가 안았을 때 아이의 울음소리, 혈압 등 스트레스와 관련된 생리적 지표들의 수치가 낮아지는 것으로 나타났다. 아픈 아이의 경우 엄마가 자주 안아줄수록 병이 빨리 낫는 현상도 확인되었다.

이러한 효과가 나타나는 이유는 촉감만큼 누군가가 내 옆에 있다는 사실을 확실히 알 수 있는 것이 없기 때문일 것이다. 그 사실에서 오는 안도감이나 사랑받고 있다는 느낌이 우리를 스트레스로부터 지켜주고 올바르게 발달하도록 도와주는지도 모르겠다.

케네스 타이Kenneth Tai와 동료들의 연구에서 곰인형을 만지게 되면 외로움이 줄어들고 착해지는(봉사나 기부 같은 친사회적 행동을 많이 하게 된다) 현상이 확인되었다.[24] 연구자들은 이 역시 '따뜻한 촉감'이 주는 정서적인 효과가 그만큼 크기 때문에 나타나는 현상이라고 얘기했다.

최근 이러한 스킨십의 역할과 기능을 좀 더 구체적으로 살펴본 연구들이 많이 나오고 있다. 이제 다양한 사회적 상황에서 사람들과의 접촉을 통해 어떤 것들을 할 수 있는지 구체적으로 살펴보자.

호감은 손끝으로 전달된다

스킨십은 사람들로부터 호감이나 복종, 동조행위 등을 이끌어내는 데에도 큰 영향을 끼친다. 이렇게 촉감을 이용한 소통의 중요성이 부각되고 있는 배경에는 촉감이라는 것이 인간의 오감 중 가장 먼저 발달된 감각이라는 사실과 친밀함을 표시하는 가장 원초적인 방법이라는 사실이 자리 잡고 있다. 무의식적이고 본능적인 수준에서 작용하는 대인관계 기술인 만큼 접촉이 때로는 다른 어떤 것보다 즉각적이고 강력한 효과를 발휘할 수 있다는 것이다. 누군가가 나를 만지는 순간 자신도 모르는 사이에 그 사람의 영향권 안에 들어가버릴 수 있다.

스킨십을 당하면 어떤 일들이 일어나는지 살펴보자. 우선 스킨십을 당하면(미묘하게 당했을 경우) 스킨십을 한 사람에게 호감을 갖는 현상이 나타난다.[25]

도서관 사서가 책을 빌려주면서 빌려가는 사람들의 손을 살짝 건드리거나 건드리지 않는다. 이때 손끝이 건드려진 참가자들은 아무런 접촉도 하지 않은 참가자들보다 "나는 이 사서가 좋아"와 같은 응답을 더 많이 했다. 물론 참가자들은 사서가 자신을 살짝 건드렸다는 사실은 기억하지 못했다.

연인관계에 있어서도 서로 친밀감을 쌓는 가장 효과적인 방법 중 하나가 바로 스킨십이다. 관계가 좋은 연인들의 경우 그렇지 않은 연인들에 비해 스킨십을 더 자주 하는 모습을 보인다.

간단한 접촉은 사람들에게 돈을 더 많이 내게도 만든다.[26] 레스토랑에서 웨이트리스가 계산 후 손님에게 잔돈을 돌려줄 때 손님의 손바닥을 두 번 살짝 건드림, 어깨를 살짝 건드림, 건드리지 않음, 이 세 조건으로 나누어 행동한다. 그 결과 첫 번째와 두 번째 조건의 손님들이 웨이트리스에게 더 많은 팁을 주었다. 이 실험에서는 손님의 성별이나 손님 무리의 크기(몇 명이 함께 식사를 했는지)와 상관없이 동일한 결과가 나타났다. 남자 손님뿐 아니라 여자 손님도 웨이트리스의 미묘한 스킨십에 더 많은 돈을 줬다는 얘기다.

이뿐 아니라, 간단한 접촉을 사용하면 사람들이 귀찮은 서명이나 설문 등에 더 응하도록 할 수도 있다.[27] 길거리를 지나다니는 사람들에게 서명이나 설문조사에 응해달라고 부탁하는 상황이다. 한 조건에서는 부탁을 하면서 사람들의 팔을 살짝 건드렸고 다른 한 조건에서는 건드리지 않았다. 그 결과 건드려진 사람들이 서명해달라는 부탁에 더 잘 응하였고(건드려진 집단 : 81퍼센트, 통제 집단 : 55퍼센트) 설문에도 더 많이 참여했다(건드려진 집단 : 70퍼센트, 통제 집단 : 40퍼센트).

접촉을 당한 사람들이 그렇지 않은 사람들에 비해 두 배 가까이 요청에 응한 걸 보면, 서명에 참여해달라고 목이 쉬어라 외치는 것보다 가벼운 접촉을 시도하는 것이 더 효과적일 수도 있겠다는 생각이 든다.

이렇게 가벼운 접촉이 예상외의 큰 효과를 발휘하는 것을 보면 정말 신기하다는 생각이 든다. 본능적인 수준에서의 교감이란 언어로 소통하는 것(머리로 먼저 이해한 후 받아들임)보다 더 큰 힘을 발휘할 때가 있는 것 같다. 때로는 말로 '사랑해' 또는 '부탁해요'라고 하는 것보다 상대방의 팔을 한 번 더 붙잡는 것이 더 많은 메시지를 전달할 수도 있다. 물론 상대방에게 실례가 되거나 불쾌감을 줄 수 있는 접촉은 안 하느니만 못하겠지만 말이다.

감정을 전달하는 최고의 방법

고등학생 때였다. 그날따라 안 좋은 일들이 겹쳐서 끔찍하게 우울했다. 밤 10시쯤 야간 자율학습을 끝내고 터덜터덜 땅만 바라보며 집을 향해 걸었다. 어두운 거리에는 사람들도 거의 없었고 날씨도 조금 추웠던 걸로 기억한다. 그렇게 외로운 길을 걷고 있는데 갑자기 오른손에 따뜻한 기운이 맴돌았다. 한 친구가 조용히 내 손을 꼭 잡아준 것이다.

그 친구가 "괜찮아?"라는 말을 했는지는 정확히 기억나지 않지만 친구의 따뜻한 손에서 진심으로 걱정해주는 마음이 느껴졌다. 그 순간 마음속의 우울함이 사르르 녹아내렸고 살짝 웃어 보이기까지 했다. 완전한 위로란 이런 게 아닐까 생각했던 순간이었다. 지금도 외롭거나 춥다고 느낄 때면 가끔 그때의 온기가 생각난다. 그만큼 그날의 경험은 나에게 매우 소중하게 남아 있다.

이렇게 때로는 백 마디 말보다 한 번의 따뜻한 손길이 더 많은 것을 전달하는 것 같다. 간단한 스킨십을 활용하면 그 어떤 달변 못지않게 사랑과 위로 같은 감정을 효과적으로 전할 수 있지 않을까?

실제로 우리는 스킨십을 통해 다양한 감정들을 꽤 정확하게 전달할 수 있다. 이를 스킨십의 '사회적 소통 기능social communicative function'이라고 한다. 가벼운 접촉이 사람들끼리 뭔가 '찡' 하고 통하게 하는 기능을 한다는 것이다.

친밀한 인간관계를 만드는 데 감정 교류가 그렇게 중요하냐고 묻는다면, 대답은 '당연히 그렇다'이다. 모든 인간관계가 처음에는 서먹서먹한 사이로 시작하지만, 수다와 수다를 지나 함께 웃고 우는 등 감정의 교류를 거치면 그 관계는 비로소 진정한 관계로 발전한다. 특히 사랑이나 감사와 같은 감정을 많이 표현, 전달하는 사이일수록 많이 친밀해질 수 있을 것이다. 'Say you love me(사랑한다고 말해줘)', '사랑한다고 좋아한다고 말해주세요'라는 노래 가사들도 있지 않은가.

접촉을 통한 감정 교류에 대한 연구를 한번 살펴보자.[28] 두 사람 중 한 명은 접촉을 통해 감정을 전달하는 역할을, 다른 한 명은 접촉을 통해 어떤 감정이 전달되었는지 맞히는 역할을 한다. 두 사람 사이에는 칸막이가 있어서 서로의 얼굴 표정(대표적인 감정 소통 채널)이나 몸짓을 볼 수 없었고, 헤드폰을 쓰고 있어서 서로의 목소리 또한 들을 수 없었

어떤 감정을 전달하는 걸까?

다. 다만 칸막이 사이에 구멍이 하나 뚫려 있는데, '감정전달자'는 이 구멍을 통해 상대방의 팔을 만지는 방식으로 감정을 전달해야 했다.

실험자는 감정전달자에게 표현해야 할 감정 리스트를 주었다. 여기에는 첫째 기본 감정Ekman's emotions(화, 공포, 행복, 슬픔, 역겨움, 놀람), 둘째 자기중심적 감정Self-focused emotions(비교적 덜 사회적인 감정, 즉 자부심, 부러움 등), 셋째 사회적 감정Prosocial emotions(관계를 통해서 생겨나는 감정, 즉 사랑, 감사, 동정 등) 등 여러 가지 감정들이 골고루 포함되어 있었다.

해석자에게도 감정전달자에게 준 리스트와 똑같은 리스트를 주고 전달자가 어떤 감정을 전달하고 있는지 맞혀보라고 한다. 그 결과 사람들은 표정을 보고 그 사람의 감정 상태를 맞히는 것(앞에서 언급함)과 비슷하리만치 높은 정확도로, 촉감을 통해 전달된 감정이 무엇인지 맞혔다.[29]

재미있는 것은 기본 감정들과 사회적 감정들에 있어서는 감정이 거의 정확하게 전달된 반면, 자기중심적 감정들은 거의 전달이 되지 않았다는 사실이다. 이러한 결과는 접촉이 사회적 역할을 톡톡히 하고 있는 감각이라는 것, 다시 말해 사회적 교류를 촉진시키고 사람들 간의 유대를 높이는 역할에 특화되어 있음을 보여준다.

힘들어하는 친구에게 위로의 마음을, 부모님께 감사와 존경의 마음을, 연인에게 사랑하는 마음을 듬뿍 전하고 싶을 때 그들을 살며시 안아보는 건 어떨까?

악수로 신뢰감과 좋은 인상 주기

사람들을 처음 만날 때, 특히 비즈니스 상황에서 우리는 악수를 나눔으로써 서로 접촉하게 된다. 손을 맞잡는 이 사소한 행위에도 사실은 많은 사회생활의 기술들이 녹아 있다.

특히 서구문화권에서는 자신감 있는, 굳은 악수를 좋은 악수라고 이야기하며 권장한다. 그만큼 짧은 악수를 통해서도 사람의 인상이 결정될 수 있다는 얘기다. 실제로 악수는 다른 접촉 행동에 비해 유독 '신뢰'와 관련되어 있다.[30] 전해지는 이야기로는 악수는 자기 손에 무기가 없음을 의미하는 행위라고 하는데, 실제로 사람들은 악수를 하는 행동이 단순한 친밀감을 넘어 서로 믿음을 쌓는 행위라고 인식하는 경향을 보인다. **즉 악수가 믿을 만한 사람이라는 인상을 주는 좋은 통로가 될 수 있다는 것이다.**

또한 자신감 있는 악수는 그 사람을 사회성 좋은 사람으로 보이게도 해준다. 한 연구에서는 면접 상황에서 얼마나 자신감 있게 악수를 했느냐에 따라 면접관들의 평가가 달라진다는 것을 확인했다. 면접관들은 자신감 있는 악수를 한 참가자들에게 비교적 더 사회성이 좋다는 인상을 받았고 이는 해당 참가자의 높은 합격률로 이어졌다.[31]

서로 신뢰를 쌓는 것이 중요한 협상 상황이나 각종 거래 상황에서 악수가 빠지지 않고 등장하는 이유도 아마 서로에게 신뢰감과 좋은 인상을 더욱 잘 전달하기 위함인 것 같다. 악수를 하지 않고 시작하는 협상과 서로 굳은 악수를 나누고 시작하는 협상을 비교해보면 아마 상당한 온도차가 있지 않을까 싶다.

신뢰를 쌓을 필요가 있을 때, 좋은 인상을 줄 필요가 있을 때 자신감 있는 악수를 기억해두자.

가슴이 뛰어서 사랑에 빠졌다?

이번에는 함께하는 경험을 통해 호감을 얻고 친해지는 방법에 대해 이야기해보자.

연인들의 대표적인 로망 중 하나가 함께 '롤러코스터 타기'다. 무섭고 흥분되어 가슴이 콩닥콩닥하는 순간을 연인과 함께 보내면 왠지 사이가 급격하게 가까워질 것만 같다. 왜 그럴까?

사랑에 빠지게 되면 우리 몸에는 어떤 일들이 일어나게 되는가? 가장 먼저 '가슴이 콩닥콩닥'이라든가 '심장이 도망갈 것 같이 뛴다'는 말처럼 심장이 두근거리는 것을 생각해볼 수 있다. 영화나 만화를 보면 사랑에 빠져 심장이 튀어나올 것처럼 두근거리는 상황을 묘사한 장면들을 쉽게 찾아볼 수 있다. 그런데 반대의 경우도 성립한다. 사랑에 빠져서 가슴이 뛰기도 하지만, 가슴이 뛰어서 '이게 사랑인가?'라고 느낄 수도 있다.[32]

무서운 다리. ◆3

매우 높은 곳에 흔들리는 다리와 낮은 곳에 단단하게 고정된 다리가 있다. 다리 끝에는 아리따운 여성이 서 있다. 이 여성은 다리를 건너온 사람들(남성들)을 대상으로 간단한 설문을 진행한다. 설문이 끝난 후 이 여성은 자기 번호를 주며 "제 번호이니 나중에 궁금한 점이 있으면 연락하세요"라고 말한다.

결과를 이미 눈치챘는가? 무서운 다리(높은 곳의 흔들리는 다리)를 건너온 남성들이 편안한 다리(낮은 곳의 단단한 다리)를 건너온 남성들에 비해 두 배나 더 많이 이 여성에게 연락을 취했다. "언제 차나 한잔 할까요?"라는 말과 함께.

이러한 현상이 나타난 이유는 무서운 다리를 건널 때 가슴이 두근거렸던 신체 반응이 아리따운 여성과 연합되면서, '나는 이 여인을 사랑하나 보다'라는 착각을 일으켰기 때문이다. 그래서 무서운 다리를 덜덜 떨며 건넌 후 여성과 마주한 남성들은 왠지 이 여성에게 전화를 걸고 싶어지고 데이트 신청을 하고 싶어지는 것이다.

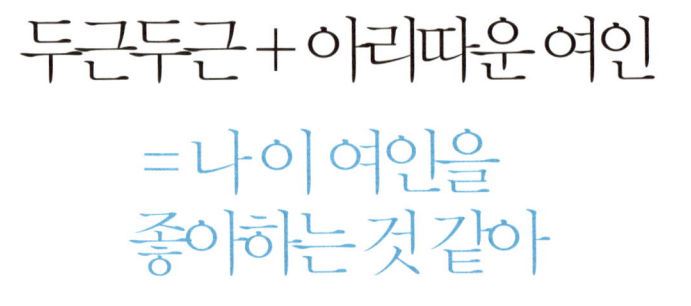

무서운 다리를 건너온 남자들의 마음속 프로세스.

큐피트의 화살이라는 것이 실제로 있다면 이와 비슷한 효과를 노린 것일 수도 있겠다. 어떤 상대방을 무심코 보고 있는 상태에서 몸의 각성을 높여(가슴이 뜀) '아 난 이 사람을 사랑하나 봐'라고 느끼게 만드는, 그런 것이 아닐까?

결국 사랑이라는 경험에는 두근거리는 심장을 포함한, 잔뜩 각성된 상태가 수반되기 때문에 몸의 각성을 통해 사랑을 이끌어내는 것도 어느 정도 가능하다는 얘기다. 연인들에게 롤러코스터가 로망인 이유도 아마 우리가 이런 사실을 무의식 수준에서 체득하여 실제로 응용하고 있었던 것이 아닐까 싶다.

불쾌하지 않은 선에서의 유쾌한 각성을 함께 경험하는 것은 확실히 사랑을 깊어지게 하는 데 좋은 방법이 될 것 같다. 롤러코스터뿐 아니라 박진감이 넘치거나 웃긴 영화를 보러 가는 것도 좋을 것이다. 또 당분을 많이 섭취하면 각성 수준이 높아지기도 하는데, 때문에 함께 단 음식을 먹는 것도 좋은 방법이다.

한 가지 유의할 것은 별로 맘에 들지 않는 사람이 우리의 심장을 뛰게 할 경우 우리는 그 사람을 더 싫어하게 될 수도 있다는 점이다. 이 경우에는 '두근두근+별로인 사람=내가 이 사람을 무서워하거나 굉장히 싫어하나?'라는 해석을 할 수도 있기 때문이다. 나에게 어느 정도 호감이 있는 사람의 가슴을 뛰게 해야 한다는 점을 꼭 기억하자.

친밀감을 높이려면 공통점을 만들어라

친구와 삼청동 주변을 걷다가 요상하게 생긴 외제차를 본 적이 있다.

그 순간 "앗. 저거 무슨 벌레 닮았다!"라고 말했더니 친구가 "방구벌레!" 하고 외쳤다. 우리는 서로 마주 보고 크게 웃을 수밖에 없었다. 왜냐하면 내가 떠올린 벌레가 바로 그 벌레였기 때문이다.

우리는 그 차를 보고 동시에 같은 벌레를 떠올렸다는 사실에 "역시 우리는 영혼을 격하게 공유하고 있는 사이야. 우린 정말 소울메이트인가 봐"라고 이야기하며 뿌듯해할 수 있었다. 별것 아닌 공통점에 뭐 그렇게 유난인가 싶기도 하지만 당시에는 정말 기뻤다. 당신도 이런 경험을 해본 적이 있는가?

우리는 누군가가 나와 가슴 깊이 무언가를 공유하는 사람이라고 느끼면 그 사람에 대해 아주 큰 호감을 갖게 된다. 이를 주관적인 나를 공유하는 경험, 즉 '아이셰어링 I-sharing'이라고 한다.

'자아 self'에 대한 여러 가지 이론들이 있지만 그중 가장 대표적인 것은 자아를 I와 ME, 이 두 가지로 나누어보는 것이다. 우선 ME는 '객관적인 나'다. 나의 학벌, 출신 지역 등 쉽게 말해 '객관적인 스펙'과 같은 부분이다. 반면 I는 단적으로 말하기 어려운 주관적인 모습의 나로, 나의 주관적인 경험들, 나만의 고유한 느낌과 생각들을 포함한다.

위에서 말한 것처럼 경험이나 주관적인 가치관 같은 것들을 공유하는 것을 아이셰어링이라고 하고, 서로의 객관적인 부분을 공유하는 것을 '미셰어링 Me-sharing'이라고 한다. 미셰어링의 예로는 학연 지연에 따라 똘똘 뭉치고 금세 친해지는 것이 있겠다.

하지만 연구에 의하면 사람들과 친해지게 되는 데에는 미셰어링보다 아이셰어링의 효과가 더 크다고 한다.[33] 처음 만나 친해지는 과정에서 서로 객관적인 공통점을 발견하게 되어도 호감을 느끼게 되지만 주관적인 경험이나 느낌, 생각이 비슷하다는 것을 발견하게 되면 더 큰 호감을 느낀다.

낯선 사람을 처음 만난 상황을 상상해보자. 이 사람이 자신과 같은 지역에 살고 같은 학교에 다닌다는 사실을 알게 되면 조금 친밀한 느낌이 들 것이다. 하지만 이런 정보들보다도 정말 희귀한 여행지에 공통적으로 가본 경험이 있다든가, 같은 공연에 가본 경험이 있다든가, 같은 내용의 봉사활동이나 취미활동을 해봤다든가, 어떤 사안에 대해 같은 생각과 느낌을 가졌다든가 하는 정보들을 알게 되면 이전보다 훨씬 큰 호감을 느끼게 될 것이다.

사실 우리가 낯선 사람들을 만나서 대화하는 과정들을 살펴보면 사는 지역 같은 ME의 정보를 교류하는 것으로 시작해서 어떤 음식, 영화, 음악을 좋아하는지에 대해 이야기를 나눈다. 그리고 점점 I에 대한 정보들, 즉 서로의 경험이나 생각 등의 공통점을 찾아가는 방향으로 나아가곤 한다. 주관적인 자아를 공유함으로써 서로 더욱 친밀해지기 위해서일 것이다.

내면의 공통점을 많이 발견할수록 더 많이 친해질 수 있다는 점을 기억해두고 주변 사람들과 함께 '우리끼리만 공유하는 특별한 경험'을 많이 만들어두자. 그런 점에서 여행은 매우 좋은 방법인 것 같다. 또는 남들 보기에는 이상할지 몰라도 우리들만의 재미있는 놀이를 만들어두는 것도 좋을 것이다.

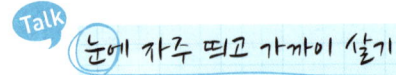
Talk 눈에 자주 띄고 가까이 살기

사람들은 상대방이 친숙하게 느껴질수록, 자신과 비슷하다고 느껴질수록 그 사람을 좋아하게 된다. 이를 위해 많은 대화와 다양한 경험을 함께 나누는 것도 매우 좋은 방법이지만 좀 더 간단한 방법이 있다. 바로 상대방의 눈에 자주 띄는 것.

외모 수준이 비슷한 여학생 몇 명을 수업에 각각 0회, 5회, 10회, 15회 출석하도록 했다. 이 수업을 듣는 학생들에게 각 여학생들의 사진을 보여주고 얼마나 친숙하게 느끼는지, 얼마나 매력적으로 느끼는지, 자신과 얼마나 비슷하다고 느끼는지 평가해보도록 했다. 그 결과 가장 많이 출석한 여학생이 세 가지 항목에서 모두 가장 높은 점수를 받았다.[34]

즉 사람들은 눈에 자주 띄는 사람을 친숙하고 매력적이고 자신과 비슷하다고 느낀다는 것이다. 이를 '단순노출 효과'라고 한다. 사람들 앞에 단순히 노출됨으로써 호감도를 높일 수 있다는 것이다.

하지만 주의할 것이 있다. 상대방이 나에 대해 이미 안 좋은 인상을 가졌을 경우다. 이럴 경우 그 사람 앞에 자주 나타나는 것은 오히려 불리한 일이 된다고 한다. 보기 싫은 사람이 자꾸 보인다고 생각해보라. 그 사람이 점점 더 불편하게 느껴지지 않겠는가?

정리하면, 나쁜 인상을 주지 않은 경우 상대방과 친해지고 싶다면 그 사람 앞에 자주 나타나는 것이 좋겠다.

비슷한 이야기로, 사람들은 자신과 가까이 사는 사람들과 친해질 확률이 높다. 아무래도 멀리 사는 것보다 가까이 살 때 더 자주 만나게 되고 더 많은 대화를 하게 될 것이다. 자연스럽게 친해질 기회를 더 많이 갖게 되는 것이다.

실제로 사람들은 멀리 사는 사람에 비해 가까이 사는 사람들과 더 친한 관계를

> 유지한다. 4년 동안 대학교 기숙사에서 함께 지낸 학생들의 관계를 살펴보았더니 자신의 방에서 가까이 있는 사람일수록 그 사람에 대해 높은 호감도를 갖고 있었다. 구체적으로 보면, 옆옆방에 사는 사람보다 옆방에 사는 사람과 친구가 될 확률이 두 배 높았다. 즉 가까이 있는 사람을 좋아하게 될 확률이 높다는 것이다.[35]
>
> 친해지고 싶은 사람과 가까이 살 수 있으면 좋겠으나 그러기 어려운 현실이라면 취미 생활을 같은 장소에서 하는 방법을 생각해볼 수 있겠다. 너무 스토커 같지 않은 선에서 물리적인 접점을 만드는 것은 상대의 호감을 얻는 좋은 방법이 될 것이다.

사회적 동물로 훌륭히 생존하기

이번 장에서는 일상생활에서 직접 응용할 수 있는 이야기를 해보았다. 좋은 인상 주기, 사람들의 감정 읽기, 접촉을 이용한 소통, 주관적 경험 공유하기, 자주 눈에 띄기 등 사람들에게 쉬우면서도 효과적으로 다가갈 수 있는 방법들을 다루었다.

앞서 나눈 이야기들(어떤 사람들이 사회생활을 잘하는지, 좋은 관계를 만들기 위해서 가져야 할 태도와 생각에는 어떤 것들이 있는지)과 더불어 이 정도의 지식을 가지면 이제 당신은 하나의 사회적 동물로서 훌륭히 살아갈 수 있을 것이다. 적어도 일상생활에서 만나는 다양한 사회적 상황들 속에서 사람들이 왜 그렇게 행동하는 것인지에 대해 어느 정도 이해할 수 있을 것이다.

이미 다 알고 있는 것 같은데도 사실은 별로 아는 게 없다고 느끼게 되는 것 중 대표적인 두 가지가 바로 우리 자신과 타인에 관한 이야기인 것 같다. 심리학의 풍성한 지혜들이 당신 자신과 타인에 대해 더 많은 것을 이해할 수 있게 하는 좋은 씨앗이 되길 바란다.

Part 4

상처받지 않고
단단해지는
관계

우리는 사람들과 다양한 형태의 관계를 만든다. 친구관계, 연인관계, 직장에서의 관계 등 비슷하기도 하지만 서로 매우 다른 관계들이다.

이번에는 관계를 더욱 숙성시키는 사실에 대해서 이야기해보자. 특히 연인관계와 직장관계에 초점을 맞춰서 이성관계에서 서로 매력을 느끼고 좋은 커플이 되는 데 영향을 미치는 것들이 무엇인지, 직장 상사는 도대체 왜 그 모양인지, 직장에서의 인간관계가 내 업무 성과에 어떤 영향을 미칠 수 있는지 등에 대해 심리학이 밝혀온 사실들을 살펴보자. 그리고 마지막으로 이와 같은 다양한 관계에서 갈등이 생겼을 때 어떻게 대처하면 좋을지도 알아보자.

나는 왜
그 사람에게 끌리는가?
매력적인 그와 그녀의 비밀

서로 잘 맞는 커플의 조건은 비슷한 성격에 비슷한 외모 수준을 갖춘, 즉 서로 유사한 점이 많은 사람들이 맺어지는 것이 아닐까? 실제로 사람들에게 여러 성격 특성에 대해 상대방이 어떤 사람이면 좋겠는지 표시해보라고 하면 자신의 성격과 상당히 비슷한 성격을 지닌 사람을 원하는 경향을 보인다. 하지만 머릿속으로 펼친 이상적인 생각이 현실에도 그대로 적용될까? 즉 우리는 정말 비슷한 성격의 상대방에게 매력을 느끼는 걸까?

　서로 어떤 특성들이 조화를 이루어야 좋은 커플이 되는가 하는 문제와는 별개로, 우리는 일반적으로 사람들의 어떤 특성에 매력을 느끼는 걸까? 즉 어떤 특성의 남성과 여성이 인기를 얻게 되는가? 또한 어떤 사람들이 쉽게 사랑에 빠지게 되는가?

　연인을 찾을 때 일반적으로 남성들은 여성의 얼굴이나 몸매 같은 외적 요소들을, 여성들은 성격과 같은 내적 요소들을 중요시한다고 알려져 있다. 이것은 사실일까? 이런 이야기가 나오는 배경에는 남성과 여성의 성적 욕구 자체가 다르다는 전제도 깔려 있는데, 이것 또한 사실일까?

이상형에 관한 질문도 연애 관련 이야기에서 빠질 수 없다. 이상형에 가까운 사람을 만나면 정말 좋은 관계를 만들어갈 수 있을까? 즉 상대방이 나의 이상형에 얼마나 가까운지가 그 사람과 나의 관계 발전에 좋은 영향을 끼치게 될까?

이성을 보는 눈, 그때그때 달라요

위와 같은 이야기는 언뜻 보면 쉬운 것 같지만 사실은 상당히 복잡한 이야기다. 이성을 처음 보았을 때, 한 달 정도 만났을 때, 몇 년간 만났을 때, 결혼에 골인을 했을 때 등 관계의 발전 단계가 어디냐에 따라 우리는 상대방에 대해 점점 다른 것을 기대하고 바라게 된다. 소개팅 자리에서는 어떤 특성을 기대하지만 관계가 진행될수록 점점 다른 요소들이 추가되기도 하고 처음에 원했던 특성은 별로 중요하지 않게 되기도 하는 것이다.

관계의 목적에 따라서도 중요하게 여겨지는 요소는 매우 달라지기 마련이다. 누군가를 스쳐 지나가는 하룻밤 상대로 만난 경우와 평생을 함께할 결혼 상대로 생각하고 만난 경우를 비교해 보면 각각의 경우에 상대방에 대해 기대하는 바는 매우 다를 것이다.

이성에게 매력을 느끼고 좋은 관계를 유지하는 데에 영향을 미치는 요소들과 그 영향력은 관계의 발전 정도와 목적에 따라 달라지기도 하지만 본인의 성격에 따라, 즉 사람을 쉽게 좋아하는 성격인지 아니면 까다롭게 이것저것 따지는 편인지에 따라서도 달라진다. 상대방에 대한 까다로운 요구사항 없이 어떤 특성이든 잘 수용하고 좋아해주는 편인 사람이라면 어떤 성격의 상대방을 만나도 대체로 좋은 관계를 유지하게 될 것이다. 반면 이것저것 바라는 게 많고 워낙에 사람을 쉽게 믿지도, 좋아하지도 않는 사람이라면 상대방이 어떤 사람이든 간에 관계 속에서 이런저런 불협화음을 많이 낼 것이다.

이성관계를 포함한 모든 관계는 자신의 성격뿐 아니라 상대방의 성격에도 영향을 받는다. 관계는 혼자 만들어가는 것이 아니기 때문에 자신의 다양한 성격 특성과 상대방의 다양한 성격 특성들이 구체적으로 어떻게 어우러지느냐에 따라 그 관계는 좋은 열매를 맺기도, 파국에 이르기도 한다.

이렇게 '어떤 사람들이 서로 잘 맞는다', '어떤 사람에게 매력을 느낀다'는 이야기는 한마디로 딱 잘라서 대답하기 어렵다. 애초에 가졌던 관계의 목적, 발전 정도, 자신의 성격, 상대방의 성격, 그리고 두 사람의 성격이 어우러지는 양상에 따라 매우 다양한 대답들이 나올 수 있다.

이렇게 사람 사이의 관계란 것은 태생적으로 복잡한 문제라는 점을 염두에 두고, 이성 간 매력과 관계맺기에 대해 심리학이 어떤 발견들을 해왔는지 자세히 살펴보자.

성격이 달라도 좋은 연인이 될 수 있다

결별의 원인으로 성격 차이를 드는 연인들이 많은 것처럼 우리는 보통 상대방과 자신의 성격이 비슷해야 좋은 관계를 유지할 수 있을 거라고 생각한다. 정말로 그럴까?

사실 이는 심리학계 내에서도 서로 다른 발견들 때문에 의견이 분분했던 문제다. 연구 대상이 된 연인들이 이제 막 사귀기 시작한 상태인지, 아니면 관계가 어느 정도 발전된 상태인지(관계 발전 정도)에 따라 성격이 비슷한 게 중요하기도 하고 그렇지 않기도 했다. 또한 처음 보는 남녀를 대상으로 실험실에서 상대방의 성격에 대한 정보를 글로 써서 보여주는 식의 상당히 인위적인 환경을 만들었을 때와 자연스러운 만남을 갖게 했을 때를 비교해보면, 성격이 비슷한 것이 관계 만족도에 중요하다고 확인될 때도 있지만 전혀 그렇지 않다고 확인될 때도 있다.

이 복잡한 문제에 대해 결론을 좀 내리고자 313개의 서로 다른 연구들을 종합하여 분석을 시도한 연구자들이 있었다. 그들이 내린 결론은 성격이 비슷한 것이 서로 매력을 느끼게 되는 정도나 관계의 질에 어느 정도 영향을 주긴 하지만 사람들의 일반적인 생각만큼 큰 영향은 주지 않는다는 것이다.[1]

정말 중요한 것은 성격이 실제로 얼마나 비슷하냐의 문제보다 주관적으로 상대방과 자신이 얼마나 비슷하다고 느끼는지의 문제라고 한다. 즉 서로 공통점이 많다는 '느낌'을 갖는 것이 만족스러운 관계를 만드는 데 더 중요한 역할을 한다는 얘기다.

성격이 실제로 어느 정도 비슷한가는 남녀가 처음 만났을 때 상대방에게 얼마나 호감을 갖는지의 문제와 연관을 보인다. 하지만 관계가 점점 발전되면서 서로 어느 정도 아는 사이가 되면 성격이 실제로 비슷한가 하는 문제는 더 이상 큰 영향을 끼치지 않게 된다. 예를 들어 처음 본 상대방이 자신과 공통적인 성격이나 취미를 갖고 있다고 생각되면 쉽게 호감을 느끼게 된다. 나는 상당히 외향적인 성격인데 상대방도 그러하고 둘 다 운동을 좋아한다고 하면 아무래도 더 친근하게 생각한다는 것이다. 하지만 관계가 점점 발전하면서는 실제로 얼마나 비슷한 성격이나 취미를 가졌는지는 별로 중요하지 않고 서로 비슷하다고 느끼게 되는 것이 더 중요해진다. 사이가 좋은 연인들의 경우 실제와는 상관없이 상대방과 자신이 공통점을 많이 가졌다고 생각하는 경향이 나타난다.[2]

당신이 지금까지 만났던 사람을 한번 떠올려보자. 그 사람의 어떤 점이 좋았는가? 그 또는 그녀의 좋았던 점 혹은 싫었던 점은 당신과 닮았는가 닮지 않았는가?

나의 경우에는 비슷한 사람보다는 다른 점이 많은 사람들과 관계가 좋았다. 한번은 꼼꼼하지 못한 성격인 나를, 타고난 꼼꼼함으로 잘 챙겨주는 사람에게 큰 매력을 느꼈던 적이 있다. 성격이 비슷하다는 것에서 오는 장점도 있었지만 다르다는 데에서 오는 장점도 있었기 때문에 결국 성격 자체가 관계에 큰 영향을 미치지 않았던 것 같다.

그보다 정말 중요했던 것은 서로 얼마나 맞추려고 노력했는지였다는 생각이 든다. 서로 맞춰가려는 노력을 통해 다른 점도 이해하고 받아들일 수 있게 되면서 실제보다 더 '우리는 서로 닮은 점이 많다'고 느끼게 된 것이다.

수많은 연구에서 이야기하듯 다르다는 것 자체는 문제가 안 된다. 중요한 것은, 서로 다른 것을 이해하고 받아들이려는 노력이다. 결국 '성격 차이 때문에 힘들다'는 말은 자신은 바뀌지 않고 상대방만 바뀌길 원하는 마음에서 나온 투정이나 변명 같은 게 아닐까?

그럼에도 불구하고 비슷하면 좋은 것이 한 가지 있긴 하다. 그것은 가치관, 즉 한 사람의 삶을 지배하는 중요한 원칙 또는 목표다.[3] 실제로 연인관계에 있어서는 성격보다 가치관이 큰 영향을 끼친다고 한다. 연구 결과를 보면 정치관, 경제관, 종교관 등 다양한 가치관에 있어서 상대방과 자신이 비슷하다고 느끼는 커플들이 서로 성격이 비슷하다고 느끼는 커플들보다 더 높은 관계 만족도를 보인다. 성격은 좀 달라도 괜찮지만 가치관은 그렇지 않다는 것이다.

특별히 중요하게 생각하는 부분에 있어서의 가치관 차이는 관계에 좋지 않은 영향을 준다. 예를 들어 정치관이 매우 확고한 사람의 경우 상대방이 자신과 전혀 다른 정치적 성향을 보이면, 결국 헤어지는 확률이 높았다. 반면 별로 중요하게 생각하지 않는 부분에서의 가치관 차이는 관계 유지에 큰 영향을 미치지 않는 것으로 나타났다.

모든 사람들은 저마다 인생에서 가장 중요하다고 생각하는 가치들이 있을 것이다. 그런데 만약 상대방이 그 가치에 있어 나와 정반대의 입장을 고수한다면 그와 깊은 관계로 들어가는 데에 어려움을 겪을 것이다. 예를 들어 나는 물질적인 것에 큰 가치를 두지 않는 편인데 상대방은 그런 것들을 제일 중요하게 여긴다면 두 사람 사이의 간극은 참으로 클 것이라고 예측할 수 있다.

정리하면, 성격이 달라서 헤어졌다는 말은 그저 '서로를 이해하기 위한 노력이 부족했다'는 말일 가능성이 높다. 따라서 비슷한 성격의 사람을 만나는 것에 너무 집착하지 말자. 다만 인생의 큰 방향에 있어서는 같은 곳을 바라볼 수 있는 사람을 만나는 것이 좋다는 것을 기억해두자.

잘생긴 남자가 예쁜 여자를 얻는다

흔히 이야기하는 '끼리끼리 만난다'는 말에는 외모 수준이나 사회적 위치가 비슷한 사람들끼리 만난다는 의미가 포함되어 있다. 대표적으로 장동건, 고소영 커플이 생각난다. 그런데 실제로 수준이 비슷해야지만 서로 매력을 느끼게 되는 걸까?

답은 '어느 정도 그렇다.' 외모만 봤을 때 실제로 커플들은 외모의 매력도가 서로 어느 정도 일치한다.[4] 예쁜 여성들은 그렇지 않은 여성들에 비해 잘생긴 남성과, 잘생긴 남성은 그렇지 않은 남성에 비해 예쁜 여성과 데이트할 확률이 높다는 것이다.

사회적 동물로서의 가치를 잘 드러내는 지수인 '인기도'를 봐도 사람들은 어느 정도 인기 수준이 비슷한 상대와 만나려고 한다. 실제 온라인 데이팅 사이트에서 3,000명을 대상으로 남녀가 연락을 주고받는 패턴을 분석해보았더니, 인기가 많은 여성은 그렇지 않은 여성에 비해 주로 인기가 많은 남성들과 연락하는 양상을 보였다.[5]

이렇게 끼리끼리 만나는 현상은 사람들은 자신의 매력 수준에 따라 비슷한 수준의 상대에게 매력을 느낀다는 것을 의미하는 것도 같다. 정말 그럴까? 즉 잘생긴 남성은 예쁜 여성에게 매력을 느끼지만, 그렇지 않은 남성은 비교적 덜 예쁜 여성에게 매력을 느끼게 될까?

짚신도 짝이 있다는 말을 생각하면 그럴 법도 하지만 사실은 그렇지 않다고 한다. 사람들은 자신의 매력 수준이 어떻든 간에 잘생기고 예쁘고 인기도 많은 사람들에게 큰 매력을 느낀다. 자신이 별로 매력적이지 않더라도, 못생기고 인기 없는 사람들보다는 예쁘고 잘나가는 사람들을 만나고 싶어 한다는 것이다.[6]

아래 그래프는 온라인 데이팅 사이트를 통해 사람들이 실제로 서로 연락을 주고받는 양상을 분석한 결과다. 자세히 보면, 자존감(스스로가 잘나간다고 생각하는 정도)이 낮은 사람들의 경우 자존감이 높은 사람들에 비해 덜 매력적인 사람들에게 조금 더 연락을 취하는 양상을 보이긴 한다. 그래도 여전히 자존감이 낮은 사람이건 높은 사람이건 모두 매력적이고 인기 많은 사람들에게 절대적으로 많이 연락하고 싶어 한다는 것을 볼 수 있다. 이러한 현상은 남녀 모두에게 동일하게 나타난다.

흔히 하는 '짚신도 짝이 있다', '끼리끼리 만난다'는 말은 사실 누

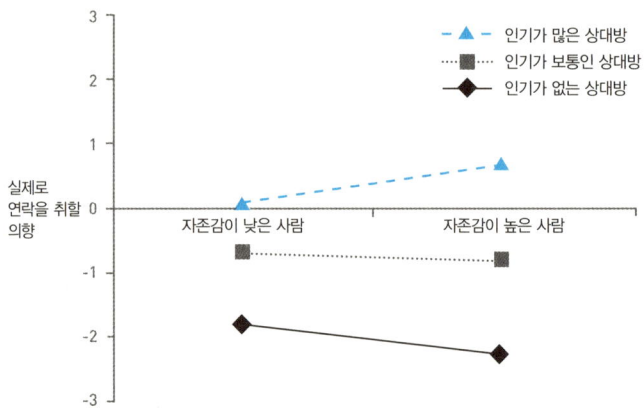

인기 없는 사람은 인기 없는 사람에게 접근하나?

구에게 접근할 것인가를 판단하는 단계가 아니라 접근을 한 후 실제 '성공률'이 나오는 단계에서 적용된다. 사람들은 내가 어떻든 간에 예쁘고 잘생긴 연인을 원하고 이를 위해 부단히 노력하지만 현실은 녹록하지 않다. 매력적인 사람들은 자신과 비슷한 수준으로 매력적인 사람이 접근해 올 때 수락할 확률이 높았다.

아래 그래프를 살펴보자. 먼저 예쁘고 잘생긴 사람이 대시했을 때 응답을 받는 경우는 대시받는 사람의 매력도 또한 높을 때다. 매력적인 사람들이 매력도가 낮은 사람들에게 대시했을 때는 오히려 응답을 받지 못한 것을 볼 수 있다. 반면 덜 예쁘고 덜 잘생긴 사람들은 비교적 덜 매력적인 사람에게 대시할 때 성공률이 제일 높은 것을 볼 수 있다. 즉 다들 잘생기고 예쁜 사람들에게 호감을 갖지만 실제 성공률은 자기와 매력 수준이 비슷한 사람에게 접근했을 때 높아진다.

눈이 높은 것은 좋지만 진짜로 연인을 만들고 싶다면 좀 더 전략

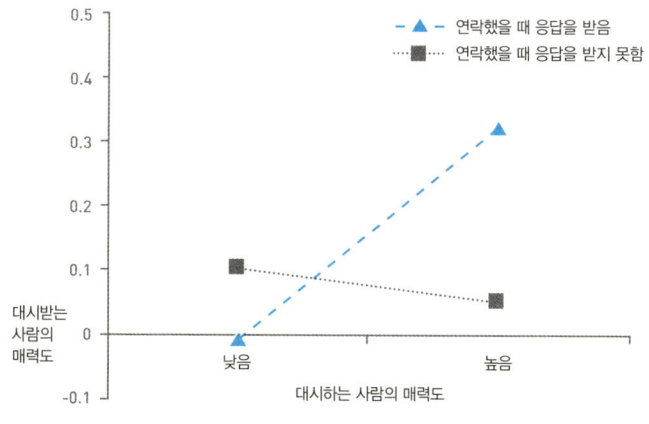

비슷한 사람들끼리 이루어진다? ◆2

적으로 접근해보는 것도 좋겠다. 나라는 짚신과 비슷한 짚신에게 대시해야 성공률이 높다는 것을 숙지하고 말이다. 좀 씁쓸하게 느껴지긴 하지만 그래야 모든 짚신들에게 다 짝이 있는 아름다운 세상이 될 거라고 나름 희망차게 생각해보자.

어떻게 생긴 사람이 인기를 얻을까?

가치관이 비슷한 게 좋다는 이야기나 매력 수준이 비슷한 사람들이 끼리끼리 사귀는 경향이 나타난다는 사실은 관계 당사자들의 특성이 서로 어떻게 조화를 이루는가에 관한 이야기다. 이번에는 조화의 문제와는 별개로 일반적으로 어떤 특성을 가진 사람들이 이성에게 인기를 얻는지에 관해 살펴보자.

가장 먼저 떠오르는 요소는 '외모'다. 일반적으로 생각하듯 잘생기고 예쁜 사람들이 그렇지 않은 사람들에 비해 인기가 많다. 특히 만난 지 얼마 안 된 상태에서는 다른 어떤 요소보다 외모가 가장 큰 영향을 미친다.

실제 댄스파티에서 처음 만나는 사람과 랜덤으로 짝을 지어 시간을 보내게 한 후 어떤 사람들이 인기가 많은지 살펴보았다. 그 결과 성격과는 상관없이 잘생기고 예쁜 사람들이 인기가 많았다.[7] 그도 그럴 것이 만난 지 얼마 되지 않아 서로에 대한 정보가 거의 없는 상태일 때에는 외모 외에 상대방에 대한 호감도를 결정할 요소도 딱히 없다. 그나저나 우리는 외모가 어떤 사람들을 예쁘다고(잘생겼다고) 생각하게 될까? 당신이 보통 예쁘다고 생각하는 사람들은 어떤 특징을 갖고 있는지 생각해보자. 얼굴의 경우 일반적으로 활짝 웃는 미소, 큰 동공, 높게 자리한 눈썹이, 자세에 있어서는 자신감 있어 보이는 모습이 인기가 있다고 한다.[8]

또한 신기하게도 많은 사람들의 얼굴을 합성할수록 우리가 매력적이라고 생각하는 얼굴이 나온다. 10명의 얼굴을 합성했을 때보다 50명의 얼굴을 합성했을 때가, 50명보다 100명을 합성했을 때가 더 아름답다고 생각되는 얼굴이 나온다는 것이다.[9]

이는 다양한 얼굴들이 합성될수록 이전에 본 듯한 친숙한 요소들이 섞이면서 전반적으로 친숙도가 높은 얼굴이 되고 형태 자체도 대칭적인 모양(중요한 미의 기준이다)이 나오기 때문이라고 한다.

또한 평균적이라는 것은 그 자체로 매우 적응과 관련된 의미를 갖는다는 것도 평균적인 얼굴이 아름다워 보이는 현상을 잘 설명한다. 평균에 위치한다는 것은 주어진 환경에서 가장 무난하게 생존하기에 유리한 위치에 있다는 것을 의미한다. 따라서 평균적인 얼굴은 그 사람이 생존에 있어 유리한 사람이라는 것을 알려준다.

이렇게 평균적인 얼굴은 곧 생존에 적응된 모습이라고 할 수 있기 때문에 사람들은 자연스럽게 평균적인 얼굴을 보고 아름답다고 느낀다고 학자들은 이야기한다.[10] 생존에 알맞은 유전자를 가지고 있는 사람에게 매력을 느껴야 생존력이 좋은 자손을 낳게 될 확률이 높아지니 말이다.

> **Talk** 어떤 냄새를 풍겨야 인기를 얻을까?

> 이성에게 매력을 느끼는 데에는 외모뿐 아니라 냄새와 목소리 같은 요소도 매우 큰 영향을 미친다. 여성들에게 남성들의 옷에서 나는 체취를 맡게 하고 그 체취를 통해 가장 마음에 드는 남성을 선택하게 하면 좋은 유전적 특성을 갖고 있는 사람을 선택하게 된다는 내용의 연구가 화제된 적이 있다.11 **외모뿐 아니라 체취도 상대방의 유전적인 정보를 담고 있으며 이에 따라 그 사람을 매력적으로 또는 매력적이지 않게 느끼게 된다는 것이다.**
>
> 목소리의 경우 일반적으로 여성은 굵고 낮은 남성의 목소리에 매력을 느끼게 되는데 낮은 목소리는 남성호르몬의 양과 관련되어 있다고 한다.12 즉 여성은 남성호르몬을 발산하는 목소리에 끌리게 된다는 것이다. 같은 맥락에서 여성들은 목소리가 낮은 남성들이 바람을 잘 필 거라고 생각하기도 한다.13 낮은 목소리의 남성들이 매력도가 높은 만큼 바람둥이일 확률도 크다고 여기는 것이다.

가임기 여성의 매력

인간은 결국 동물이자 생명체다. 모든 생명체들은 생존과 번식이라는 목적을 공통적으로 갖고 있다. 따라서 다른 동물들뿐 아니라 인간도 자손을 갖기 좋은 시기, 즉 가임(임신 가능) 상태인 이성에게 더 끌리는 모습을 보인다.

남성들은 임신 가능성이 절정에 달한(배란기가 정점에 다다랐을 때) 여성에게 큰 매력을 느끼는 현상을 보인다. '젠틀맨 클럽'이라는 스트립 클럽에서 시행된 한 연구에서는 여성 댄서들이 임신 가능성이 가장 높은 시기인 배란 절정기에 약 335달러를 벌고, 배란기와 월경 사이에는 260달러를, 임신 가능성이 가장 낮은 월경 시기에는 185달러를 번다는 것을 확인했다. 또한 피임약을 먹고 있는 여성에 비해 그렇지 않은 여성들이 더 많은 돈을 버는 것으로 나타났다.[14]

여성이 '임신 가능한 상태인가'라는 정보, 즉 여성의 호르몬 상태가 체취나 기타 여러 가지 통로를 통해 남성들에게 전달되면 정보를 받은 남성들은 무의식적으로 임신 가능성이 높은 상태의 여성을 선호하게 된다는 것이다. 임신 가능성이 높은 여성에게 매력을 느껴야 자손을 갖게 될 확률이 높아지기 때문에 이는 생존과 번식이라는 생명체의 사명을 놓고 봤을 때 매우 적응된 반응이라고 할 수 있다.

한편 남성들이 자연스럽게 가임기인 여성에게 더 끌리는 현상뿐 아니라 여성들도 가임기일 때 스스로를 더 예쁘게 치장하는 현상도 나타난다.[15] 여성들은 배란기가 절정에 다다를수록 평소보다 노출 수위가 높은 옷을 입고 미용이나 패션 관련 지출을 많이 하는 경향이 있다. 목소리 톤도 이전에 비해 높아진다. 임신 가능 시기에 여성이 스스로를 더 매력적으로 꾸미는 현상 또한 남성들로 하여금 이들에게 더 큰 매력을 느끼게 만드는 원인이 된다. 여성의 경우 왠지 화장품이나 옷을 사고 싶고 자신을 꾸미고 싶어지는 날이 있다면 그날이 배란기일지도 모르겠다.

가임기는 여성이 남성을 어떻게 보느냐 하는 문제에도 영향을 미친다. 가임기 여성들은 자신의 남자친구를 다른 때와는 좀 달리 보게 되기도 한다. 못생기거나 몸매가 별로인, 즉 신체적 매력도가 낮은 남자친구를 가진 여성들의 경우 배란기가 절정에 달할수록 평소보다 남자친구가 더 멀게 느껴지는 현상도 나타난다. 반면 몸매도 좋고 잘생긴 남자친구를 가진 여성들은 배란기가 절정에 가까워질수록 남자친구를 평소보다 더 좋아하는 현상이 나타난다.[16]

즉 임신을 할 수 있는 상태가 될수록 좀 더 매력적인 유전자를 가진 남성이 더 멋지고 좋아 보이게 된다는 것이다. 그래야 조금이라도 더 좋은 유전자를 가진 자손을 가질 확률이 높아질 테니 이 또한 여성들에게 있어 적응된 반응이 될 것이다. 여자친구가 주기적으로 자신에게서 멀어지려고 하는 것 같다면 외모를 좀 가꾸든가 색다른 방법으로 매력을 어필해볼 필요가 있다.

Talk. 가임기 여성은 동성애자를 알아본다?

앞서 언급했듯이 가임기는 여성이 남성의 어떤 요소를 중요하게 생각하는지에도 영향을 준다. 배란이 가장 활발한 시점에 있는 여성들, 즉 임신 가능성이 가장 높은 시기에 있는 여성들은 다른 때에 비해 '좋은 유전자를 가진 자손을 낳을 수 있는가'라는 가능성과 관련하여 남성의 매력을 판단하는 경향을 보인다.

비슷한 맥락에서 여성들은 가임기가 절정에 달할수록 남성이 이성애자인지 동성애자인지를 잘 구분할 수 있게 된다. 신기한 것은 '얼굴만 보고도' 이러한 판단을 정확하게 내릴 수 있다는 사실이다.[17]

여성들에게 외모와 표정의 매력도가 비슷한 남성 80명의 사진을 보여주고 각 남성이 동성애자인지 이성애자인지를 판단하게 하였다. 그 결과 배란이 가장 활발한 시기에 있는 여성일수록 남성의 얼굴만 보고도 그 실제 성적 취향을 잘 맞혔다.

이 결과는 판단의 대상이 남성일 때만 나타났다. 대상이 여성일 때에는 가임기라고 해도 성적 취향을 잘 맞히지 못했다는 것이다. 이렇게 남성을 대상으로 했을 때만 상대의 성적 취향을 잘 맞히게 되는 현상은, 가임기인 여성은 단순히 성적 취향 전반에 대해 예민해지는 것이 아니라 배우자가 될 가능성이 있는 '잠재적 배우자'에게만 더 주의를 기울이게 된다는 것을 보여준다.

이러한 현상이 나타나는 이유로 연구자들은 남성의 성적 취향, 즉 여성 본인의 임신 가능성을 나타내는 지표가 가임기가 다가올수록 더욱 중요한 의미를 갖게 되기 때문이라고 이야기한다. **임신이 가능한 시기가 다가올수록 상대 남성과 자손을 갖게 될 가능성이 있는지의 여부가 중요한 문제가 되며, 따라서 여기에 더 주의를 기울이고 잘 판단하게 된다는 것이다.**

자신감 넘치는 남자, 행복해 보이는 여자

흔히들 '남자는 자신감이다'라는 이야기를 하곤 한다. 정말로 자신감 넘치는 남성이 인기가 있을까?

적어도 표정에서는 자신감 넘치는 표정이 여성들에게 호감을 얻는 것으로 보인다.[18] 남녀를 대상으로 행복한 표정, 자신감 넘치는 표정, 부끄러워하는 표정, 무표정, 이 네 가지 중 한 가지 표정을 한 이성들의 사진을 잔뜩 보여준다. 그리고 사진 속 사람이 얼마나 성적으로 매력 있어 보이는지 묻는다.

그러면 재미있게도 인종이나 나이에 따른 차이 없이 남성의 경우에는 자신감 넘치는 모습이 성적으로 제일 매력적이라는 평가를, 행복한 표정이 제일 매력적이지 않다는 평가를 받는다. 남성의 경우 부끄러워하는 표정과 무표정은 매력도에서 차이가 나지 않았다.

반대로 여성의 경우 행복한 모습이 성적으로 제일 매력적이라는 평가를 받았고, 부끄러워하는 모습이 제일 매력적이지 않다는 평가를 받았다. 여성의 경우에는 남성과 다르게 자신감 넘치는 모습이 매력적이라는 평가를 받지 못했다. 여성의 자신감 넘치는 표정은 무표정과 비슷한 수준의 평가를 받았다.

여성에게 있어서는 가장 매력 있게 느껴지는 행복한 표정이, 남성에게 있어서는 제일 매력적이지 않은 모습으로 평가받은 것이 재미있다. 자신감의 경우 남성에게는 매력적인 모습으로 인식되지만 여성에게는 별로 매력적이지 않은 모습으로 인식되는 것도 흥미로운 부분이다. 남자에게 있어 특히 자신감이 이성에게 어필하는 중요한 도구가 된다는 말은 나름 과학적 근거가 있다는 얘기다.

이러한 결과가 나온 원인에 대해 연구자들은 남성의 경우 생존력의 지표가 되는 강인함이 좋은 배우자로서의 특성인 반면, 여성의 경우는 순종성과 여성성이 좋은 배우자로서의 특성으로 여겨지기 때문인 것으로 해석하고 있다. 실제 원인이 어떠하든 한 번쯤 생각해볼 만한 재미있는 결과다.

남성들의 경우 좋아하는 여성 앞에서 자신감 있는 태도, 적어도 자신감 있는 표정을 잃지 않도록 노력해보자.

유혹할 땐 빨간색 옷을 입어라

빨간 립스틱, 빨간 드레스 등으로 대표되는 '빨강'이라는 색은 흔히들 유혹의 색이라고 알려져 있다. 빨간색은 섹시한 색깔의 대표를 맡고 있기도 하다. 그런데 왜 하필 그 많은 색들 중에서 빨간색이 유독 섹시한 색깔로 인식되는 것일까? 그리고 실제로 빨간색이 다른 색에 비해 여성을 매력적으로 보이게 하는 효과가 있을까?

실험은 매우 간단했다(다음 페이지 그래프 참조).[19] 색깔별로 조건을 나누어 남성들에게 각각 하얀색, 회색, 초록색, 파란색 중 한 색깔의 옷을 입고 있는 여성들의 사진을 보여주었다. 사진을 보여준 후 남성들에게 다음의 질문에 응답하도록 하였다. 첫째 이 여성이 얼마나 매력적인가, 둘째 이 여성이 얼마나 성적으로 어필하나, 셋째 이 여성과 얼마나 성관계를 맺고 싶나, 넷째 이 여성에게 데이트 신청을 할 것인가, 다섯째 데이트를 한다면 이 여성에게 얼마나 쓸 것인가?

그 결과 남성들은 빨간색 옷을 입고 있는 여성에게 가장 큰 매력을 느끼는 것이 확인됐다.

그래프를 보면 한눈에 봐도 남성들이 다른 색깔보다 빨간색 옷을 입은 여성에게 훨씬 많은 매력을 느끼고(특히 성적인 매력) 많은 돈을 쓰겠다고 한 것을 볼 수 있다. 데이트 비용 지출의 경우 다른 옷에 비해 빨간색 옷을 입은 여성에게 약 두 배의 돈을 쓰겠다고 하는 것이 확인되었다. 참고로 여성 참가자는 빨간색 옷을 입은 남성에게 더 큰 매력을 느끼지 않았다.

이러한 현상이 나타나는 이유는 무엇일까? 연구자들은 동물들의 세계에서 빨간색이 번식과 특히 관련되어 있는 색이라는 점에 주목했다. 많은 암컷 동물들은 배란이 활발한 가임기가 되면 성기, 회음부, 가슴, 얼굴 등이 빨개지는 모습을 보인다. 이는 에스트로겐 수치가 높아지면서 혈류량이 증가하기 때문에 나타나는 현상으로 바분 원숭이, 침팬지, 마카크 원숭이 등의 영장류들도 가임기가 되면 회음부가 유독 빨갛게 부풀어 오른다고 한다.

수컷들은 이렇게 가임기가 된 암컷들이 가임기가 되면 붉어지는

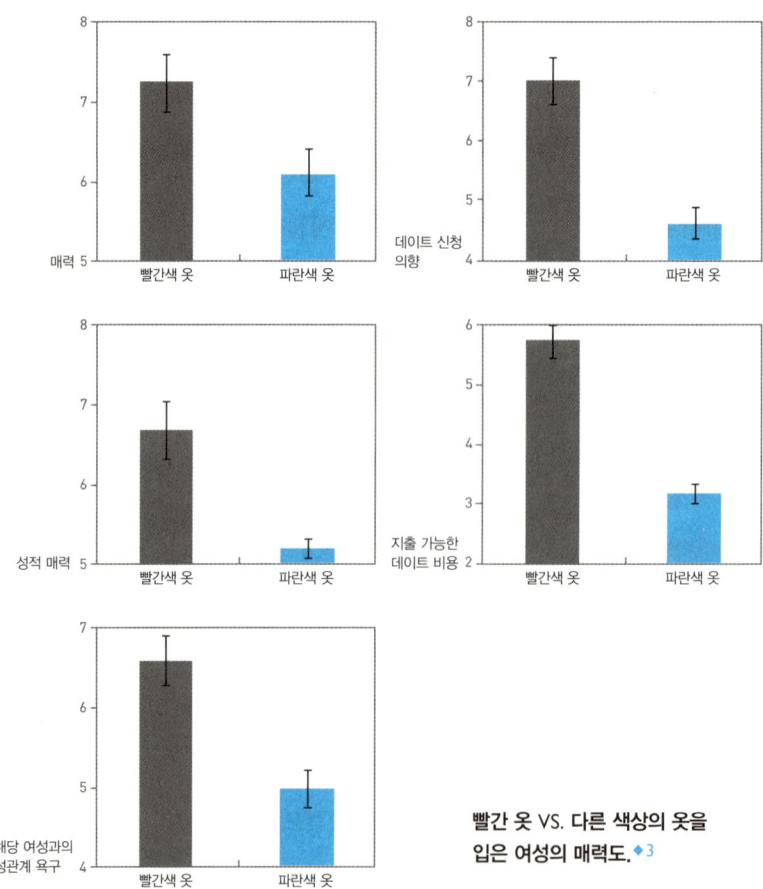

빨간 옷 VS. 다른 색상의 옷을 입은 여성의 매력도.[3]

현상을 보고 무의식적으로 '아, 이 여성이 지금 가임기니까 열심히 공략해야겠군!'이라는 시스템을 발달시켜온 것으로 보인다. 즉 수컷들은 빨간색을 보면 성적으로 흥분하게 되어 있다는 것이다. 연구자들은 이러한 맥락에서 인간 남성이 빨간색에 흥분하는 것은 극히 자연스러운 일이라고 이야기한다.

이렇게 동물적, 원초적 수준에서 일어나는 일일수록 우리는 속수무책으로 당하게 된다. 무의식적인 수준에서 일어나는 일이기 때문에 감지하지도, 의식적으로 대응하지도 못한 채 그대로 휩쓸려버리기 때문이다. 그렇기 때문에 때때로 의식적인 노력보다 단순하고 원초적인 자극들이 더 큰 효과를 발휘하게 된다. 아무리 애써 노력해도 높이기 힘든 매력도가 빨간색 옷이라는 원초적 자극 하나로 인해 확 높아질 수 있다는 것이다. 이 연구 결과를 보면 실제로 빨간색 옷 하나에 여성의 매력이 세 배 또는 그 이상 높아진다. 결국 우리는 추상적이고 복잡한 생각을 하는 고등동물이긴 하지만 다른 동물들만큼이나 본능에 큰 영향을 받는 것이다.

빨간색의 힘을 일상생활에 적용해보자면 남성들의 경우 빨간 옷을 입은 여성은 조금 조심할(?) 필요가 있을지도 모르겠다. 여성들의 경우에는 마음에 드는 남성에게 과감히 다가가야겠다는 생각이 들 때 빨간색을 적절히 사용하면 도움이 될 수 있을 것이다.

배고플 때는 통통한 여성이 인기 있다

대체로 남성들은 뚱뚱한 여성보다는 마른 여성을 선호하는 것으로 알려져 있다. 그런데 이는 남성의 사회적 지위나 배고픈 정도에 따라 조금 달라진다. 일반적으로 사회적 지위나 소득 수준이 낮은 남성일수록 상대적으로 통통한 여성들을 선호하는 현상이 나타난다.

그 이유에 대해 연구자들은 자신이 부족한 자원을 갖고 있으면 자연스럽게 자원이 풍족해 보이는 통통한 여성이 좋아 보이기 때문이라고 말한다. 내가 빈곤할 때는 상대방이라도 풍족한 게 좋다는 것이다.

이러한 현상은 남성들이 배고픈 상태일 때 확연하게 나타난다.[20] 배고픔은 생존을 위한 자원이 부족하다는 신호로, 앞으로의 생존이 어려울지도 모른다는 위협적인 신호다. 따라서 배고픈 상태에 있는, 즉 생존에 필요한 자원이 부족한 남성들은 소득 수준이 낮은 남성들과 마찬가지로 풍요로울 것 같은 여성을 선호하게 된다.

연구자들은 어느 대학교 식당에서 아직 식사 전인 배고픈 남성들과 식사 후인 배부른 남성들을 대상으로, 다양한 몸무게의 여성들 사진을 보여주고 각 여성들이 얼마나 매력적으로 느껴지는지 물었다.

오른쪽 그래프에서 색칠된 점은 식사를 마친 배부른 남성들이고, 색칠되지 않은 점은 식사 전의 배고픈 남성들이다. 가로축은 사진 속 여성들의 BMI 지수(비만도를 나타내는 지수)고 세로축은 남성들이 평가한 사진 속 여성들의 매력 지수다.

한눈에도 배고픈 남성들이 배부른 남성들에 비해 BMI 지수가 높은 여성들에 대해서도 매력을 느꼈다는 것을 확인할 수 있다. 물론 20 정도의 BMI 지수의 여성을 가장 선호하는 경향은 배고픈 남성이나 배부른 남성이나 비슷하다. 그러나 배부른 남성들은 BMI 지수가 20 이상인 여성들에 대해서는 확실히 매력을 덜 느끼게 되는 반면 배고픈 남

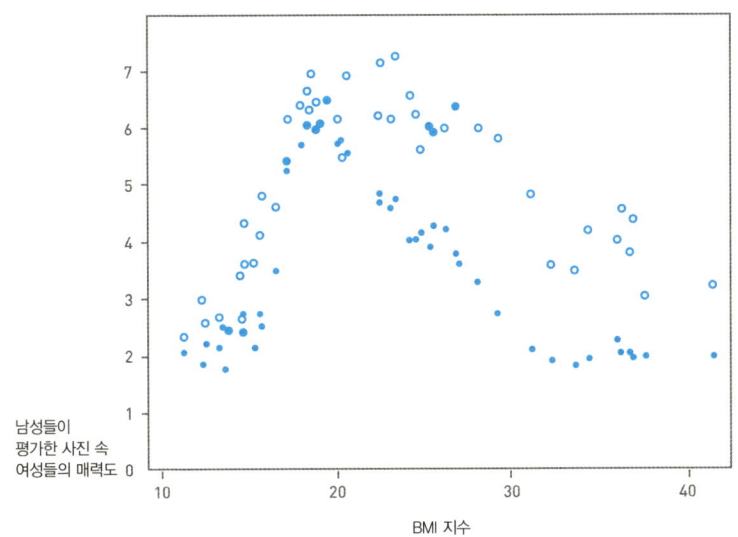

배부른 남성 VS. 배고픈 남성이 보는 매력적인 몸매. ◆4

성들은 BMI 지수가 30 이상이 될 때까지 여성의 몸무게에 대해 비교적 관대한 모습을 보이는 것이 포인트다. 배부를 때는 BMI 지수가 20 정도인 여성을 선호하다가 배가 고파지면 BMI 지수가 30인 여성들까지도 매력적으로 보게 된다는 얘기다.

　이 연구를 보고 "남자친구를 굶겨야 하는 건가?"라는 우스갯소리를 던지는 사람도 있었다. 한편으로 이 연구는 매력적으로 보이기 위해 늘 다이어트에 시달려야 하는 여성들의 스트레스를 반영하는 것 같다. (농담이지만) 이 연구 결과를 응용하여 그런 스트레스에서 벗어날 수 있는 여성들이 생기길 바라본다.

남자의 지갑은 경쟁자가 많을 때 잘 열린다

앞서 남성과 여성이 서로의 어떤 점에 대해 끌리게 되는지를 살펴보았다. 이번에는 우리 자신의 어떤 특성들과 어떤 상황적 요인들이 우리를 사랑에 허우적거리게 만드는지 살펴보자.

우리나라는 심각한 남초사회 男超社會다. 인구 전체에서 여성 대비 남성의 비율이 더 높다는 것이다. 따라서 향후 10년 안에 결혼 대란이 올 것이라는 우려가 나오고 있다. 이렇게 남성과 여성의 비율은 결혼 및 연애 전선에 큰 영향을 미치게 된다. 1 대 1로 맺어지는 상황에서 어느 한쪽이 부족하다면 다른 한쪽은 조급해질 수밖에 없다.

이렇게 이성이 부족할 때, 즉 이성을 만날 수 있는 기회 자체가 별로 없을 때 나타나는 재미있는 현상 중 하나가 이성에게 쉽게 매력을 느끼게 되는 것이다. 만날 수 있는 여성 또는 남성이 얼마 없으면 상대가 어떤 사람이든 예쁘고 잘생겨 보이게 된달까?

오래전 실시된 한 연구에서는 바 bar 손님들을 대상으로 밤 9시, 10시 30분, 12시, 12시 30분에 각각 손님들의 수준이 어떠한지 평가하게 했다. 즉 남성 손님들에게는 바에 있는 여성 손님들이 얼마나 매력적인지, 여성 손님들에게는 남성 손님들이 얼마나 매력적인지 평가하도록 했다. 그 결과 바의 문을 닫는 시간이 가까워질수록, 즉 이성을 만날 시간이 얼마 남지 않을수록 사람들은 대체로 바의 물이 좋다고 평가했다.[21] 이러한 현상은 특히 솔로들에게 더 잘 나타난다.[22]

이성의 풀 pool 자체가 작아지거나 만날 수 있는 시간이 점점 줄어들면 마음이 조급해지고 그럴수록 사람들은 평소보다 더 상대방의 매력에 관대한 평가를 내리게 된다는 것이다.

이렇게 성비가 맞지 않을 때 일어나는 또 하나의 재미있는 현상은 남성의 경우 여성에게 과감한 투자를 하게 된다는 것이다.

　　남초사회의 남성들은 미래를 위해 저축을 하기보다 지금 당장 돈을 끌어다 쓰려고 하고, 여성에게 돈을 많이 쓰려고 한다.[23] 그 원인은 여성의 수가 적은 남초사회에서는 여성을 차지하기 위한 남성들 간의 경쟁이 심화되기 때문이다. 이 경쟁에서 이기기 위해 남성들은 지금 당장 다른 남성들보다 먼저 여성들에게 선물 공세를 하는 등의 투자를 해야만 하는 것이다. 따라서 저축을 하기보다는 빚을 내서라도 지금 당장 돈을 끌어다 쓰려는 욕구가 높아지고, 여성들과 데이트를 할 때에도 돈을 더 많이 쓰게 된다.

　　한 실험에서는 남초사회가 되면 실제로 남자들이 저축을 적게 하고 지금 당장 쓸 수 있는 돈을 몽땅 다 끌어다 쓰는지(빚까지 지는지)를 확인하였다. 연구자들은 참가자들에게 신문 기사를 읽도록 했다. 남초사회 조건 참가자들에게는 "남자가 여자보다 훨씬 많다"는 남초사회에 관한 기사를, 여초사회 조건 참가자들에게는 반대로 "여자가 남자보

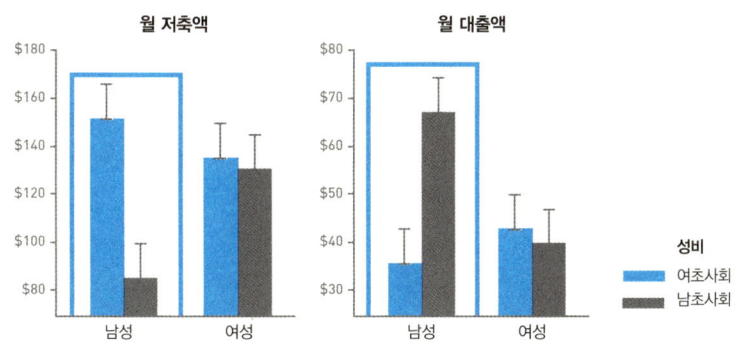

남초사회 남성들은 저축액을 줄이고 대출액을 늘리려는 모습을 보인다. ◆5

다 많다"는 내용의 기사를 읽게 했다.

그리고 나서 두 조건의 참가자들 모두 앞으로 얼마나 저축할 것인지, 신용카드로 얼마나 지출을 할 것인지에 대해 응답하였다.

그 결과(앞 페이지 그래프 참조) 남성들에게만 남초사회일 때(회색 막대) 저축을 훨씬 적게 하고(월 150달러 → 80달러) 카드를 훨씬 많이 긁겠다고 하는 현상이 나타났다(월 40달러 → 70달러).

금액이 약 두 배나 차이 난다는 것은 남초사회라는 정보, 즉 여성은 적고 경쟁자들은 많으며 짝짓기를 하기 어렵다는 정보가 남성에게 상당히 위협적이라는 것을 보여준다.

또 다른 실험에서는 남초사회의 남성들이 실제로 여성에게 돈을 더 많이 쓰려고 하는지를 살펴보았다(아래 그래프 참조). 앞선 실험과 마찬가지로 기사를 통해 남초사회 조건과 여초사회 조건을 만들고 참가자들 모두에게 다음의 질문에 응답하도록 했다. 남성이 여성에게 얼마짜리 약혼반지를 해줘야 하는지, 데이트 할 때 얼마나 비싼 레스토랑에 데

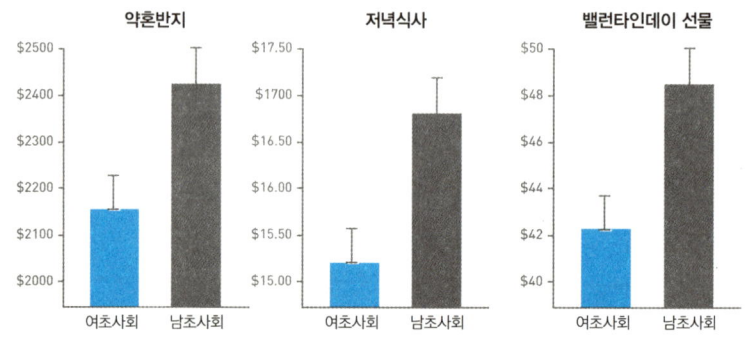

남초사회의 남성들은 여성에게 더 많은 지출을 하려고 한다. ◆6

려가야 하는지, 밸런타인데이 선물은 얼마짜리로 해야 하는지 등 다양한 상황에서 얼만큼의 돈을 써야 하는지에 관한 질문들이었다.

왼쪽부터 차례대로 약혼반지, 저녁식사, 밸런타인데이 선물에 대한 결과다. 남초사회 조건의 참가자들이 세 항목 모두에 있어 여초사회 조건의 참가자들보다 여성에게 돈을 2~4배 정도 더 많이 써야 한다고 응답한 것을 볼 수 있다.

남초사회라는 간단한 정보가 이렇게 큰 차이를 불러일으킬 수 있다는 사실이 신기하다. 결국 이러한 현상이 보여주는 것은 그만큼 남성들에게 있어 여성을 만나는 것은 매우 중요한 문제라는 것 아닐까? 남초사회인 우리나라의 남성들은 다른 곳의 남성들에 비해 여성에게 많은 투자를 해야 한다는 압박감을 느끼면서 살고 있는 것은 아닌지 모르겠다.

사랑에 관한 다섯 가지 이야기

사랑에 잘 빠지게 만드는 기타 상황적인 요소들에는 어떤 것들이 있는지 살펴보자. 우선 다음의 OX 퀴즈에 답해보라.

1. 사랑에 잘 빠지는 성격의 사람들이 있다. (O X)
2. 좋은 음악으로 분위기를 좋게 하면 사랑에 더 쉽게 빠진다. (O X)
3. 술을 마시면 상대방이 예뻐 보인다. (O X)
4. 로미오와 줄리엣처럼 사랑을 반대하는 사람들이 있으면 서로에 대한 감정이 더 활활 타오른다. (O X)

5. 매력적인 이성을 보면 내 여자/남자친구에 대한 사랑이 식는 현상이 나타난다. (O X)

사랑에 잘 빠지는 성격의 사람들이 있다. 답 : O

일반적으로 내향적인 사람들에 비해 외향적인 사람들이, 불행한 사람들보다 행복한 사람들이 주변 사람들을 쉽게 좋아하고 사랑에도 쉽게 빠지는 편이라고 알려져 있다. 외향적인 사람들은 그렇지 않은 사람들에 비해 바람둥이가 될 확률도 높다. 외향적인 남성은 양다리를 걸치는 경향이, 외향적인 여성은 양다리보다는 사귀던 남성과 헤어지고 새로운 남성을 사귀는 경향이 나타난다고 한다.[24] 연인이 매우 외향적이고 매우 행복한 사람인 경우에는 좀 긴장할 필요가 있겠다.

좋은 음악으로 분위기를 좋게 하면 사랑에 더 쉽게 빠진다. 답 : O

사랑에 빠지는 데에는 분위기도 일조한다. 당연한 이야기지만 슬프고 어두운 분위기보다는 밝고 행복한 분위기일 때 사람들은 사랑에 더 쉽게 빠지게 된다.[25] 음악 또한 영향을 미쳐 기분 좋은 음악은 사랑을 촉진하는 역할을 한다.

술을 마시면 상대방이 예뻐 보인다. 답 : O

술도 사람들이 서로 매력을 느끼는 데 영향을 준다. 알코올 섭취량이 많을수록 상대방에게 매력을 많이 느끼는 현상이 나타난다.[26] 이러한 효과가 술을 마시면 쉽게 사고를 치게 되는 현상의 한 원인이 될지도 모르겠다. 물론 술에서 깨고 나면 현실을 직면하게 되겠지만 말이다.

로미오와 줄리엣처럼 사랑을 반대하는 사람들이 있으면 서로에 대한 감정이 더 활활 타오른다. 답 : X

사람들은 로미오와 줄리엣의 사례처럼 주변의 반대가 사랑을 더 불타오르게 하는 요소가 된다고 생각한다. 하지만 일반적으로는 그렇지 않다고 한다. 주변의 반대가 있을 때보다는 없을 때 서로에게 더 큰 매력을 느끼게 된다는 것이다.

이러한 현상은 특히 여성에게 강하게 나타난다고 한다. 여성들의 경우 주변 사람들이 자신의 연인을 좋게 봐주고 인정해줄수록 남자친구에게 큰 매력을 느끼게 되고 반대의 경우에는 매력을 덜 느끼게 되는 현상이 나타난다. 심지어 낯선 사람이 자신의 남자친구에 대해 이야기하는 것에도 영향을 받곤 한다.[27] 여성들 앞에서 "네 남자친구 별로인 것 같아"라는 말은 삼가는 것이 좋겠다.

매력적인 이성을 보면 내 여자/남자친구에 대한 사랑이 식는 현상이 나타난다. 답 : O

다른 이성들과 연인을 비교하는 것 또한 우리가 연인에게 느끼는 매력에 영향을 미친다. 이는 특히 남성들에게 큰 영향을 미치는 것 같다. 〈플레이보이*Playboy*〉지의 아름다운 여성들을 본 남성들은 일반 잡지를 본 남성들에 비해 자신의 부인을 덜 매력적으로 여기고 심지어 부인에 대한 사랑도 이전에 비해 덜 느끼게 되는 것으로 나타났다.[28] 반면 여성들에게는 이러한 효과가 잘 나타나지 않았다.

결혼 생활에 있어서도 부인이 자신보다 덜 매력적인 남편들은, 부인이 자신보다 더 매력적인 남편들에 비해 결혼 만족도가 낮고 결혼

생활에 좋지 않은 행동을 하는 것으로 나타났다.[29]

특히 남성들의 경우 자신의 배우자가 자기보다, 또는 다른 여성보다 매력적이지 않으면 사랑이 좀 식어버리는 경향이 있다는 것이다. 백설공주에 나오는 왕비가 이래서 그렇게 자신보다 아름다운 여성을 제거하려고 기를 쓴 게 아닌가 하는 생각이 든다.

남성은 외모를, 여성은 성격을 본다고?

이번에는 남자와 여자의 차이에 대해 이야기해보자. 일반적으로 이성을 볼 때 남성은 외모를, 여성은 능력과 성격을 더 중시하는 것으로 알려져 있다. 실제로 남성과 여성에게 이성을 볼 때 무엇을 중요하게 여기는지 순위를 매기도록 하면 남성은 외모와 관련된 것들에, 여성은 재력과 성격 관련된 것들에 더 높은 순위를 주는 현상이 나타난다.[30]

하지만 이렇게 우리가 머릿속에서 연인을 선택할 때 중요한 기준이라고 여기는 것들이 실제 상황에도 그대로 적용될까? 즉 남성은 무조건 예쁜 여성에게, 여성은 무조건 능력 좋고 성격 좋은 남성에게 매력을 느끼게 될까?

사람들에게 스피드 데이팅Speed dating이라고 하는 일종의 단체 소개팅을 하도록 한다. 테이블마다 여성들이 한 명씩 앉아 있으면 남성들이 5분 동안 대화를 나눈 후 다음 테이블로 이동하는 식으로, 모든 여성과 남성이 돌아가며 한 번씩 대화를 나눌 수 있는 형식의 데이트다.

스피드 데이팅을 하기 전에 설문을 통해 참가자들 모두의 성격, 가치관, 취미 등의 기본적 성향에 대한 정보를 받아놓는다. 사진을 찍어서 각 참가자가 신체적으로 얼마나 매력적인지도 측정해둔다. 데이트를 진행한 후에는 각 참가자들에게 오늘 만나본 모든 사람들이 각각 얼마나 맘에 들었는지, 매력도를 점수로 매기게 한다. 이렇게 하면 어떤 성격, 가치관, 취미 등을 가진 사람들이 인기가 많은지를 살펴볼 수 있다.

이렇게 사람들이 '실제 만남', 특히 만남 초기에 어떤 상대방에게 끌리는지를 살펴보면 남녀 모두 외모가 준수한 사람에게 끌리는 경향이 나타난다.

또 여성이 남성에 비해 외모뿐 아니라 성격이나 가치관 등도 함께 고려하는 현상이 나타난 연구 결과도 있다. 그러나 이런 연구들도 결국 매력을 느끼는 데 제일 중요한 요소는 상대방의 외모라고 이야기한다. 즉 우리의 생각과는 다르게 실제 상황에서는 남자든 여자든 별 차이 없이 예쁘고 잘생긴 사람들에게 가슴 떨림을 느낀다는 것이다.

물론 만남이 지속되고, 결혼과 같은 장기적인 관계에 진입하게 될수록 매력을 느끼는 중요한 요소들이 조금씩 달라질 수는 있다. 그럼에도 남녀를 불문하고 상대방의 외모가 매력을 느끼게 하는 데 큰 영향을 미치는 중요한 요소라는 점은 부인할 수 없을 것이다.

남자와 여자의 성 관념은 같을까, 다를까

최근에는 남녀의 성에 대해 우리가 일반적으로 생각했던 것들과 반대되는 내용의 주장들이 나오고 있다. 그중 하나는 여성은 이성에게 매력을 느낄 때 남성에 비해 내면의 미美 같은 것에 더 큰 영향을 받게 될 것 같지만 사실 그렇지도 않다는 것이다. 또 다른 하나는 남성과 여성의 성적인 욕구가 일반적으로 생각하는 것보다 별로 큰 차이를 보이지 않는다는 내용이다.[31]

여성이 남성에 비해 적은 수의 이성과 관계를 맺는다?

많은 연구들에서 일생을 통틀어 성적인 관계를 맺는 이성의 수를 비교해보면 남성이 여성에 비해 훨씬 그 수가 많은 것으로 나타난다. 하지만 언뜻 생각해봐도 남성들이 많은 수의 여성들과 관계를 맺는다는 얘기는 곧 여성 또한 많은 수의 남성과 관계를 맺는다는 얘기가 된다. 성적 관계는 일반적으로 남성과 여성 양쪽이 동시에 필요하니까 말이다.

사람들에게 다음과 같은 이야기를 한다. "이 기계를 몸에 부착하게 되면 당신이 지금까지 몇 명과 성적인 관계를 맺었는지 정확하게 알 수 있습니다. 그러니 지금까지 몇 명과 관계했는지 정확히 알려주시기 바랍니다."

물론 이는 참가자들이 최대한 솔직하게 응답하도록 하기 위해 고안해낸 거짓말이었다. 연구자들은 기계를 부착한 조건과 기계 부착 없이 그냥 양심껏 보고해달라고 한 조건을 비교해보았다. 그랬더니 소위 '몇 명과 잤는지 알아내는 기계'를 부착한 조건에서는 남성과 여성이 관계를 맺은 이성의 수가 비슷한 것으로 나타났다. 그냥 솔직하게 보고해달라고 한 조건에서는 여성이 남성에 비해 관계를 맺은 이성의 수가 훨씬 적은 것으로 나타났다.

즉 일반적으로 여성은 관계를 맺은 이성의 수를 축소해서 이야기한다는 것이다. 물론 여기에는 특히 여성에게 성욕을 절제할 것을 요구하는 사회적 규범이 한몫을 했을 것이다.

여하튼 결론은 거짓으로 답변하는 문제를 해결하게 되면 한 평생 잠자리를 함께하는 상대의 수에 있어 남녀 차이가 거의 나타나지 않는다는 것이다.

남성이 여성보다 야한 생각을 더 많이 할까?

'남성은 매 7초마다 야한 생각을 한다'는 말이 있을 정도로 일반적으로 남성은 상당히 밝히는 편인 것으로 여겨지고 있다. 이런 생각에 별다른 의심이 들지는 않지만 연구자 정신이란 당연해 보이는 현상도 파헤쳐보는 것. 실제로 남성이 여성에 비해 야한 생각을 더 자주 하는지 확인해보려는 시도가 있었다.

남녀 참가자들에게 누를 때마다 숫자가 1씩 커지는 카운터를 주고 일주일 동안 밥, 잠, 성행위 등의 욕구가 생길 때마다 카운터를 누르게 했다. 이를 통해 사람들이 일주일 동안 각각의 욕구에 얼마나 많은 주의를 기울였는지 확인할 수 있었다.

실험 결과, 확실히 남성이 여성에 비해 야한 생각을 더 많이 한다는 것이 확인되었다. 하지만 중요한 사실은 남자는 야한 생각뿐 아니라 밥이나 잠과 같은 다른 기본 욕구들에 대한 생각도 여성에 비해 더 많이 한다는 것이다. 즉 남성은 '성'에 대한 욕구뿐 아니라 다른 모든 기본적 욕구에 있어 여성보다 더 많은 관심과 주의를 갖고 있다는 것이다.

정리하면, 남성이 여성에 비해 야한 생각을 더 많이 한다고 볼 수 있다. 그러나 그들은 성욕뿐 아니라 밥, 잠 같은 모든 기본적 욕구에 여성보다 더 많은 주의를 기울이고 있다는 것을 기억하자.

여성이 남성보다 오르가슴을 덜 느낄까?

결론부터 말하면 일단은 '그렇다'고 한다. 보통 조사해보면 남성이 여성보다 오르가슴을 더 자주 경험하는 현상이 나타난다는 것이다. 이런 현상을 '오르가슴 갭orgasm gap'이라고 한다.

그래서 한때는 아마 여성은 애초에 생물학적으로 남성보다 오르가슴을 덜 느끼도록 만들어져 있는 게 아닐까 하는 이야기들이 많았다. 하지만 최근 이러한 오르가슴 갭이 생물학적 차이에서 기인하는 게 아니라는 연구들이 하나둘 나오고 있다. 만일 남녀의 오르가슴 갭이 생물학적 차이에 의한 것이라면 상황에 상관없이 어떤 때라도 남성이 오르가슴을 더 자주 느껴야 하는데 그렇지 않다는 것이다.

연구[32]에 의하면 여성들이 오르가슴을 느끼는 경우는 하룻밤 잠자리에서는 남성 대비 32퍼센트, 한 상대와 반복되는 관계에서는 남성 대비 49퍼센트, 사랑하는 연인과는 남성 대비 79퍼센트로, 상대방과 관계가 깊어질수록 그 빈도가 증가하는 현상이 나타났다.

정서적 친밀함이 없어도 오르가슴을 쉽게 느끼는 남성과 달리 여성은 상대와의 정서적 친밀함이 높아질수록 오르가슴을 느끼는 횟수도 증가한다는 것이다. 즉 남녀의 오르가슴 빈도의 차이가 나타나는 데에는 대상과의 친밀도 같은 외적 요소가 큰 영향을 미친다는 것이다.

그런데 왜 여성은 가벼운 관계보다 깊은 관계에서 더 오르가슴을 잘 느끼게 될까? 이에 대해 연구자들은 여성이 오르가슴에 도달하는 데에는 전희foreplay가 매우 중요한데 남성들은 가벼운 관계보다 깊은 관계에서 그것에 더 공을 들이기 때문이라고 설명한다.

여성보다 남성이 더 가벼운 관계를 좋아할까?

한 유명한 실험[33]에서는 남녀 실험자가 길거리에 있는 불특정 이성에게 다가가서 "하룻밤을 함께합시다"라고 말했다. 그러고 나서 남성과 여성이 각각 어떠한 반응을 보이는지 살펴보았다. 그 결과 남성들은 70퍼센트 정도가 그 자리에서 수락하는 반면, 여성들은 단 한 명도 수락하지 않는 현상이 나타났다.

이런 실험들을 통해 남성이 여성보다 가벼운 관계를 더 쉽게 가진다는 얘기는 이미 고전이 되었다. 그런데 최근 이런 생각은 또다시 도전받고 있다.

한 실험[34]에서 위와 비슷한 실험을 다시 시도해보았더니 역시 남성이 여성보다 좀 더 쉽게 가벼운 관계를 수락하는 현상이 나타났다. 그런데 재미있는 것은 파트너의 매력도나 친밀함을 고려하면 이야기가 좀 달라진다는 것이었다.

남성은 상대방이 별로 매력적이지 않고 친밀하지 않은 사람이더라도 그 관계를 수락하는 반면, 여성은 상대방이 별로 맘에 들지 않는 경우에는 수락하지 않고 상대방이 매력적이고 친밀하게 느껴질 경우 수락하는 현상을 보였다.

즉 여성은 가벼운 관계 자체를 싫어한다기보다 상대방의 특성을 좀 더 고려한 후 상대가 마음에 들 경우에 수락한다는 것이다. 앞서 언급한 과거의 실험을 아주 매력적인 남성 실험자가 했더라면 여성들도 긍정적인 대답을 많이 했을 거라고 추측할 수 있다.

연구자들은 여기에 "여성은 몸을 함부로 허락해서는 안 된다"는 사회적인 통념까지 고려하면 가벼운 관계를 즐기는 데서 나타나는 남녀 차이는 거의 없는 것이나 마찬가지라고 이야기한다.

운명적인 사랑을 믿는가?

이번에는 사랑에 대한 일반적인 믿음이나 통념이 우리의 애정 전선에 어떤 영향을 미치는지에 대해 살펴보자. 당신은 나를 위한 단 한 사람, 소울메이트라고도 하는 존재, 어느 날 운명같이 다가오는 사랑을 믿는가?

사랑에 대해서는 다음의 두 관점이 존재한다고 한다. 운명 같은 사랑이 존재하며, 나의 운명의 상대도 반드시 어딘가에 있을 것이다. VS. 좋은 사랑은 운명이라기보다 두 사람이 서로 맞춰가면서 만들어나가는 것이다. 당신은 둘 중 어디에 더 찬성하는가?

전자를 사랑에 대한 운명론적 관점(사랑은 운명에 의해 정해짐)이라 하고 후자는 성장론적 관점(사랑은 노력해서 만들어가는 것)이라고 한다. 이렇게 사랑에 대한 서로 다른 관점 중 어떤 관점을 가지고 있느냐에 따라 사람들은 서로 다른 모습의 사랑을 하게 된다. 그런데 사랑에 대한 운명론적 관점을 갖는 것은 사실 장기적으로 좋은 연인관계를 만들어나가는 데에 방해가 될 수도 있다고 한다.[35]

연구자들은 사랑에 대한 운명론적 관점이 실체 이론(우리의 능력이나 환경이 잘 변하지 않는다는 믿음)이라는 점에 초점을 두었다. 관계나 사람의 변화 가능성을 믿지 않는 사람(실체 이론을 가진 사람)과 변화 가능성을 믿는 사람(증진 이론을 가진 사람)을 비교해보면, 전자는 기본적으로 '아무리 노력해도 이 사람(또는 상황)은 변하지 않을 거야'라는 생각을 갖고 있기 때문에 관계에서 어려운 일이 생기면 후자보다 더 쉽게, 더 빨리 포기하게 된다고 앞서 이야기했다.

이러한 점에서 연구자들은 사랑에 대해서도 실체 이론, 즉 '운명의 상대는 만들어지는 것이 아니라, 정해져 있는 것이다'라는 믿음을 갖고 있는 사람들은 관계에 어려움이 닥치게 되면 쉽게 포기하고 도망가게 될 것이라고 보았다.

실제로 운명적인 사랑을 믿는 사람과 사랑은 만들어가는 것이라고 믿는 사람들이 관계에 닥친 어려움을 어떻게 헤쳐나가는지 살펴보았다. 그 결과 운명적인 사랑을 믿는 사람들은 문제로부터 도망치는 행동을 많이 보이는 반면, 사랑을 가꾸어갈 수 있다고 믿는 사람들은 문제 해결에 적극적인 대처를 많이 하는 것으로 나타났다.

한 사람을 제대로 알기 위해서는 상당한 시간이 필요하다. 그런데 이러한 작은 믿음 하나 때문에 상대방과의 만남을 초기에 섣불리 포기하고 만다면 정말 좋은 사람임에도 불구하고 놓쳐버리는 아까운 일이 생길지도 모른다. 만약 운명적인 사랑을 굳게 믿는 사람이라면 지금까지의 연애 경험에서 섣불리 포기하고 돌아선 경우는 없었는지, 그 판단은 옳은 것이었는지 한 번쯤 돌아보는 것도 좋다.

이상형을 만나면 좋을까?

'어떤 사람을 만나야 하는가?'라는 문제에 빠지지 않고 등장하는 것이 바로 이상형에 대한 이야기다. 많은 사람들이 외모와 성격에 대해 구체적으로 어떠한 사람을 만나면 좋을 것 같다는 생각을 갖고 있고 이런 기준에 맞는 이성을 만나려는 모습을 보인다. 이런 사람을 만나면 성공적인 사랑을 할 수 있을 거라고 생각하기 때문이다. 그런데 좋은 사랑을 하는 데 이상형을 만나는 것이 정말 중요할까?

우선 어떤 사람을 만날지 말지 결정하는 관계의 '입문' 단계에서 우리는 정말 자신의 이상형을 고려해서 결정을 내리는 걸까? 즉 상대방이 나의 이상형인지 아닌지에 따라 매력을 느끼거나 느끼지 않게 될까?

결론부터 말하면 '그렇지 않다'고 할 수 있다.[36] 먼저 사람들의 이상형을 조사해둔다. 그리고 몇 달이 지난 뒤 사람들에게 이상형에 맞는 사람을 만나게 하거나 또는 그렇지 않은 사람을 만나게 한다. 이상형인 사람을 만나는 조건에서는 곧 만나게 될 이성의 프로필을 그 사람의 이상형에 맞도록 조작하여 보여주었고 이상형이 아닌 사람을 만나는 조건에서는 이성의 프로필을 이상형에 맞지 않는 모습으로 조작하여 보여주었다.

이렇게 상대방의 프로필만 본 상태에서 사람들에게 앞으로 만날 사람이 얼마나 매력적으로 느껴지는지 물어보았다. 그 결과 예상대로 이상적인 프로필을 본 사람들이 더 상대방에 대해 큰 관심과 호감을 표현한 것으로 나타났다.

그 뒤 프로필의 이성과 실제로 짧은 만남을 갖게 하고 사람들에게 다시 상대방이 얼마나 매력적이었는지 묻는다. 그러면 실제 만남에서 상대방이 얼마나 매력적인지 느끼는 것은 상대방이 내 이상형이었는지 아닌지에 전혀 영향을 받지 않는 것으로 나타난다.

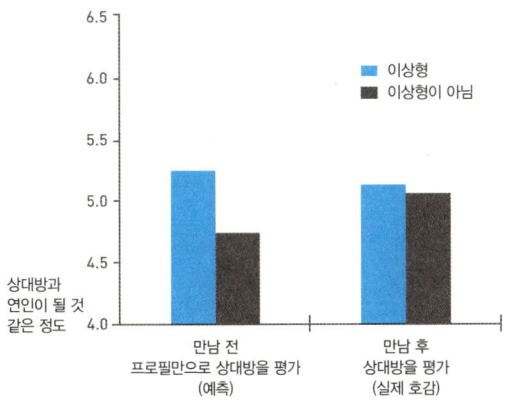

우리는 정말 이상형을 더 좋아할까? ◆7

그래프를 보면 프로필만 본 상태에서 상대방을 평가했을 때는 프로필이 자신의 이상형과 비슷할수록 상대방을 좋게 평가하는 현상이 나타난다(왼쪽 막대). 하지만 실제 만남을 갖고 난 뒤에는 상대방이 이상형이었는가의 여부가 그 사람의 매력에 전혀 영향을 미치지 않는 모습을 볼 수 있다(오른쪽 막대에서 두 타입 간에 매력도 차이가 거의 없음). 즉 상대방이 우리의 이상형인지 여부는 우리의 '상상' 속에서는 힘을 발휘하지만 '실제 상황'에서는 별 영향을 주지 않는다.

이렇게 우리는 이상형인 사람을 만난다고 해서 실제로 더 호감을 느끼는 것은 아니다. 하지만 그렇다고 이상형이 관계에 아무런 영향을 미치지 않는 것도 아니다. 우리가 생각하는 것과는 반대로 이상형의 영향력은 관계가 발전하면서 더 중요해지기 시작한다.

실제 연인관계에 있는 커플들은 상대가 자신의 이상형이라고 생각되는 특성들을 가지고 있을 때, 그렇지 않을 때에 비해 그를 더 긍정적으로 평가하는 모습을 보였다.

하지만 어느 특성을 어느 정도로 가지고 있었으면 좋겠다고 여기는 것에서 상대방이 그 정도를 정확하게 충족하는지는 별로 중요하지 않았다. 다만 대략적으로 이러이러한 특성들을 갖고 있으면 좋겠다고 여기는 특성들의 패턴을 충족한다면 상대방을 좋게 생각하는 현상이 나타났다. 즉 10점 만점에서 따뜻함 9점, 똑똑함 7점, 관대함 5점의 연인을 원한다고 했을 때, 연인이 9점, 7점, 5점을 정확히 충족하느냐는 별로 중요하지 않고, 다만 따뜻함, 똑똑함, 관대함을 모두 어느 정도 가지고 있으면 만족할 수 있다는 것이다.

정리하면, 만남 초기 이성에게 매력을 느낄 때 상대가 이상형인가의 여부는 별로 중요하지 않지만 관계가 깊어지면서는 서로에게 이상형이 되고자 하는 노력이 필요하다. 이는 성공적인 연애와 결혼의 핵심은 조금씩 서로에게 맞춰가며 상대방에게 좋은 사람이 되는 것이라는 이야기와 같은 맥락인 듯 보인다. 결국 성공적인 사랑을 하는 비결은 처음부터 완벽한 사람을 만나는 것이 아니라 서로 얼마나 열심히 노력하는가에 달려 있는 것 같다.

애정전선 맑음을 위하여

이번 장에서는 애정전선에 있어 많은 사람들이 궁금해하고 중요하게 생각하는 것들에 대해 살펴보았다.

'어떤 사람들끼리 만나는 것이 좋은가?'라는 질문에 대한 답으로 실제 얼마나 비슷한가보다 서로 맞춰가려고 노력하는 것이 더 중요하다는 사실과 성격보다 가치관이 비슷한 것이 더 좋다는 것, 인기도나 매력도가 비슷한 사람들끼리 만나는 현상이 나타난다는 것 등을 살펴보았다.

'우리는 이성의 어떤 점에 끌리게 되는가?'라는 질문에 대해서는 외모, 냄새, 목소리 같은 요소도 중요하게 작용한다는 사실과 남성의 경우 빨간색 옷을 입은 여성과 가임기 여성에게 강하게 끌린다는 사실을 살펴보았다. 또한 배고프고 가난한 남성의 경우 상대적으로 통통한 여성에게 매력을 느끼는 현상을 이야기했다. '남자는 뭐니뭐니 해도 자신감'이라는 말이 근거 없는 말이 아니라는 것도 살펴보았다. 남성은 자신감 있는 표정이, 여성은 행복한 표정이 이성에게 크게 어필한다는 얘기도 있었다.

'어떤 사람들이 사랑에 잘 빠지는가?'라는 질문에 대해서는 외향적이고 행복한 사람들이 상대적으로 사랑에 잘 빠진다는 점을 확인했고, '어떤 상황에서 사랑에 잘 빠지게 되는가?'라는 질문에는 좋은 분위기와 알코올, 비교, 만날 수 있는 이성이 얼마 없는 상황 등이 중요한 요소가 된다는 점을 확인했다.

'이성을 볼 때 중시하는 점은?' 그리고 '성적 욕구에서 남녀의 차이가 존재하는가?'라는 질문에 대해서는 의외로 별로 그렇지 않다는 것을 확인했다. 남성이나 여성이나 외모를 거의 비슷한 수준으로 중요시하고 성적인 욕구도 차이가 존재하긴 하지만 흔히 생각하는 만큼은 아니라는 점도 알 수 있었다.

이외에 운명적인 사랑을 너무 강하게 믿으면 관계가 조금만 틀어져도 쉽게 관계를 포기해버릴 수 있다는 점과, 이상형을 만나는 것은 관계 초기에는 별로 중요하지 않지만 오히려 관계가 깊어질수록 더 중요해질 수 있다는 점을 살펴보았다.

함께 살펴본 내용들이 그 또는 그녀와의 관계에 있어 궁금했던 점을 해소하는 데 도움이 되었기를 바란다. 또한 무엇보다도 이 지식들이 애정전선을 현명하게 헤쳐나가는 데 보탬이 되기를 바란다.

02

도대체 상사는 왜 그 모양일까?
직장 내 권력이 관계에 미치는 영향

직장은 우리 삶의 큰 부분을 차지하는 곳이다. 매일 아침 일찍 일어나서 밤늦게까지 일상의 대부분을 차지하는 직장생활. 이 직장생활이 즐거울지 끔찍할지를 결정하는 데 큰 역할을 하는 요소 중 하나가 윗사람, 즉 상사들이다.

이번에는 이렇게 우리보다 권력이 높은 사람들과 우리의 관계에 대해서 이야기해보려 한다. 상사들은 도대체 왜 다 그 모양인지, 그것이 나의 창의성과는 어떤 관련이 있는지, 또 상사 앞에 서게 되면 우리는 어떻게 되는지 등에 대해 살펴보자.

상사들은 공감 능력이 낮다고?

당신의 직장생활은 즐거운가? 혹시 말이 안 통하는 막무가내 상사 때문에 고민하고 있는 사람이 있지는 않은가? 아마 많은 사람들이 직장 상사 때문에 괴로움의 나날을 보내고 있을 것이다. 그런 사람을 위해 상사들이 도대체 왜 그 모양인지에 대한 좋은 힌트를 주는 연구를 소개해 보려 한다.

심리학에서는 권력을 '다른 사람들에게 영향력을 미칠 수 있는 힘'이라고 정의한다. 어떤 관계에 있어 자신의 뜻대로 공식적이든 비공식적이든 상대방에게 자원, 기회 등을 주거나 박탈할 수 있고, 때로는 벌을 가할 수도 있다면 그는 상대방에 비해 권력자의 위치에 있다고 할 수 있다.

이러한 권력을 맛보게 되면 사람들은 공감 능력(타인의 감정을 알아차리고 함께 느끼는 것)과 조망수용 능력(남의 입장이 되어 생각해보는 것)이 떨어지게 된다.[1]

이는 권력이 없는 사람은 권력이 있는 사람의 눈치를 보고 의중을 읽어내려고 필사적으로 노력하지만 그 반대는 잘 성립하지 않기 때문이다. 일단 권력이 있는 사람은 다른 사람의 눈치를 볼 필요가 없다. 게다가 타인의 입장을 고려하는 일은 (앞서 언급했지만) 머리를 많이 굴려야 하는 상당히 피곤한 일이니 필요도 없는데 굳이 하려고 드는 사람은 없을 것이다. 이래저래 상사는 부하직원의 입장을 이해할 필요도 없고, 이해하고 싶어 하지도 않는다. 결국 상사는 부하직원을 잘 이해하지 못하게 되기 마련이라는 것이다.

애덤 D. 갈린스키Adam D. Galinsky와 동료들의 연구를 살펴보자. 두 가지 조건이 있다. 높은 권력 조건의 참가자들에게 남에게 지시, 명령했던 경험을 자세히 떠올려보게 했다. 낮은 권력 조건의 참가자들에게는 남에게 명령받았던 경험을 자세히 떠올려보게 했다.

이렇게 참가자들에게 권력자라는 느낌을 주거나 박탈한 후 갑자기 '지금 바로 이마에 알파벳 대문자 E를 그리세요!'라고 한다(앞서 등장했던 실험이다. 72쪽 그림 참조). 그러면 남을 신경 써 버릇하는 사람들은 그렇지 않은 사람들에 비해 남의 눈에 올바르게 보이는 방향으로 E를 그릴 확률이 높다. 반대로 권력을 맛본 사람들(타인을 별로 신경 쓰지 않는 사람들)은 E를 자기 방향으로 그리게 될 것이다.

결과는 예상대로 높은 권력 조건의 참가자들 중 33퍼센트가 자기 방향으로 E를 그린 반면, 낮은 권력 조건의 참가자들 중 12퍼센트가 자기 방향으로 그린 것으로 나타났다. 세 배 정도 차이가 난 것이다. 권력을 가진 사람들은 그렇지 않은 사람들에 비해 다른 사람들을 별로 신경 쓰지 않게 된다는 것이다.

또 다른 실험에서는 권력이 공감 능력에 미치는 영향을 살펴보았다. 각 조건의 사람들(높은 권력 vs. 낮은 권력)에게 여러 가지 표정들을 보여주었다. 그리고 각 표정이 어떤 감정을 의미하는지 맞춰보라고 했다. 그랬더니 높은 권력 조건 사람들이 낮은 권력 조건 사람들에 비해 감정을 잘 맞추지 못하는 현상이 나타났다. 권력을 갖게 되면 그렇지 않은 경우에 비해 다른 사람의 감정을 읽어내는 능력이 떨어진다는 것이다.

내 사정은 조금도 신경 쓰지 않고 막무가내로 일을 부탁한다거나 막말을 해서 마음을 상하게 하는 상사가 있는가? 그 상사는 도대체 왜 그렇게 행동하는 건지 궁금한가? 권력을 맛보게 되면 남의 입장이나 감정을 신경 쓰지 않거나 못하게 된다는 것이 그 한 가지 답이 될 수 있겠다.

결국 스스로가 '힘 좀 있다'는 느낌에 얼마나 빠져들었느냐가 관건이다. 상사들로 하여금 이러한 권력감에 좀 덜 빠지게 하는 장치가 있다면 얼마나 좋을까?

만약 본인이 상사의 입장에 있다면 혹시 지나치게 자기 입장에서만 생각하고 있었던 건 아닌지 돌이켜보는 것도 좋겠다.

상사는 뭐든지 자기 편한 대로만 생각한다?

권력이 있는 사람들은 권력이 낮은 사람들에 비해 다른 사람들의 욕구를 충족시켜줄 필요가 별로 없기 때문에 자기 편한 대로만 생각하는 경향을 보인다.

앞서 소개한 실험과 비슷하게 참가자들을 각각 상사 역할 또는 부하직원 역할을 하게 한다. 그리고 상사 또는 부하로서 여러 가지 수행을 하게 한 뒤 서로를 평가하게 한다. 그랬더니 상사 역할을 한 높은 권력 집단 사람들이 부하직원 역할을 한 낮은 권력 집단 사람들의 성과를 평가절하하는 현상이 나타났다. 상사 역할을 한 사람들은 부하직원이 좋은 성과를 냈을 경우에는 그 공을 자신에게로 돌렸는데, 이는 전형적인 '자기 고양(스스로를 높이는)'이다.[2]

'잘되면 내 탓, 못되면 남의 탓'은 자신에게 긍정적인 이미지를 씌우기 위한 왜곡된 사고방식 중 하나다. 우리는 이렇게 기본적으로 스스로를 추켜세우곤 하는데 다른 사람의 입장이나 역할을 좀 더 객관적으로 볼 필요가 있을 때는 그나마 이런 현상이 덜 나타난다. 하지만 상사에게 있어 부하직원이라는 존재는 별로 신경 쓸 필요가 없는 다소 미미한 존재이기 때문에, 상사들은 특히 부하직원들에 대해 자기가 편한 대로, 자신에게 유리한 방향으로 생각해버리는 현상이 더 쉽게 나타나는 것이다.

고정관념 연구의 대가인 수전 T. 피스크Susan T. Fiske에 의하면 권력자들은 자기보다 아래에 있는 사람들에 대해 편견이나 고정관념을 더 쉽게 갖기도 한다.[3] 고정관념이란, 작은 예 하나를 집단 전체의 행동으로 일반화해서 생각하고 그것을 개인에게도 적용해버리는 것을 말한다. 서울 사람이면서 깍쟁이인 사람을 몇 명 만났을 뿐인데 "서울 사람들은 다 깍쟁이야" 같은 말을 하는 것처럼, 몇몇 경험을 토대로 앞으로 닥치게 될 모든 일들을 일반화시켜버리는 것과 같다.

이러한 고정관념 또한 상대방을 제대로 이해하고자 하는 동기에 영향을 받게 된다. 상대방이 별로 중요하지 않고 잘 알고 싶지도 않은 사람이라면 흔한 고정관념들을 사용해서 그 사람을 대충 단정 짓게 된다. 하지만 그렇지 않은 경우에는 좀 더 신중하게 접근하게 된다. '험악하게 생겼으니 성격도 험악하겠군'이라고 고정관념을 그대로 적용하는 게 아니라 '험악하게 생겼지만 내면은 그렇지 않을 수도 있어'라는 관념의 수정 과정을 거치게 된다는 것이다.

하지만 역시 권력자들은 보통 자기보다 아래에 있는 사람들을 열심히 이해하고자 하는 동기가 낮은 편이다. 때문에 부하직원을 판단할 때 흔한 고정관념들을 그대로 끌어다 쓰는 실수를 흔히 범하게 된다. 같은 맥락에서 부하직원의 작은 행동, 작은 실수 하나로 그 사람을 쉽게 정의해버리는 실수도 더 쉽게 범하게 된다. 상사가 자신에 대해서 아주 큰 오해를 하고 있다고 느낀 적이 있는가? 아마 그건 단순한 기분

탓이 아니라 사실일 확률이 높다.

권력자와 아랫사람의 영원한 순환고리

물론 모든 권력자들이나 직장 상사들이 다 이렇게 자기 멋대로 생각하는 것은 아닐 것이다. 하지만 이렇게 자기 멋대로 생각하는 상사들의 부하직원 입장이라면 생활하기 쉽지 않을 것이다. 그렇다면 그들의 행동은 변할 수 있을까? 조금 절망적인 소식이지만 일반적으로는 변하지 않을 확률이 높다고 한다.

보통 권력을 가진 사람들은 그렇지 않은 사람들에 비해 실제로도 물질적, 사회적 자원(많은 돈과 높은 지위)을 더 많이 갖고 있다. 즉 이들은 상대적으로 행동의 제약도 별로 없고, 멋대로 살아도 벌을 받는 일도 거의 없다. 상사는 부하직원에게 하고 싶은 대로 소리를 지르거나 면박을 주거나 심지어 욕을 해도 큰일이 생기지 않는다는 것이다. 부하직원이 상사에게 같은 행동을 했을 경우 절대 괜찮을 수 없다는 점과는 굉장히 다르다. 권력 관련 연구들로 유명한 심리학자 대처 켈트너Dacher Keltner는, 이렇게 권력자들은 맘대로 행동하는 것에 대한 불편함을 별로 느끼지 않기 때문에 별다른 이유가 없다면 그들은 자신의 행동을 수정하지 않은 채 그대로 살아갈 확률이 높다고 이야기한다.[4]

상대적으로 낮은 지위에 있는 사람들 역시 권력관계가 바뀌지 않는 한 계속해서 상대적으로 낮은 물질적, 사회적 자원으로 인한 제약을 느끼게 된다. 또한 계속해서 자신보다 높은 사람의 눈치를 보고, 그 사람이 화라도 낸다면 쉽게 움찔하는 등 위협 신호에 민감한 모습을 보이게 된다.

오늘 부장님의 컨디션이 어떤지 주의 깊게 살폈던 적은 없는가? 기억이 나지 않는다고 해도 당신은 자신도 모르게 항시 그러고 있을 확률이 높다. 여하튼 이러다 보니 아랫사람들은 권력자에 비해 '두려움', '부끄러움'과 같은 부정적인 감정을 많이 느끼며 살게 된다. 전반적으로 상당히 움츠러든 채 수그리고 살아가게 된다는 것이다.[5]

문제는 권력이 없는 사람의 경우 이런 식으로 점점 움츠러들다 보면 객관적인 수행까지도 잘 못하게 될 수 있다는 것이다. 한 예로 흑인 학생들과 백인 학생들에게 같은 문제를 풀게 한다. 그러면 처음에는 두 집단 사이에 점수 차이가 전혀 없다가도 흑인 학생들에게 '너는 흑인이고 쟤는 백인이다'라는 것을 떠올리게 하면 그 순간 흑인 학생들의 시험 점수가 떨어지게 된다. 흑인 VS. 백인이라는 맥락에서 떠오르는 권력관계와 상대적으로 약하고 불리한 위치에 있다는 인식이 흑인들을 움츠러들게 만들면서 수행도 떨어뜨리게 된다는 해석이다. 비슷한 맥락에서 여성들의 경우 수학 점수에서 남성과 차이가 없다가 '이 수학 문제가 남성들에 비해 여성에게 조금 어려울 수 있다'는 정보를 살짝 흘리면 갑자기 수학 점수가 떨어지는 현상도 나타난다.[6]

상대적으로 불리하다, 상대적으로 약하다는 인식을 갖는 것 자체가 우리를 상당히 움츠러들게 만들고 수행 또한 떨어뜨릴 수 있다는 것이다. 이렇게 윗사람은 계속해서 기세등등한데 아랫사람은 계속해서 움츠러들고 게다가 일도 잘 못하게 된다면 아랫사람은 점점 더 윗사람이 될 기회를 잡기가 어려워지고 계속해서 아랫사람으로 남게 될 확률이 높아질지도 모르겠다.

아랫사람들의 '움츠러듦'은 도전 정신을 앗아갈 수 있다는 점에서도 상당히 위험하다. 심리학자 바바라 L. 프레드릭슨Barbara L. Fredrickson은, 우리는 기분이 좋을 때 새로운 가능성과 성공 기회들을 찾아 도전하게 된다고 했다. 반면 불안이나 두려움 등 부정적인 정서를 느낄 때는 가급적 새로운 도전은 피하고 갖고 있는 걸 지키거나 실패하지 않는 데 주력하는 방어 상태가 된다고 했다.[7]

이는 긍정적인 정서는 본능적으로 '모든 것이 잘 되어가고 있다'는 신호로 받아들여지는 반면, 움츠러듦과 관련된 부정적인 정서는 '뭔가 잘못되고 있다'는 신호로 해석되기 때문에 발생된다. 따라서 우리는 기분이 좋을 때는 안심하고 이것저것 새로운 기회와 가능성을 찾아 도전하게 되지만 기분이 나쁠 때는 지금 있는 문제부터 해결하는 걸 중요시하게 되고 '괜히 일을 벌이지 말자'라고 생각한다.

이러한 차이는 나중에 누가 성공하느냐 같은 매우 다른 결과를 불러올 수 있다. 실패를 두려워하지 않고 자꾸 도전하는 사람들이 실패를 두려워하고 방어만 하려는 사람들에 비해 사회적으로 성공할 확률도 높고 행복할 확률도 더 높게 나오는 등 전반적으로 삶에서 좋은 결과물들을 더 많이 얻게 된다.

이렇게 아랫사람들이 움츠러든 정서 상태로 인해 비교적 방어적인 태도를 갖게 된다는 것 또한 아랫사람과 윗사람의 격차가 점점 더 벌어지고 권력관계가 더욱 바뀌기 어려워지는 데 한몫하는 것이다.

혹시 자신이 이런 부정적인 순환고리에 얽혀 있다고 생각된다면 쓸데없이 움츠러들어 있지는 않은지 생각해보고 이를 경계하는 것도 좋겠다. 물론 무엇보다 중요한 것은 아랫사람들이 움츠러들지 않을 수 있는 환경일 것이다. 일 잘하고 진취적인 정신을 가진 직원을 원한다면 많은 회사들이 이런 환경을 만들기 위해 열심히 노력해야 하지 않을까 생각해본다.

나르시시스트 리더는 창의성 먹는 하마

당신은 창의적인 사람인가? 당신은 원래 창의적인 사람인데 속한 조직에서는 그 능력을 잘 발휘하지 못하고 있다는 생각이 든다면, 상사가 나르시시스트는 아닌지 한번 생각해보자.

나르시시스트(자기 잘난 맛에 사는 사람)가 리더가 되면 그 조직의 창의성이 떨어지는 현상이 나타난다.[8] 조직원들이 원래 가지고 있는 창의성과 상관없이 상사의 성향에 따라 창의성들이 죽게 된다는 것이다.

나르시시스트의 중요한 특징은 다음과 같다. 이들은 이 세상에서 자기가 제일 잘났다고 생각하기 때문에 첫째 남들을 무시하고, 둘째 자신을 칭송해주지 않으면 화를 내고, 셋째 주변 사람들을 자기를 돋보이게 하기 위한 들러리 정도로 생각한다. 한마디로, 함께 있으면 상당히 피곤한 타입의 사람이다.

나르시시스트들은 본인의 아이디어만이 최고라고 생각하기 때문에 리더가 될 경우 아무렇지 않게 다른 구성원들의 아이디어를 묵살한다. 따라서 결과적으로 다양한 의견들이 자유로운 소통 속에서 멋진 아이디어로 변신하는 과정(창의성이 나오는 과정)을 원천봉쇄할 수도 있다.

그런데 문제는 나르시시스트들이 언뜻 보기에는 자신감 넘쳐 보이고, 능력도 있어 보이기 때문에 리더가 되기 쉽다는 것이다. 사람들에게 자유롭게 토론을 하게 한 후 각 사람이 얼마나 리더로서 적합한지 평가해보라고 하면 나르시시스트들이 가장 높은 점수를 받는 현상이 나타난다.[9]

수평적인 조직, 탈권위적인 리더의 중요성이 대두되고 있는 가운데 그것보다 우선 나르시시스트를 리더로 선호하는 현상에서 탈피할 방법을 찾는 것이 더 중요할 것 같다.

Talk 창의적인 인재를 원한다면

많은 회사에서 '창의적인 인재'를 중요한 인재상으로 내걸고 있다. 그런데 창의적인 인재를 만들려면 어떻게 해야 할까? 학자들은 '행복한 사람'이 곧 '창의적인 인재'라고 이야기한다.[10] 앞서 긍정적인 정서, 좋은 기분은 '모든 것이 잘 되어가고 있다'는 신호고 부정적인 정서는 '뭔가 잘못되고 있다'는 신호라고 이야기했다. 따라서 기분이 좋을 때 우리는 안심하고 새로운 것을 발견하고 배우려는 확장적인 사고 모드에 있게 되지만 기분이 나쁠 때는 문제를 발견하고 해결하는 데 도움이 되는 좁고 구체적인 사고 모드에 있게 된다.[11] 이 두 모드 중 창의성에 도움이 되는 건 어떤 것일까? 당연히 새로운 가능성을 찾아 떠나는 확장적인 사고 모드일 것이다.

즉 우리는 행복하고 기분이 좋을 때 창의력을 발휘할 수 있다고 말할 수 있다. 실제로 사람들을 기분 좋게 만들면 이들은 그렇지 않은 사람들에 비해 높은 창의력을 발휘하게 된다. 또한 행복한 사람들이 그렇지 않은 사람들에 비해 창의성이 높고 업무성과도 훨씬 좋은 모습을 보인다. 또한 이들은 비교적 연봉도

> 높은 편인데(연봉이 높아져서 행복해진다기보다 행복한 사람들이 높은 연봉을 받는 효과가 더 크다12) 여기에는 행복한 사람들의 높은 창의성이 한 원인으로 작용할 것이다.
>
> 그러면 '창의적인 인재를 양성하기 위해 무엇을 해야 할까?'라는 질문에 대한 한 가지 답은 '직원들을 행복하게 만들기'가 된다. 만약 직원들을 과도한 근무시간과 경쟁으로 쪼아대면서 한편으론 창의성을 요구하는 회사에 다닌다면 무엇보다 먼저 행복한 직장생활을 할 수 있게 해달라고 요구해보자.

권력 앞에서 살아남기

이번에는 권력자들 앞에서 우리는 어떤 모습을 보이게 되는지 살펴보자.

우리는 참 영리하게도 권력에 민감한 존재다. 권력관계에 따라 어떤 사람을 주목해야 할지, 어떤 자세를 취해야 할지, 어떤 리액션을 보여야 할지를 무의식적으로 재빨리 결정하곤 한다.

단체사진을 볼 때면 우리의 눈은 자연스럽게 자신의 모습을 제일 먼저 찾게 된다. 다른 사람들이 어떻게 나왔든 내 모습이 잘 나왔는지가 제일 궁금한 법. 하지만 사진 속 사람들 중 나에게 중요한 영향을 미치는 권력자(직속 상사나 지도교수 등)가 있다면 우리 눈은 자신도 모르게 그 사람을 먼저 찾게 된다고 한다.[13] 권력자를 찾아 눈치를 보는 것은 본능적인 행동이라는 것이다.

우리는 우리 자신보다 권력자인 사람들을 잘 찾아낼 뿐 아니라 그 사람들의 감정도 잘 알아차린다. 사회적 계층이 낮은 사람들은 사회적 계층이 높은 사람들에 비해 상대방이 지금 화가 났는지를 잘 눈치챈다. 높은 사람이 화가 난 상황은 낮은 위치에 있는 사람에게 있어 엄한 불똥이 튈 수 있겠다거나 나 때문에 화가 났을지도 모르겠다는 생각을 하게 하는 위협적인 상황이다. 따라서 낮은 계층 사람들은 높은 계층 사람들의 화에 항상 예민하게 반응하며 이를 잘 알아차리게 된다.14

권력자 앞에서는 우리의 몸도 달라진다.15 앞에 앉아 있는 사람이 권력자 같은 자세(고개를 꼿꼿이 들고 어깨를 넓게 펴는 등의 자세)를 취하면 우리는 자신도 모르게 살짝 움츠러든 자세를 취하게 된다. 반대로 상대방이 움츠러든 자세를 취하는 경우 우리는 당당한 자세를 취하게 된다. 무의식적으로 그 사람의 자세를 보고 상대방이 나보다 권력자인지 아닌지를 민감하게 파악하고 그에 따라 대응하게 되는 것이다. 이 또한 우리가 권력자에 대한 정보에 얼마나 민감하고 재빠르게 대응하는지를 잘 보여준다.

또한 사람들은 자신이 권력자 같은 포즈를 취했을 때 움츠러드는 자세를 취한 사람을 당당한 포즈를 취한 사람에 비해 더 좋아한다. 사람은 워낙에 권력을 잡게 되면 자신의 비위를 잘 맞춰주는 사람들을 좋아하게끔 되어 있는 건가 하는 생각이 든다.

권력자 앞에서는 반응도 달라진다. 우리는 자신도 모르게 앞에 있는 사람의 표정이나 제스처를 조금씩 따라 하는 카멜레온이라고 앞에서 이야기했다. 이러한 모방 행동은 직장 상사 같은 권력자들 앞에서 더 활발하게 일어난다. 〈월 스트리트 저널 Wall Street Journal〉에 소개된 한 연구에 따르면, 사람들은 다른 사람들보다 권력자들이 웃을 때 미묘한 미소까지도 열심히 따라하는 모습을 보인다.16 회사에서 가만히 살펴보면 다른 사람들보다 부장님이 웃을 때 더 많은 사람들이 웃는 것을 확인할 수 있다. 한번 관찰해보자.

　　이렇게 우리는 권력자들 앞에서 우리 자신도 모르게 이런저런 대처들을 하게 된다. 아마 살아남기 위해 대대로 몸에 배인 버릇들일 것이다. 조금 씁쓸하기도 하지만 이런 대처방법들이 없었더라면 분명 사회생활이 지금보다도 더 힘들었을 테니 이들이 고마운 존재임은 분명한 것 같다.

윈윈하는 직장생활을 위하여

이번 장에서는 상사들이 막무가내인 이유와 아랫사람들을 계속해서 아랫사람으로 있게 만드는 순환고리, 고압적인 상사는 직원들의 창의력을 떨어뜨릴 수 있다는 것, 그리고 우리는 상사들 앞에서 이런 저런 다양한 대처법들을 사용하고 있다는 것을 살펴보았다.

이러한 사실들이 적어도 상사와의 관계에서 힘들었던 점들이 '왜' 힘들었던 것인지 이해하는 데 도움이 되었길, 그리고 회사도 좋고 직원들도 좋은, 윈윈win-win하는 환경이 어떤 것인지에 대한 아이디어들도 제공할 수 있길 바라본다.

언제나 좋을 수만은 없다
갈등 시 마음 관리하기

항상 좋은 일만 있으면 좋겠지만 인간관계는 우리 마음처럼 그렇게 만만한 일이 아니다. 많은 사람들이 친구, 연인, 직장에서의 인간관계 때문에 괴로워하고 심지어는 그로 인해 극단적인 선택까지 한다. 이제 이렇게 관계가 틀어졌을 때 끝없는 어둠에 잠식되지 않고 회복할 수 있는 방법과 의견차이로 인해 갈등이 일어났을 때 효과적으로 설득할 수 있는 방법에 대한 '근거 있는' 이야기들을 해보자.

흔한 심리학도의 마음 관리

먼저 사람들과의 갈등 및 기타 여러 일들로 인해 마음이 상했을 때 우리에겐 또 어떤 일들이 일어나게 되는지, 이들을 어떻게 이해하고 대처할지 살펴보자.

증상 : 자다가 벌떡벌떡 깸. 작은 자극에도 쉽게 놀람

'자라 보고 놀란 가슴 솥뚜껑 보고 놀란다'는 말처럼 배신, 실연 등으로 큰 충격을 받게 되면 우리의 몸과 마음은 매우 예민해진다. 위협을 감지하는 레이더가 지나치게 활성화되어 작은 자극에도 쉽게 알람이 켜지고 언제든 후다닥 도망갈 수 있도록 각성 수준이 높아져 있는 상태(매우 피곤한 상태)가 되는 것이다.

보통은 어떤 자극으로부터 위협이나 '두려움'을 느낀 후 (나무 그림자를 사람 그림자로 착각하고 놀란다), 인지적으로 그게 안전하다는 걸 깨닫고 나면 (내 착각이었구나), 안심하고 평정심을 되찾는 프로세스가 일어난다.

하지만 매우 심한 충격을 받은 사람들의 경우, 마지막 프로세스(평정심을 찾는 것)가 잘 일어나지 않아서 계속해서 위협을 민감하게 감지하고, 그때의 고통과 놀란 상태를 유지하게 된다는 점이 밝혀진 바 있다.[1] 즉 더 이상 위험하지 않다는 걸 깨달은 뒤 안심하는 과정이 잘 일어나지 않으면 충격이 지속된다.

이는 아마 지금의 상황이 자신에게 호의적이지 않다는 걸 깨닫고 다시 올지 모르는 새로운 충격에 대비하기 위해 적응된 반응일 것이다.

하지만 계속해서 쉽게 놀라고 가슴이 벌렁벌렁거리는 상태를 유지하게 되는 것은 몸과 마음이 모두 매우 지치게 될 것이기 때문에 가급적 빨리 평정심을 찾는 것이 좋다.

따라서 결국 '이 사건이 나에게 더 이상 해를 끼칠 수 없다', '이런 일이 앞으로는 웬만하면 잘 일어나지 않을 거다'라고 되뇌는 것이 좋다. 안심할 수 있게 옆에서 이렇게 말해주는 사람이 있다면 더욱 좋을 것이다.

증상 : 몸이 아픔

몸과 마음은 하나다. 마음이 피폐해지면 몸도 피폐해지기 쉽다. 흔히들 겪는 신경성 위염, 신경성 두통 등이 좋은 예다.

하지만 이렇게 스트레스나 충격 때문에 몸이 아픈 때일수록 아무것도 안 하고 드러누워 있는 것보다 힘을 내서 몸을 움직이는 것이 더 좋다고 한다.

연구에 의하면 운동이 '지금의' 스트레스를 감소시킬 뿐 아니라 '앞으로의' 스트레스를 예방하는 데도 효과적이라고 한다. 사람들을 두 조건으로 나누어 한 조건의 사람들은 그냥 휴식을 취하게 하고 다른 조건의 사람들은 운동을 하게 한다. 그러면 휴식과 운동 모두 스트레스를 감소시키는 데 효과적인 것으로 나타난다. 하지만 몇 시간 뒤 끔찍한 영상을 보여주는 식으로 스트레스를 주면 그냥 쉰 사람에 비해 운동을 한 사람들이 훨씬 스트레스를 덜 받는 현상이 나타난다.[2] 즉 스트레스 감소와 (특히) 예방에는 그냥 쉬는 것보다 운동이 좋다는 것이다.

우울하고 몸이 안 좋을 때 가만히 쉬기보다는 산책이라도 하는 것이 좋겠다.

증상 : 분노함

사람들과 싸우거나 억울한 일을 당했을 때 '분노'라는 감정이 찾아오기 마련이다. 그런데 나는 이런 감정이 찾아오면 그나마 다행이라는 생각이 든다.

정서를 분류하는 데에는 여러 기준이 있지만 그중에서도 중요한 분류 중 하나는 도전적인 정서냐 아니면 회피하는 정서냐 하는 것이다. 분노는 우울감 같은 정서에 비해 도전적인(문제 해결을 위해 적극적으로 싸울 의지를 유지하게 해주는 정서) 정서다.[3] 우울 같은 정서는 문제로부터 회피하거나 뒷걸음질치는 등의 행동을 발생시키지만 분노는 같은 부정적인 정서라고 해도 때로는 문제 해결에 도움이 되기도 한다. 우리는 억압에 시달리다 분노를 참지 못하고 들고 일어나 역사적인 변화를 이끌어냈던 사람들의 이야기를 잘 알고 있다.

사람들과의 갈등으로 인해 분노하게 될 경우 복수나 공격을 하는 것은 부적응적인 행동이다. 따라서 그 에너지를 적극적으로 문제를 해결하는 데 돌리는 것이 좋을 것이다. 분노 에너지를 무엇이라도 좋으니 적응적인 방향으로 행동하도록 하는 추진력으로 삼아야 한다는 것이다.

예를 들어 나의 경우 분노의 대상이 나보다 권력자인 경우 그 에너지로 용기를 내어 문제제기를 하거나 애써 사람들을 설득해보려고 노력한다.

그렇다고 분노에 지나치게 사로잡혀 있는 것은 바람직하지 않다. 분노는 어쨌든 부정적인 정서인 데다가 각성 수준이 높은 정서이니 그 자체로 에너지 소모도 많고 엄청난 스트레스를 동반한다는 사실을 잊지 말자.

대처 : 감정을 인정하기

마음속의 상처를 말하지 않고 혼자만 가지고 있는 것만큼 정신 건강에 나쁜 일이 또 없을 것이다. 나의 경우 힘든 일이 있을 때면 친한 친구들에게 반드시 이야기하는 편이다. 아니면 하다못해 그 일에 대한 나의 생각과 느낌에 대해 글로 자세히 써보기라도 한다.

사람들에게 받는 따뜻한 위로만큼 힘든 감정을 추스르는 데 도움이 되는 것이 없는 것 같다. 책의 앞부분에서 언급했지만 배우자와 사별한 사람들의 경우 그 충격과 슬픔에 대해 자세히 이야기하거나, 글을 쓰게 되면 그렇지 않은 사람들에 비해 몇 년 뒤 훨씬 좋은 건강 상태를 유지하게 된다. 실직의 경우도 그 일로 인한 자신의 느낌을 이야기하거나 글로 적었던 사람들이 그렇지 않은 사람들에 비해 빨리 재기하게 된다.

때로는 단순히 자신의 상태를 있는 그대로 인정, 직면하는 것도 감정의 좋은 배출구가 된다. 괴롭다고 그 일에 대해 생각을 안 하거나 괜찮다며 억지로 감정을 억누르는 것보다 문제와 그로 인한 자신의 기분을 직면하는 것이 괴로움을 줄이는 데 더 도움이 된다는 것이다. 힘든 일로 괴로워하는 사람들에게 사건에 대한 자신의 느낌과 생각을 매일 녹음하게 하고 녹음한 내용을 듣게 했더니 그렇지 않았던 사람들에 비해 괴로움이 많이 줄어드는 현상이 나타났다.[4]

대처 : 생각 버리기

자신의 상황을 제대로 직면하고 주변 사람들과 이야기했는데도 여전히 부정적인 생각들, 특히 '나는 역시 안 될 거야' 같은 자기패배적인 생각들에 시달리게 된다면 '생각 버리기' 방법을 써보자.

파블로 브리뇰Pablo Briñol과 동료들의 연구에 의하면 부정적인 기억이나 생각들을 말 그대로 버리는 것이 가능하다고 한다. 사람들에게 자신을 괴롭히는 기억이나 부정적인 생각들을 종이에 적고 그 종이를 쓰레기통에 버리게 하면 실제로 그 생각의 영향을 덜 받게 되는 현상이 나타난다. '버린다'는 상징적 행위가 실제로 생각을 떨치는 데 도움이 된다는 것이다.[5] 일례로 사람들에게 자기 몸매에 대해 만족 또는 불만족스런 점들을 쓰게 한 뒤 그 종이를 쓰레기통에 버리거나, 그냥 책상 위에 두게 했다. 나중에 사람들에게 자기 몸에 얼마나 만족하는지 물으면 생각을 적은 종이를 그냥 책상 위에 둔 사람들은 쓴 내용(자기 몸에 대해 좋은 생각이나 나쁜 생각들)에 따라 자신의 몸에 만족 또는 불만족하는 현상이 나타난다. 반면 생각을 적은 종이를 쓰레기통에 버린 사람들은 이전의 생각에 전혀 영향을 받지 않는 것으로 나타났다(반대로 사람들에게 생각을 적은 종이를 주머니에 넣는 등 생각을 간직하는 상징적 행위를 하게 하면 실제로 그 생각에 더 많은 영향을 받는 모습을 보인다).

사람들과의 갈등 및 각종 힘든 일들을 겪은 후에 '나는 왜 이러지?', '나 같은 걸 좋아할 사람은 아무도 없을 거야' 같은 부정적인 생각 때문에 힘든 상태가 지속된다면 이들을 일단 종이에 자세히 적어보자. 그리고 박박 찢어 쓰레기통에 던져버리자.

거꾸로 '잘될 거야', '나는 할 수 있어' 같은 긍정적인 생각들은 적어서 주머니에 넣고 다니는 것도 좋겠다.

대처 : 피해의식에서 벗어나기

피해의식이란 '아무 이유 없이 억울한 일을 당했다는 느낌', '온 세상이 나에게만 불공평하게 돌아가는 느낌'이다. 사람들로부터 뭔가 억울한 일을 당했다고 느낄 때 우리는 이러한 피해의식에 노출된다. 하지만 피해의식에는 다양한 문제점이 있다.

우선 불행해지기 쉽다. 피해의식은 억울함이나 분노 같은 부정적인 정서를 수반하기 때문이다. 또 다른 문제는 피해의식을 강하게 갖게 되면 이기적인 사람이 될 가능성이 있다는 데 있다.

사람이 억울하면 '이 억울함을 보상받아야 한다'는 생각을 하게 된다. 그러다 보니 피해를 받은 사람들이 더 자기중심적이 되고 '나는 이 정도 대우를 받아야만 한다'는 일종의 나르시시즘이 치솟는다.[6] 예를 들어 사람들한테 뭔가 억울했던 경험을 써보라고 해서 피해의식을 잠시 불러일으키면 도움을 주는 행동이 줄어들고, '나는 더 이상 고생하면서 살면 안 된다', '나는 더 많은 걸 누릴 자격이 있다', '남을 위해 나 자신을 희생해선 안 된다'와 같은 문항들에 훨씬 높은 점수를 매기게 된다.

논리적으로 생각하면 내가 아팠던 만큼 남들은 그런 아픔을 당하지 않았으면 좋겠다고 생각하면서 이타성이 높아져야 할 것 같은데 현실은 그렇게 아름답지만은 않다는 것이다. 그렇기 때문에 시집살이가 대대로 이어지고 상사의 괴롭힘이 부하직원들에게 대대로 이어지는 것일지도 모르겠다. 팔이 잘린 사람은 손목이 잘린 사람의 아픔을 이해하려 들지 않는다는 말처럼 말이다.

사람들과의 사이에서 오해를 받거나 배신당하게 되는 경우 억울함을 느끼게 되기 쉽다. 사람들에게 어떨 때 억울함을 느꼈냐는 내용의 설문을 한 적이 있었는데 상당수의 남학생들이 군대에서 선임으로부터 억울한 일을 당했다고 이야기해서 놀랬던 적이 있었다. 여하튼 억울한 일을 당했을 경우 그 감정이 피해의식으로까지 번지지 않도록 마음을 잘 관리할 필요가 있다.

여기에 제일 좋은 것은 악의를 가지고 나를 해하려 하는 사람보다는 나를 신경 써주고 사랑해주는 사람들이 아직 더 많다는 것을 직접 체험하는 것이다.

각종 억울함과 힘든 마음으로 범벅이 된 가장 못난 순간에도 "너는 멋져. 괜찮아. 잘했어"라고 이야기해주는 친구들이 있다면 피해의식의 구렁텅이에 빠지게 되는 일은 좀 줄어들 것이다.

대처 : 용서하기

앞서 이야기했듯이 누구를 미워하는 등 분노를 느끼는 건 에너지가 많이 소모되는 힘든 상태다. 따라서 그런 감정은 문제 해결을 위한 땔감으로 시원하게 태워버리고 벗어나는 것이 좋다.

실제로 자신을 해한 상대방에 대한 분노를 계속 가지고 있는 사람들은 건강을 해치게 될 가능성이 높다고 한다. 상대방을 용서할 수 없다는 생각을 하게 하면 심박수, 혈압 등이 상승하여 스트레스가 높아지고 시간이 꽤 지나도 이런 상태가 지속된다. 반면 상대방의 입장에서 생각해보거나 상대방을 용서할 수 있다고 생각하게 한 사람들은 스트레스를 훨씬 덜 받았다.[7] 심신의 안녕을 위해서라도 상대를 용서해보자. '그 사람도 알고 보면 불쌍한 사람이지 뭐'라는 식으로라도 생각해보면 어떨까?

대처 : 갈등을 통해서 성장하기

갈등을 통해서 배울 수 있는 것은 여러 가지가 있겠지만 그중 가장 큰 것은 '극복하고 다시 일어서는 법'인 것 같다. 사람에게 받은 충격은 다시 사람을 통해 위로를 받아야 해소될 수 있다는 절실한 깨달음과 사람들이 나에게 힘이 되어준 것만큼 나도 그 사람들에게 좋은 사람이 되어야겠다는 다짐만으로도 우리 삶은 좀 더 풍성해 질 것이다.

앞부분에서 살펴본 것처럼 우리는 사랑을 받을 때나 줄 때 모두 큰 행복을 느끼고 살아 있음을 느끼게 된다. 사람들과의 갈등 또한 관계의 중요성을 깨닫는 과정의 일부라고 생각하고 긍정적인 마음으로 헤쳐나갈 수 있다면 우리 삶은 더욱 성장할 것이다.

마음을 움직이는 법

사람들 간 갈등이 생겨나는 단골 원인은 의견차이다. 이럴 때 상대방에게 내 입장을 이해시키려면 어떻게 해야 할까?

상대방의 의견이 옳지 않다고 생각될 때 우리는 "당신의 말은 틀렸어!"라고 강하게 이야기하고 싶은 욕망에 사로잡히게 된다. 그 사람이 틀렸다는 증거를 잔뜩 대서 꼼짝 못하도록 몰아붙여 상대가 자신의 잘못을 시인하게 만들고 싶어지기도 한다.

하지만 이렇게 "당신은 틀렸어!"라고 이야기하는 것은 일반적으로 상대방을 설득하는 데 별 도움이 되지 않는다. 사실 사람들이 자신의 의견을 고수하는 데 이게 정말 옳은지 아닌지는 생각보다 별로 중요하지 않기 때문이다.

사람들이 자신의 의견을 고수하는 데에는 여러 가지 이유가 있다. 자신의 의견이 옳다고 여겨지기 때문이기도 하겠지만 심지어 틀렸다고 느낄 때에도 기존 입장을 고집하곤 한다. 이렇게 할 수밖에 없는

것은 '사람들의 평판'을 의식하기 때문이다.[8]

예를 들어 소위 '사이비'라고 하는 사람들이 일반적 상식과 과학, 심지어 때로는 도덕에 반하는 주장들을 고수하는 데에는 잘못된 사실이지만 이를 주장하는 게 자신의 이미지 상승에 도움이 된다는 사실이 큰 동기로 작용한다고 한다.

자신의 주장이 옳든 그르든 기존의 사실을 뒤집는 주장을 함으로써 '내가 우매한 사람들을 일깨우고 그들을 구한다', '나는 영웅이다!'라는 정체성이 생기게 된다는 것이다.

거기다 "오, 놀랍군요. 당신 아니었음 큰일날 뻔했네요"라는 주변인들의 반응까지 있다면 그야말로 일종의 신분상승을 한 느낌이 들 것이다. 굉장히 쓸모 있는 사람이 된 듯한 느낌과 함께 말이다.

인정받고 싶어 하는 것은 인간의 가장 큰 욕구 중 하나라서 잘못된 믿음일지언정 그것을 통해 사람들에게 인정받을 수 있다고 생각하게 되면 그 믿음을 버리기가 매우 어려워진다.

그러고 보면 이들의 메시지 속에는 "당신은 속고 있습니다", "이제라도 정신 차리십시오" 같은 '나를 통해 구원받으라'는 메시지가 강하게 나타나는 걸 볼 수 있다.

우리가 보통 자신의 주장을 계속 굽히지 않게 되는 것에도 결국 이와 같은 이유가 숨어 있다. 상대방의 의견을 수긍함으로써 왠지 무능력한 사람으로 인식될 것 같다는 등의 '평판을 걱정하는 마음'이 사람들로 하여금 양보하지 않고 계속 싸우게 만드는 것이다. 따라서 많은 사람들이 보는 앞에서 서로가 틀렸다고 치고받는 행동은 서로의 의견을 좁히는 데 전혀 도움이 되지 않는다.

그런 이유로 학자들은 '당신이 틀린 이유'같이 상대방의 의견을 그 사람의 정체성과 연결 짓는 듯한 발언은 좋지 않다고 한다. 이보다는 상대의 정체성에 상처를 주지 않을 '중립적인 사실'만을 이야기하는 것이 더 효과적이라고 이야기한다. 예를 들어 "담배를 피는 것이 해롭지 않다는 당신의 말은 틀렸소!"라는 식으로 '상대방이 틀린 이유'에 대해 언급하는 행동보다는, 다만 "담배를 오래 핀 사람들은 그렇지 않은 사람들보다 각종 질병에 걸릴 확률이 몇 배나 더 높다고 합니다"라는 식으로 '자신의 주장을 뒷받침하는 사실'만을 이야기하는 것이 훨씬 효과적이라는 것이다.

결국 효과적인 설득을 위해서는 상대방이 자신의 의견을 굽히거나 합의를 하게 되면 패배자가 된다는 인식, 즉 자신의 정체성과 평판을 망칠 수 있다는 인식을 주지 않도록 노력해야 한다는 것이다.

이렇게 사람들이 자신의 정체성과 평판을 긍정적으로 만들고 싶어 한다는 점은 나쁜 행동을 하지 말도록 설득할 때에도 활용될 수 있다.

예를 들어 "거짓말을 하지 마세요"라는 말보다 "거짓말쟁이가 되지 마세요"라는 말이 거짓말을 하지 않도록 하는데 더 유용하다. 나쁜 행동을 정체성과 연결시킴으로써 "그 나쁜 행동이 당신의 정체성과 평판을 훼손시킬 수 있다"는 메시지를 주면 아무래도 더 조심하게 된다는 것이다.[9]

정리하면, 의견 차이를 좁히거나 특정 행동을 하거나 하지 않도록 상대방을 설득할 필요가 있을 때, 상대의 정체성과 평판이 매우 긍정적으로 바뀔 수 있다는 메시지를 주는 것이 좋다. 이를 잘 기억해두자.

에필로그

사는 건 의외로
참 쉬울지도 모른다

지금까지 나눴던 이야기들을 정리해보자. 사회적 동물이라는 말의 의미부터 사회적 동물이기에 느끼는 아픔(외로움)과 기쁨(사랑하며 살아갈 때 얻는 행복과 건강), 사회적 동물로서 잘 살아가는 방법(좋은 관계의 비밀과 기술들), 연인 및 직장 상사 등 관계별 알아둘 사실들, 인간관계에서 갈등이 생겼을 때 대처하는 방법까지 다양한 연구와 실험을 예로 들어 이야기했다.

이와 같은 이야기들은 인간이 다른 사람과 더불어 살지 않으면 도저히 행복할 수 없고 건강할 수 없는 존재, 즉 하드코어한 사회적 동물이기 때문에 부딪히는 이슈들에 대한 것이었다. 결국 우리 인간은 사랑하고 사랑받는 힘으로 살아간다는 말로 결론지을 수 있는 이야기들이다.

사회심리학을 공부하면서 얻게 된 가장 큰 지혜가 뭐냐고 묻는다면 사랑하고 사랑받지 않으면 인생을 잘 살기 어려워진다는 사실과 짧은 인생을 그나마 풍성하게 살려면 돈이나 명예보다도 사람에게 가장 많이 투자해야 한다는 것이라고 대답할 수 있을 것 같다.

이와 같은 사실을 알고 난 지금, 인생을 잘 살아내기란 의외로 참 쉬운 일이란 생각이 들지 않는가? 일상에 적용해서 생각해보면 공부나 일은 적당히 해도 되지만 소중한 사람들과의 즐거운 시간은 가급적 많이 가져야 한다는 말이 되니까 말이다.

이 책에서 함께 나눈 검증된 관계의 비밀과 기술(사실 기술보다는 예술에 가깝다)들이 우리가 인간이란 종으로서 최대한 풍성한 삶을 살도록 하는 데 작게나마 도움이 된다면 매우 기쁠 것 같다. 이 글을 읽은 모든 사람들이 작은 실천으로 행복이 넘치는 삶을 살기를 진심으로 바라본다.

그림, 그래프, 사진 출처

Part I
나도 잘 몰랐던 나

01 아파도 좋아, 함께 살 수 있다면
- 1. Eisenberger, N. I., Lieberman, M. D., & Williams, K. D. (2003). Does rejection hurt? An fMRI study of social exclusion. *Science, 302*, 290-292.
- 2. ◆1과 같음.
- 3. Epley, N., Akalis, S., Waytz, A., & Cacioppo, J. T. (2008). Creating social connection through inferential reproduction: Loneliness and perceived agency in gadgets, gods, and greyhounds: Research article. *Psychological Science, 19*, 114-120.

02 도대체, 누구를 위한 삶인가?
- 1. Lyubomirsky, S., & Ross, L. (1997). Hedonic consequences of social comparison: A contrast of happy and unhappy people. *Journal of Personality and Social Psychology, 73*, 1141-1157.
- 2. ◆1과 같음.
- 3. Taylor, S. E., Seeman, T. E., Eisenberger, N. I., Kozanian, T. A., Moore, A. N., & Moons, W. G. (2010). Effects of a Supportive or an Unsupportive Audience on Biological and Psychological Responses to Stress. *Journal of Personality and Social Psychology, 98*, 47-56.
- 4. Gilovich, T., Medvec, V. H., & Savitsky, K. (2000). The spotlight effect in social judgment: An egocentric bias in estimates of the salience of one's own actions and appearance. *Journal of Personality and Social Psychology 78*, 211-222.
- 5. ◆4와 같음.
- 6. adapted from Galinsky, A. D., Magee, J. C., Ena Inesi, M., & Gruenfeld, D. H. (2006). Power and perspectives not taken. *Psychological Science, 17*, 1068-1074.

03 소속욕구야, 내 삶을 도와다오
- 1. Martinez & Benavente, 1998, CVC Technical Report #24.

Part 2
행복에 가까워진 너

01 사람은 무엇으로 행복해질까?

◆1. Lee, G. R. Seccombe, K., & Shehan, C. L. (1991). Marital status and personal happiness: An analysis of trend data. *Journal of Marriage and the Family, 53*, 839-844.

02 병원에 가지 않고 건강해지는 법

◆1. Cohen, S., Doyle, W. J., Turner, R., Alper, C. M., & Skoner, D. P. (2003). Sociability and susceptibility to the common cold. *Psychological Science, 14*, 389-395.

◆2. Schnall, S., Harber, K. D., Stefanucci, J. K., & Proffitt, D. R. (2008). Social support and the perception of geographical slant. *Journal of Experimental Social Psychology, 44*, 1246-1255.

◆3. Oishi, S., & Schimmack, U. (2010). Residential mobility, well-being, and mortality. *Journal of Personality and Social Psychology, 98*, 980-994.

◆4. ◆3과 같음

Part 3
이해할 수 없었던 우리

01 어떤 사람이 사회생활을 잘할까?

◆1. 박진영 (2011). The cost of belonging: Social activity is highly energy-consuming. 석사 졸업 논문.

◆2. ◆1과 같음.

02 우리는 서로 얼마나 잘 알고 있을까?

◆1. Baron-Cohen, S., Leslie, A. M., & Frith, U. (1985). Does the autistic child have a "theory of mind?" *Cognition, 21*, 37-46.2.

◆2. Epley, N., Morewedge, C. K., & Keysar, B. (2004). Perspective taking in children and adults: Equivalent egocentrism but differential correction. *Journal of Experimental Social Psychology, 40*, 760-768.

03 정글 같은 세상에서 유쾌하게 살아남기

◆1. see for review, Cuddy, A. J. C., Fiske, S. T., & Glick, P. (2008). Warmth and competence as universal dimensions of social perception: The stereotype content model and the BIAS map. *Advances in Experimental Social Psychology, 40*, 61-149.

◆2. Strack, F., Martin, L. L., & Stepper, S. (1988). Inhibiting and facilitating conditions of the

human smile: a nonobtrusive test of the facial feedback hypothesis. *Journal of Personality and Social Psychology, 54*, 768-777.
◆3. ⓒ 이연수.

Part 4
상처받지 않고 단단해지는 관계

01 나는 왜 그 사람에게 끌리는가?

◆1. Taylor, L., Fiore, A. T., Mendelsohn, G. A., & Cheshire, C. (2011). "out of my league": A real-world test of the matching hypothesis. *Personality and Social Psychology Bulletin, 37*, 942-954.
◆2. ◆1과 같음.
◆3. Elliot, A. J., & Niesta, D. (2008). Romantic red: red enhances men's attraction to women. *Journal of Personality and Social Psychology, 95*, 1150-1164.
◆4. Swami, V., & Toveé, M. J. (2006). Does hunger influence judgments of female physical attractiveness? *British Journal of Psychology, 97*, 353-363.
◆5. Griskevicius, V., Tybur, J. M., Ackerman, J. M., Delton, A. W., Robertson, T. E., & White, A. E. (2012). The financial consequences of too many men: Sex ratio effects on saving, borrowing, and spending. *Journal of Personality and Social Psychology, 102*, 69-80.
◆6. ◆5와 같음.
◆7. Eastwick, P. W., Finkel, E. J., & Eagly, A. H. (2011). When and why do ideal partner preferences affect the process of initiating and maintaining romantic relationships? *Journal of Personality and Social Psychology, 101*, 1012-1032.

주

Part I
나도 잘 몰랐던 나

1. Baumeister, R. F., & Leary, M. R. (1995). The need to belong: desire for interpersonal attachments as a fundamental human motivation. *Psychological Bulletin, 117*, 497-529.

01 아파도 좋아, 함께 살 수 있다면

1. Leary, M. R. (1995). *Self-presentation: Impression management and interpersonal behavior.* Madison, WI: Brown & Benchmark.
2. Anderson, C., Kraus, M. W., Galinsky, A. D., & Keltner, D. (2012). The Local-Ladder Effect: Social Status and Subjective Well-Being. *Psychological Science, 23*, 764-771.
3. Baumeister, R. F., & Leary, M. R. (1995). The need to belong: desire for interpersonal attachments as a fundamental human motivation. *Psychological Bulletin, 117*, 497-529.
4. Bering, J. M. (2008). Why Hell Is Other People: Distinctively Human Psychological Suffering. *Review of General Psychology, 12*, 1-8.
5. 4와 같음.
6. Cacioppo, J. T., & Patrick, W. (2008). *Loneliness: Human nature and the need for social connection.* New York: W.W. Norton.
7. Diener, E., Suh, E. M., Kim-Prieto, C., Biswas-Diener, R. & Tay, L. S. (2010). Unhappiness in South Korea: Why It is High and What Might be Done About It. 한국심리학회 연차학술대회 논문집.
8. Williams, K. D., & Nida, S. A. (2011). Ostracism: Consequences and coping. *Current Directions in Psychological Science, 20*, 71-75.
9. 8과 같음.
10. Zadro, L., Williams, K. D., & Richardson, R. (2004). How low can you go? Ostracism by a computer is sufficient to lower self-reported levels of belonging, control, self-esteem, and meaningful existence. *Journal of Experimental Social Psychology, 40*, 560-567.
11. MacDonald, G., & Leary, M. R. (2005). Why does social exclusion hurt? The relationship between social and physical pain. *Psychological Bulletin, 131*, 202-223.
12. DeWall, C.N., MacDonald, G., Webster, G.D., Masten, C.L., Baumeister, R.F., & Powell, C., et al., (2010). Acetaminophen reduces social pain: Behavioral and neural evidence. *Psychological*

Science, 21, 931-937.
13. Zhong, C.-B., & Leonardelli, G. J. (2008). Cold and lonely: Does social exclusion literally feel cold? *Psychological Science, 19*, 838-842.
14. 6과 같음.
15. House, J. S., Landis, K. R., & Umberson, D. (1988). Social Relationships and Health. *Science, 241*, 540-545.
16. Cacioppo, J. T., & Hawkley, L. C. (2005). People thinking about people: The vicious cycle of being a social outcast in one's own mind. In K. D. Williams, J. P. Forgas, & W. von Hippel (Eds.), *The social outcast: Ostracism, social exclusion, rejection, and bullying*. New York: Psychology Press.
17. 16과 같음.
18. 16과 같음.
19. Pickett, C. L., Gardner, W. L., & Knowles, M. (2004). Getting a cue: The need to belong and enhanced sensitivity to social cues. *Personality and Social Psychology Bulletin, 30*, 1095-1107.
20. 19와 같음.
21. 19와 같음.
22. Gardner, W. L., Pickett, C. L., Jefferis, V., & Knowles, M. (2005). On the outside looking in: Loneliness and social monitoring. *Personality and Social Psychology Bulletin, 31*, 1549-1560.
23. 19와 같음.
24. Epley, N., Akalis, S., Waytz, A., & Cacioppo, J. T. (2008). Creating social connection through inferential reproduction: Loneliness and perceived agency in gadgets, gods, and greyhounds: Research article. *Psychological Science, 19*, 114-120.
25. 24와 같음.
26. Finkel, E. J., & Baumeister, R. F. (2010). Attraction and rejection. In R. F. Baumeister & E. J. Finkel (Eds.), *Advanced social psychology: The state of the science* (pp. 419-459). New York, NY: Oxford University Press.
27. 16과 같음.
28. Collins, N. L., & Miller, L. C. (1994). Self-disclosure and liking: A meta-analytic review. *Psychological Bulletin, 116*, 457-575.
29. Lakin, J., & Chartrand, T.L. (2003). Using nonconscious behavioral mimicry to create affiliation and rapport. *Psychological Science, 14*, 334-339.

02 도대체, 누구를 위한 삶인가

1. Dunning, D., Meyerowitz, J. A., & Holzberg, A. D. (1989). Ambiguity and self-evaluation: The role of idiosyncratic trait definitions in self-serving assessments of ability. *Journal of Personality and Social Psychology, 57*, 1082-1090.
2. Suh, E.M. (2007). Downsides of an overly context-sensitive self: Implications from the culture and subjective well-being research. *Journal of Personality, 75*, 1321-1343.
3. Lyubomirsky, S., & Ross, L. (1997). Hedonic consequences of social comparison: A contrast of happy and unhappy people. *Journal of Personality and Social Psychology, 73*, 1141-1157.
4. Kernis, M. H., Cornell, D. P., Sun, C. R., Berry, A., & Harlow, T. (1993). There's more to self-esteem than whether it's high or low: The importance of stability of self-esteem. *Journal of*

Personality and Social Psychology, 65, 1190-1204.
5. Baumeister, R. F., & Steinhilber, A. (1984). Paradoxical effects of supportive audiences on performance under pressure: The home field disadvantage in sports championships. *Journal of Personality and Social Psychology, 47*, 85-93.
6. Taylor, S. E., Seeman, T. E., Eisenberger, N. I., Kozanian, T. A., Moore, A. N., & Moons, W. G. (2010). Effects of a Supportive or an Unsupportive Audience on Biological and Psychological Responses to Stress. *Journal of Personality and Social Psychology, 98*, 47-56.
7. Leary, M. R. (1995). *Self-presentation: Impression management and interpersonal behavior.* Madison, WI: B rown & Benchmark.
8. Sommer, K. L., & Baumeister, R. F. (2002). Self-evaluation, persistence, and performance following implicit rejection: The role of trait self-esteem. *Personality and Social Psychology Bulletin, 28*, 926-938.
9. Stinson, D. A., Logel, C., Shepherd, S., & Zanna, M. P. (2011). Rewriting the self-fulfilling prophecy of social rejection: Self-affirmation improves relational security and social behavior up to 2 months later. *Psychological Science, 22*, 1145-1149.
10. Baumeister, R. F., Heatherton, T. F., & Tice, D. M. (1993). When Ego Threats Lead to Self-Regulation Failure: Negative Consequences of High Self-Esteem. *Journal of Personality and Social Psychology, 64*, 141-156.
11. Twenge, J. M., & Campbell, W. K. (2009). *The Narcissism epidemic: Living in the age of entitlement.* New York: Free Press.
12. Leary, M. R., & Baumeister, R. F. (2000). The nature and function of self-esteem: Sociometer theory. *Advances in Experimental Social Psychology, 32*, 1-62.
13. Gilovich, T., Medvec, V. H., & Savitsky, K. (2000). The spotlight effect in social judgment: An egocentric bias in estimates of the salience of one's own actions and appearance. *Journal of Personality and Social Psychology 78*, 211-222.
14. Epley, N., Keysar, B., Van Boven, L., & Gilovich, T. (2004). Perspective taking as egocentric anchoring and adjustment. *Journal of Personality and Social Psychology*, 87, 327-339.
15. 13과 같음.
16. Carver, C. S. (2003). Self-awareness. In M. R. Leary & J. P. Tangney (Eds.), *Handbook of self and identity* (pp. 179-196). New York: Guilford.
17. Leung, A. K.-Y., & Cohen, D. (2007). The soft embodiment of culture: Camera angles and motion through time and space. *Psychological Science, 18*, 824-830.
18. Hass, R. G. (1984). Perspective taking and self-awareness: Drawing an E on your forehead. *Journal of Personality and Social Psychology, 46*, 788-798.
19. Holmes, E. A., Coughtrey, A. E., & Connor, A. (2008). Looking at or Through Rose-Tinted Glasses? Imagery Perspective and Positive Mood. *Emotion, 8*, 875-879.
20. Kim, H. S., & Drolet, A. (2009). Express your social self: Cultural differences in choice of brand-name versus generic products. *Personality and Social Psychology Bulletin, 35*, 1555-1566.

03 소속욕구야, 내 삶을 도와다오

1. (2011, November 14). "Want to lose weight? Shut your mouth." *CNN.*

2. Aydinoğlu, N. Z., & Krishna, A. (2011). Guiltless gluttony: The asymmetric effect of size labels on size perceptions and consumption. *Journal of Consumer Research, 37*, 1095-1112.
3. Levitsky, D. A., & Pacanowski, C. (2011). Losing weight without dieting. Use of commercial foods as meal replacements for lunch produces an extended energy deficit. *Appetite, 57*, 311-317.
4. Tice, D. M. (1992). Self-Concept Change and Self-Presentation: The Looking Glass Self Is Also a Magnifying Glass. *Journal of Personality and Social Psychology, 63*, 435-451.
5. 4와 같음.
6. Fazio, R. H., Effrein, E. A., & Falender, V.J. (1981). Self-perceptions following social interaction. *Journal of Personality and Social Psychology, 41*, 232-242.
7. Libby, L. K., Shaeffer, E. M., Eibach, R. P., & Slemmer, J. A. (2007). Picture yourself at the polls: Visual perspective in mental imagery affects self-perception and behavior. *Psychological Science, 18*, 199-203.
8. Martinez & Benavente, 1998, CVC Technical Report #24.
9. Leary, M. R., Britt, T. W., Cutlip II, W. D., & Templeton, J. L. (1992). Social blushing. *Psychological Bulletin, 112*, 446-460.
10. Dijk, C., Koenig, B., Ketelaar, T., & de Jong, P. J. (2011). Saved by the blush: Being trusted despite defecting. *Emotion, 11*, 313-319.
11. Barnes, C. D., Carvallo, M., Brown, R. P., & Osterman, L. (2010). Forgiveness and the need to belong. *Personality and Social Psychology Bulletin, 36*, 1148-1160.
12. 11과 같음.

Part 2
행복에 가까워진 너

01 사람은 무엇으로 행복해질까?

1. Diener, E., & Seligman, M. E. P. (2002). Very happy people. *Psychological Science, 13*, 81-84.
2. Diener, E., Sandvik, E., & Pavot. W. (1991). Happiness is the frequency, not the intensity, of positive versus negative affect. In F. Strack & M. Argyle (Eds.), *Subjective well-being: An interdisciplinary perspective*. (Vol. 21, pp. 119-139). Oxford, England: Pergamon Press.
3. 2와 같음.
4. Killingsworth, M. A., & Gilbert, D. T. (2010). A wandering mind is an unhappy mind. *Science, 330*, 932.
5. Fleeson, W., Malanos, A. B., & Achille, N. M. (2002). An intraindividual process approach to the relationship between extraversion and positive affect: Is acting extraverted as "good" as being extraverted? *Journal of Personality and Social Psychology, 83*, 1409-1422.
6. Lucas, R. E., Diener, E., Grob, A., Suh, E. M., & Shao, L. (2000). Cross-cultural evidence for the fundamental features of extraversion. *Journal of Personality and Social Psychology, 79*, 452-468.
7. Diener, E., Suh, E. M., Lucas, R. E., & Smith, H. L. (1999). Subjective well-being: Three

decades of progress. *Psychological Bulletin, 125*, 276-302.
8. Lee, G. R. Seccombe, K., & Shehan, C. L. (1991). Marital status and personal happiness: An analysis of trend data. *Journal of Marriage and the Family, 53*, 839-844.
9. Gove, W. R., Hughes, M., & Style, C. B. (1983). Does marriage have positive effects on the psychological well-being of the individual? *Journal of Health and Social Behavior, 24*, 122-131.
10. Dush, C. M. K., & Amato, P. R. (2005). Consequences of relationship status and quality for subjective well-being. *Journal of Social and Personal Relationships, 22*, 607-627.
11. Cialdini, R. B., & Goldstein, N. J. (2004). Social influence: Compliance and conformity. *Annual Review of Psychology, 55*, 591-621.
12. Oishi, S., Diener, E., Sub, E., & Lucas, R. E. (1999). Values as a moderator in subjective well-being. *Journal of Personality, 67*, 157-184.
13. Inagaki, T. K., & Eisenberger, N .I. (2012). Neural correlates of giving support to a loved one. *Psychosomatic Medicine, 74*, 3-7.
14. Thoits, P. A., & Hewitt, L. N. (2001). Volunteer work and well-being. *Journal of Health and Social Behavior, 42*, 115-131.
15. Dunn, E. W., Aknin, L. B., & Norton, M. I. (2008). Spending money on others promotes happiness. *Science, 319*, 1687-1688.

02 병원에 가지 않고 건강해지는 법

1. Cohen, S., Doyle, W. J., Turner, R., Alper, C. M., & Skoner, D. P. (2003). Sociability and susceptibility to the common cold. *Psychological Science, 14*, 389-395.
2. Pressman, S. D., Cohen, S., Barkin, A., Miller, G. E., Rabin, B. S., & Treanor, J. J. (2005). Loneliness, social network size, and immune response to influenza vaccination in college freshmen. *Health Psychology, 24*, 297-306.
3. Goodwin, J. S., Hunt, W. C., Key, C. R., & Samet, J. M. (1987). The effect of marital status on stage, treatment, and survival of cancer patients. *Journal of the American Medical Association, 258*, 3125-3130.
4. Cohen, S. (2004). Social relationships and health. *American Psychologist, 59*, 676-684.
5. Ell, K., Nishimoto, R., Mediansky, L., Mantell, J., & Hamovitch, M. (1992). Social relations, social support and survival among patients with cancer. *Journal of Psychosomatic Research, 36*, 531-541.
6. Helgeson, V. S., Fritz, H. L., & Cohen, S. (1998). Social ties and cancer. In J. C. Holland & W. Breitbart (Eds.), *Psychooncology* (pp. 99-109). New York: Oxford University Press.
7. Pennebaker, J. W., Zech, E., & Rime´, B. (2001). Disclosing and sharing emotion: Psychological, social and health consequences. In M. S. Stroebe, R. O. Hansson, W. Stroebe, & H. Schut (Eds.), *Handbook of bereavement research: Consequences, coping, and care* (pp. 517-543). Washington, DC: American Psychological Association.
8. Cole, S. W., Kemeny, M. E., Taylor, S. E., & Visscher, B. R. (1996). Elevated physical health risk among gay men who conceal their homosexual identity. *Health Psychology, 15*, 243-251.
9. Pennebaker, J. W., & O'Heeron, R. C. (1984). Confiding in others and illness rate among spouses of suicide and accidental-death victims. *Journal of Abnormal Psychology, 93*, 473-476.

10. Spera, S. P., Buhrfeind, E. D., & Pennebaker, J. W. (1994). Expressive writing and coping with job loss. *Academy of Management Journal, 37*, 722-733.
11. Schnall, S., Harber, K. D., Stefanucci, J. K., & Proffitt, D. R. (2008). Social support and the perception of geographical slant. *Journal of Experimental Social Psychology, 44*, 1246-1255.
12. Oishi, S., & Schimmack, U. (2010). Residential mobility, well-being, and mortality. *Journal of Personality and Social Psychology, 98*, 980-994.

Part 3
이해할 수 없었던 우리

01 어떤 사람이 사회생활을 잘할까?

1. McCrae, R. R., & Costa Jr., P. T. (1997). Personality Trait Structure as a Human Universal. *American Psychologist, 52*, 509-516.
2. 1과 같음.
3. Jang, K. L., Livesley, W. J., & Vernon, P. A. (1996). Heritability of the Big Five Personality Dimensions and Their Facets: A Twin Study. *Journal of Personality, 64*, 577-591.
4. 박진영 (2011). The cost of belonging: Social activity is highly energy-consuming. 석사 졸업논문.
5. Caldwell, D. F., & Burger, J. M. (1998). Personality characteristics of job applicants and success in screening interviews. *Personnel Psychology, 51*, 119-136.
6. Judge, T. A., Heller, D., & Mount, M. K. (2002). Five-factor model of personality and job satisfaction: A meta-analysis. *Journal of Applied Psychology, 87*, 530-541.
7. Zhao, H., Seibert, S. E., & Lumpkin, G. T. (2010). The relationship of personality to entrepreneurial intentions and performance: A meta-analytic review. *Journal of Management, 36*, 381-404.
8. Lucas, R. E., Diener, E., Grob, A., Suh, E. M., & Shao, L. (2000). Cross-cultural evidence for the fundamental features of extraversion. *Journal of Personality and Social Psychology, 79*, 452-468.
9. Argyle, M., & Lu, L. (1990). The happiness of extraverts. *Personality and Individual Differences, 11*, 1011-1017.
10. Cardoso, C., Ellenbogen, M. A., & Linnen, A. -M. (2011). Acute intranasal oxytocin improves positive self-perceptions of personality. *Psychopharmacology*, 1-9.
11. (2012, September 14). "The Gregarious Salesman: Death of a Stereotype?" *APA*.
12. Zuckerman, M., & Kuhlman, D. M. (2000). Personality and risk-taking: Common biosocial factors. *Journal of Personality, 68*, 999-1029.
13. Nettle, D. (2006). The evolution of personality variation in humans and other animals. *American Psychologist, 61*, 622-631.
14. Meir, E. I., Keinan, G., & Segal, Z. (1986). Group importance as a mediator between personality-environment congruence and satisfaction. *Journal of Vocational Behavior, 28*, 60-69.
15. Aitken Harris, J. (2004). Measured intelligence, achievement, openness to experience, and creativity. *Personality and Individual Differences, 36*, 913-929.

16. Poropat, A. E. (2009). A meta-analysis of the five-factor model of personality and academic performance. *Psychological Bulletin, 135*, 322-338.
17. Roberts, B. W., Walton, K. E., & Bogg, T. (2005). Conscientiousness and health across the life course. *Review of General Psychology, 9*, 156-168.
18. Stoeber, J., Otto, K., & Dalbert, C. (2009). Perfectionism and the Big Five: Conscientiousness predicts longitudinal increases in self-oriented perfectionism. *Personality and Individual Differences, 47*, 363-368.
19. Asendorpf, J. B., & Wilpers, S. (1998). Personality effects on social relationships. *Journal of Personality and Social Psychology, 74*, 1531-1544.
20. Lucas, R. E., & Diener, E. (2001). Understanding extraverts' enjoyment of social situations: The importance of pleasantness. *Journal of Personality and Social Psychology, 81*, 343-356.
21. 12와 같음.
22. Nettle, D. (2005). An evolutionary approach to the extraversion continuum. Evolution and *Human Behavior, 26*, 363-373.
23. Neyer, F. J., & Asendorpf, J. B. (2001). Personality-relationship transaction in young adulthood. *Journal of Personality and Social Psychology, 81*, 1190-1204.
24. Bernerth, J. B., Taylor, S. G., Walker, H. J., & Whitman, D. S. (2012). An empirical investigation of dispositional antecedents and performance-related outcomes of credit scores. *The Journal of applied psychology, 97*, 469-478.
25. Lahey, B. B. (2009). Public health significance of neuroticism. *American Psychologist, 64*, 241-256.
26. Furnham, A., & Brewin, C. R. (1990). Personality and happiness. *Personality and Individual Differences, 11*, 1093-1096.
27. Karney, B. R., & Bradbury, T. N. (1997). Neuroticism, marital interaction, and the trajectory of marital satisfaction. *Journal of Personality and Social Psychology, 72*, 1075-1092.
28. Craske, M. G., Waters, A. M., Nazarian, M., Mineka, S., Zinbarg, R. E., Griffith, J. W., Naliboff, B., & Ornitz, E. M. (2009). Does Neuroticism in Adolescents Moderate Contextual and Explicit Threat Cue Modulation of the Startle Reflex? *Biological Psychiatry, 65*, 220-226.
29. 박진영 (2011). The cost of belonging: Social activity is highly energy-consuming. 석사 졸업논문.
30. Baumeister, R. F., & Exline, J. J. (1999). Virtue, personality, and social relations: Self-control as the moral muscle. *Journal of Personality, 67*, 1165-1194.
31. Tangney, J. P., Baumeister, R. F., & Boone, A. L. (2004). High Self-Control Predicts Good Adjustment, Less Pathology, Better Grades, and Interpersonal Success. *Journal of Personality, 72*, 271-324.
32. Shoda, Y., Mischel, W., & Peake, P. K. (1990). Predicting adolescent cognitive and self-regulatory competencies from preschool delay of gratification: Identifying diagnostic conditions. *Developmental Psychology, 26*, 978-986.
33. Vohs, K. D., Baumeister, R. F., & Ciarocco, N. J. (2005). Self-regulation and self-presentation: Regulatory resource depletion impairs impression management and effortful self-presentation depletes regulatory resources. *Journal of Personality and Social Psychology, 88*, 632-657.
34. Gailliot, M. T., Baumeister, R. F., Dewall, C. N., Maner, J. K., Plant, E. A., Tice, D. M., &

Brewer, L. E., Schmeichel, B.J. (2007). Self-control relies on glucose as a limited energy source: willpower is more than a metaphor. *Journal of Personality and Social Psychology, 92*, 325-336.
35. 34와 같음.
36. Fenigstein, A., & Abrams, D. (1993). Self-Attention and the Egocentric Assumption of Shared Perspectives. *Journal of Experimental Social Psychology, 29*, 287-303.
37. 36 & Stephenson, B., & Wicklund, R. A. (1983). Self-directed attention and taking the other's perspective. *Journal of Experimental Social Psychology, 19*, 58-77.

02 우리는 서로 얼마나 잘 알고 있을까?

1. Eidelson, R. J., & Epstein, N. (1982). Cognition and relationship maladjustment: Development of a measure of dysfunctional relationship beliefs. *Journal of Consulting and Clinical Psychology, 50*, 715-720.
2. (2012, September 14). "10 Creative Block Breakers That Actually Work". *Psychology Today*.
3. Epley, N., Keysar, B., Van Boven, L., & Gilovich, T. (2004). Perspective taking as egocentric anchoring and adjustment. *Journal of Personality and Social Psychology, 87*, 327-339.
4. Dweck, C. S., & Molden, D. C. (2005). Self-theories: Their impact on competence and acquisition. In A. J. Elliot & C. S. Dweck (Eds.), *The handbook of competence and motivation* (pp. 122-140). New York: Guilford Press.
5. 4와 같음.
6. Knee, C. R. (1998). Implicit theories of relationships: Assessment and prediction of romantic relationship initiation, coping and longevity. *Journal of Personality and Social Psychology, 74*, 360-370.
7. Wilson, T. D., & Brekke, N. (1994). Mental contamination and mental correction: Unwanted influences on judgments and evaluations. *Psychological Bulletin, 116*, 117-142.
8. Tetlock, P. E. (1985). Accountability: A social check on the fundamental attribution error. *Social Psychology Quarterly, 48*, 227-236.
9. (1964, March 14) "Queens Woman Is Stabbed to Death in Front of Home." New York Times
10. Latané, B. & Darley, J. M. (1968). Group inhibition of bystander intervention in emergencies. *Journal of Personality and Social Psychology, 10*, 215-221.
11. Darley, J. M. & Latané, B. (1968). Bystander intervention in emergencies: diffusion of responsibility. Journal of Personality and Social Psychology, 8, 377-383.
12. Baron-Cohen, S., Leslie, A. M., & Frith, U. (1985). Does the autistic child have a "theory of mind?" *Cognition, 21*, 37-46.2.
13. Leslie, A. M. (1990). Some implications of pretense for mechanisms underlying the child's theory of mind. In J. Astington, D. Olson, & P. Harris (Eds.), *Developing theories of mind*. Cambridge, England: Cambridge University Press.
14. 12와 같음.
15. Epley, N., Morewedge, C. K., & Keysar, B. (2004). Perspective taking in children and adults: Equivalent egocentrism but differential correction. *Journal of Experimental Social Psychology, 40*, 760-768.
16. Epley, N., Keysar, B., Van Boven, L., & Gilovich, T. (2004). Perspective taking as egocentric

anchoring and adjustment. *Journal of Personality and Social Psychology, 87*, 327-339.
17. Kruger, J., Epley, N., Parker, J., & Ng, Z. (2005). Egocentrism over email: Can we communicate as well as we think? *Journal of Personality and Social Psychology, 89*, 925-936.
18. 16과 같음.
19. 16과 같음.
20. Griffin, D. W., & Ross, L. (1991). Subjective construal, social inference, and human misunderstanding. In M. P. Zanna (Ed.), *Advances in experimental social psychology* (Vol. 24, pp. 319-359). San Diego, CA: Academic Press.

03 정글 같은 세상에서 유쾌하게 살아남기

1. Stirrat, M., Perrett, D. I.(2010). Valid facial cues to cooperation and trust: Male facial width and trustworthiness. *Psychological Science, 21*, 349-354.
2. Naumann, L. P., Vazire, S., Rentfrow, P. J., & Gosling, S. D. (2009). Personality judgments based on physical appearance. *Personality and Social Psychology Bulletin, 35*, 1661-1671.
3. Kogana, A., Saslowb, L. R., Impetta, E. A., Oveisc, C., Keltnerd, D., & Saturne, S. R. (2011). Thin-slicing study of the oxytocin receptor (OXTR) gene and the evaluation and expression of the prosocial disposition. *Proceedings of the National Academy of Sciences of the United States of America, 108*, 19189-19192.
4. see for review, Cuddy, A. J. C., Fiske, S. T., & Glick, P. (2008). Warmth and competence as universal dimensions of social perception: The stereotype content model and the BIAS map. *Advances in Experimental Social Psychology, 40*, 61-149.
5. 4와 같음.
6. 4와 같음.
7. 4와 같음.
8. 4와 같음.
9. 4와 같음.
10. 4와 같음.
11. 4와 같음.
12. 4와 같음.
13. 4와 같음.
14. Böhm, R., Schütz, A., Rentzsch, K., Körner, A., & Funke, F. (2010). Are we looking for positivity or similarity in a partner's outlook on life? Similarity predicts perceptions of social attractiveness and relationship quality. *Journal of Positive Psychology, 5*, 431-438.
15. Forest, A. L., & Wood, J. V. (2012). When Social Networking Is Not Working Individuals With Low Self-Esteem Recognize but Do Not Reap the Benefits of Self-Disclosure on Facebook. *Psychological Science, 23*, 295-302.
16. Ekman, P. (1992). An argument for basic emotions. Cognition and Emotion, 6, 169-200.
17. Strack, F., Martin, L. L., & Stepper, S. (1988). Inhibiting and facilitating conditions of the human smile: a nonobtrusive test of the facial feedback hypothesis. *Journal of Personality and Social Psychology, 54*, 768-777.
18. Norscia, I., & Palagi, E. (2011). Yawn contagion and empathy in Homo sapiens. *PLoS ONE, 6*,

art. no. e28472.
19. Lakin, J. L., Jefferis, V. E., Cheng, C. M., & Chartrand, T. L. (2003). The chameleon effect as social glue: Evidence for the evolutionary significance of nonconscious mimicry. *Journal of Nonverbal Behavior, 27*, 145-162.
20. Neal, D. T., Chartrand, T. L. (2011). Embodied Emotion Perception Amplifying and Dampening Facial Feedback Modulates Emotion Perception Accuracy. *Social Psychological and Personality Science, 2*, 673-678.
21. Field, T. (2001). *Touch*. Cambridge, MA: MIT Press.
22. 21과 같음.
23. Hertenstein, M. J., Verkamp, J. M., Kerestes, A. M., & Holmes, R. M. (2007). The communicative functions of touch in humans, nonhuman primates, and rats: A review and synthesis of the empirical research. *Genetic, Social, and General Psychology Monographs, 132*, 5-94.
24. Tai, K., Zheng, X., & Narayanan, J. (2011). Touching a teddy bear mitigates negative effects of social exclusion to increase prosocial behavior. *Social Psychological and Personality Science, 2*, 618-626.
25. Fisher, J. D., Rytting, M., & Heslin, R. (1976). Hands touching hands: Affective and evaluative effects of an interpersonal touch. *Sociometry, 39*, 416-421.
26. Crusco, A. H., & Wetzel, C. G. (1984). The Midas touch: The effects of interpersonal touch on restaurant tipping. *Personality and Social Psychology Bulletin, 10*, 512-517.
27. Willis Jr., F. N., & Hamm, H. K. (1980). The use of interpersonal touch in securing compliance. *Journal of Nonverbal Behavior, 5*, 49-55.
28. Hertenstein, M. J., Keltner, D., App, B., Bulleit, B. A., & Jaskolka, A. R. (2006). Touch communicates distinct emotions. *Emotion, 6*, 528-533.
29. 28과 같음.
30. Burgoon, J. K. (1991). Relational message interpretations of touch, conversational distance, and posture. *Journal of Nonverbal Behavior, 15*, 233-259.
31. Stewart, G.L., Dustin, S.L., Barrick, M.R., & Darnold, T.C. (2008). Exploring the handshake in employment interviews. *Journal of Applied Psychology, 93*, 1139-1146.
32. Dutton, D.G., & Aron, A.P. (1974). Some evidence for heightened sexual attraction under conditions of high anxiety. *Journal of Personality and Social Psychology, 30*, 510-517.
33. Pinel, E. C., Long, A. E., Landau, M. J., Alexander, K., & Pyszczynski, T. (2006). Seeing I to I: A pathway to interpersonal connectedness. *Journal of Personality and Social Psychology, 90*, 243-257.
34. Moreland, R. L., & Beach, S. R. (1992). Exposure effects in the classroom: The development of affinity among students. *Journal of Experimental Social Psychology, 28*, 255-276.
35. Festinger, L., Schachter, S., & Back, K. (1950). *Social pressures in informal groups: A study of human factors in housing*. Stanford, CA: Stanford University Press.

Part 4
상처받지 않고 단단해지는 관계

01 나는 왜 그 사람에게 끌리는가?

1. Montoya, R. M., Horton, R. S., & Kirchner, J. (2006). Is actual similarity necessary for attraction? A meta-analysis of actual and perceived similarity. *Journal of Social and Personal Relationships, 25*, 889-922.
2. 1과 같음.
3. Lutz-Zois, C. J., Bradley, A. C., Mihalik, J. L., & Moorman-Eavers, E. R. (2006). Perceived similarity and relationship success among dating couples: An idiographic approach. *Journal of Social and Personal Relationships, 23*, 865-880.
4. Price, R. A., & Vandenberg, S. G. (1979). Matching for physical attractiveness in married couples. *Personality and Social Psychology Bulletin, 5*, 398-400.
5. Taylor, L., Fiore, A. T., Mendelsohn, G. A., & Cheshire, C. (2011). "out of my league": A real-world test of the matching hypothesis. *Personality and Social Psychology Bulletin, 37*, 942-954.
6. 5와 같음.
7. Walster, E., Aronson, V., Abrahams, D., & Rottman, L. (1966). Importance of physical attractiveness in dating behavior. *Journal of Personality and Social Psychology, 4*, 508-516.
8. Cunningham, M. R., & Barbee, A. P. (2008). Prelude to a kiss: Nonverbal flirting, opening gambits, and other communication dynamics in the initiation of romantic relationships. In S. Sprecher, A. Wenzel, & J. Harvey (Eds.), *Handbook of relationship initiation* (pp. 97-120). New York: Guilford.
9. Rhodes, G. (2006). The evolutionary psychology of facial beauty. *Annual Review of Psychology, 57*, 199-226.
10. 9와 같음.
11. Thornhill, R., & Gangestad, S. W. (1999). The scent of symmetry: a human sex pheromone that signals fitness? *Evolution and Human Behavior, 20*, 175-201.
12. Herz, R. S., & Inzlicht, M. (2002). Sex differences in response to physical and social factors involved in human mate selection: The importance of smell for women. *Evolution and Human Behavior, 23*, 359-364.
13. O'Connor, J. J. M., Re, D. E., & Feinberg, D. R. (2011). Voice pitch inflences perceptions of sexual infielity. *Evolutionary Psychology, 9*, 64-78.
14. Miller, G., Tybur, J. M., & Jordan, B. D. (2007). Ovulatory cycle effects on tip earnings by lap dancers: Economic evidence for human estrus? *Evolution and Human Behavior, 28*, 375-381.
15. Haselton, M. G., & Gangestad. S. W. (2006). Conditional expression of women's desires and men's mate guarding across the ovulatory cycle. *Hormones and Behavior, 49*, 509-518.
16. Larson, C. M., Haselton, M. G., Gildersleeve, K. A., & Pillsworth, E. G. (2012). Changes in Women's Feelings about their Romantic Relationships across the Ovulatory Cycle. *Hormones and behavior.*
17. Rule, N. O., Rosen, K. S., Slepian, M. L., & Ambady, N. (2011). Mating Interest Improves Women's Accuracy in Judging Male Sexual Orientation. *Psychological Science, 22*, 881-886.
18. Tracy, J. L., & Beall, A. T. (2011). Happy guys finish last: The impact of emotion expressions on sexual attraction. *Emotion, 11*, 1379-1387.
19. Elliot, A. J., & Niesta, D. (2008). Romantic red: red enhances men's attraction to women. *Journal of Personality and Social Psychology, 95*, 1150-1164.
20. Swami, V., & Toveé, M. J. (2006). Does hunger influence judgments of female physical

attractiveness? *British Journal of Psychology, 97*, 353-363.
21. Pennebaker, J. W., Dyer, M. A., Caulkins, R. S., Litowitz, D. L., Ackreman, P. L., Anderson, D. B., & McGraw, K. M. (1979). Don't the girls get prettier at closing time: A country and western application to psychology. *Personality and Social Psychology Bulletin, 5*, 122-125.
22. Madey, S. F., Simo, M., Dillworth, D., & Kemper, D. (1996). They do get more attractive at closing time, but only when you are not in a relationship. *Basic and Applied Social Psychology, 18*, 387-393.
23. Griskevicius, V., Tybur, J. M., Ackerman, J. M., Delton, A. W., Robertson, T. E., & White, A. E. (2012). The financial consequences of too many men: Sex ratio effects on saving, borrowing, and spending. *Journal of Personality and Social Psychology, 102*, 69-80.
24. Nettle, D. (2005). An evolutionary approach to the extraversion continuum. Evolution and *Human Behavior, 26*, 363-373.
25. Gouaux, C. (1971). Induced affective states and interpersonal attraction. Journal of *Personality and Social Psychology, 20*, 37-43.
26. Jones, B. T., Jones, B. C., Thomas, A. P., & Piper, J. (2003). Alcohol consumption increases attractiveness ratings of opposite-sex faces: A third route to risky sex. Addiction, 98, 1069-1075.
27. Graziano, W. G., & Bruce, J. W. (2008). Attraction and the initiation of relationships: A review of the empirical literature. In S. Sprecher, A. Wenzel, & J. Harvey (Eds.), *Handbook of relationship initiation* (pp. 269-295). New York: Guilford.
28. Kenrick, D. T., Gutierres, S. E., & Goldberg, L. L. (1989). Influence of popular erotica on judgments of strangers and mates. *Journal of Experimental Social Psychology, 25*, 159-167.
29. McNulty, J. K., Neff, L. A., & Karney, B. R. (2008). Beyond initial attraction: physical attractiveness in newlywed marriage. *Journal of Family Psychology, 22*, 135-143.
30. Luo, S., & Zhang, G. (2009). What leads to romantic attraction: Similarity, reciprocity, security, or beauty? Evidence from a speed-dating study. *Journal of Personality, 77*, 933-964.
31. Conley, T. D., Moors, A. C., Matsick, J. L., Ziegler, A., & Valentine, B. A. (2011). Women, Men, and the Bedroom Methodological and Conceptual Insights That Narrow, Reframe, and Eliminate Gender Differences in Sexuality. *Current Directions in Psychological Science, 20*, 296-300.
32. Armstrong, E. A., England, P., & Fogarty, A. C. K. (2009). Orgasm in college hookups and relationships. In B. J. Risman (Ed.), *Families as they really are* (pp. 362-377). New York, NY: Norton.
33. Clark, R. D., & Hatfield, E. (1989). Gender differences in receptivity to sexual offers. *Journal of Psychology & Human Sexuality, 2*, 39-45.
34. Conley, T. D. (2011). Perceived proposer personality characteristics and gender differences in acceptance of casual sex offers. *Journal of Personality and Social Psychology, 100*, 309-329.
35. Knee, C. R. (1998). Implicit theories of relationships: Assessment and prediction of romantic relationship initiation, coping and longevity. *Journal of Personality and Social Psychology, 74*, 360-370.
36. Eastwick, P. W., Finkel, E. J., & Eagly, A. H. (2011). When and why do ideal partner preferences affect the process of initiating and maintaining romantic relationships? *Journal of Personality and Social Psychology, 101*, 1012-1032.

02 도대체 상사는 왜 그 모양일까?

1. Galinsky, A. D., Magee, J. C., Ena Inesi, M., & Gruenfeld, D. H. (2006). Power and perspectives not taken. *Psychological Science, 17*, 1068-1074.
2. Kipnis, D. (1972). Does power corrupt? *Journal of Personality and Social Psychology, 24*, 33-41.
3. Fiske, S. T. (1993).Controlling other people: The impact of power on stereotyping. *American Psychologist, 48*, 621-628.
4. Keltner, D., Gruenfeld, D. H., & Anderson, C. (2003). Power, approach, and inhibition. *Psychological Review, 110*, 265-284.
5. 4와 같음.
6. Steele, C. M., and Aronson, J. (1995). Stereotype threat and the intellectual test performance of African Americans. *Journal of Personality and Social Psychology, 69*, 79-811.
7. Fredrickson, B. L. (2001). The role of positive emotions in positive psychology: The broaden-and-build theory of positive emotions. *American Psychologist, 56*, 218-226.
8. Nevicka, B., De Hoogh, A. H. B., Van Vianen, A. E. M., Beersma, B., & McIlwain, D. (2011). All I need is a stage to shine: Narcissists' leader emergence and performance. *Leadership Quarterly, 22*, 910-925.
9. Brunell, A. B., Gentry, W. A., Campbell, W. K., Hoffman, B. J., Kuhnert, K. W., & Demarree, K. G. (2008). Leader Emergence: The Case of the Narcissistic Leader. *Personality and Social Psychology Bulletin, 34*, 1663-1676.
10. Lyubomirsky, S., King, L., & Diener, E. (2005). The benefits of frequent positive affect: does happiness lead to success? *Psychological Bulletin, 131*, 803-855.
11. 7과 같음.
12. Neve, JE. De., & Oswald, A. J. (2012). Estimating the Influence of Life Satisfaction and Positive Affect on Later Income Using Sibling Fixed-Effects. *Proceedings of the National Academy of Sciences*, Forthcoming. Available at SSRN: http://ssrn.com/abstract=2168293.
13. Liew, S. -L., Ma, Y., Han, S., & Aziz-Zadeh, L. (2011). Who's afraid of the boss: Cultural differences in social hierarchies modulate self-face recognition in Chinese and Americans. *PLoS ONE, 6*, art. no. e16901.
14. Kraus, M. W., Horberg, E. J. J., Goetz, J. L., & Keltner, D. (2011). Social class rank, threat vigilance, and hostile reactivity. *Personality and Social Psychology Bulletin, 37*, 1376-1388.
15. Tiedens, L. Z., & Fragale, A. R. (2003). Power Moves: Complementarity in Dominant and Submissive Nonverbal Behavior. *Journal of Personality and Social Psychology, 84*, 558-568.
16. (2012, October 16) "Too Important to Smile Back: The 'Boss Effect". *The Wall Street Journal*.

03 언제나 좋을 수만은 없다

1. (2012, July) "A Glimpse Inside the Brains of Trauma Survivors" *Observer*.
2. Smith, J. C. (in press). Effects of Emotional Exposure on State Anxiety after Acute Exercise. *Medicine and Science in Sports and Exercise*.
3. Wacker, J., Heldmann, M., & Stemmler, G. (2003). Separating emotion and motivational direction in fear and anger: Effects on frontal asymmetry. *Emotion, 3*, 167-193.

4. Rothbaum, B. O., Kearns, M. C., Price, M., Malcoun, E., Davis, M., Ressler, K. J., Lang, D., & Houry, D. (2012). Early intervention may prevent the development of posttraumatic stress disorder: A randomized pilot civilian study with modified prolonged exposure. *Biological Psychiatry, 72*, 957-963.
5. Briñol, P., Gascó, M.,, Petty, R, E., & Horcajo, J. (2012). Treating Thoughts as Material Objects Can Increase or Decrease Their Impact on Evaluation. *Psychological Science.*
6. Zitek, E. M., Jordan, A. H., Monin, B., & Leach, F. R. (2010). Victim Entitlement to Behave Selfishly. *Journal of Personality and Social Psychology, 98*, 245-255.
7. VanOyen Witvliet, C., Ludwig, T. E., & Vander Laan, K. L. (2001). Granting Forgiveness or Harboring Grudges: Implications for Emotion, Physiology, and Health. *Psychological Science, 12*, 117-123.
8. (2012, October 4) "Diss Information: Is There a Way to Stop Popular Falsehoods from Morphing into 'Facts'?" *Scientific American.*
9. Bryan, C. J., Adams, G. S., & Monin, B. (in press). When Cheating Would Make You a Cheater: Implicating the Self Prevents Unethical Behavior. *Journal of Experimental Psychology: General.*

지은이 박진영

사회심리학도. 연세대학교에서 심리학 석사학위를 받았다. 주로 사회성, 신뢰, 이성관계, 스킨십 등의 연구 주제에 관심을 가지고 있으며 관련 논문을 썼다. 현재는 사람들이 심리학에 대해 가지고 있는 일반적인 오해들을 풀고 학자들끼리만 독식해온 유용한 심리학 지식들을 나누고자 다양한 노력을 하고 있다. 사회심리학의 중요한 최신 연구들을 쉽게 풀어 소개하는 '지뇽뇽의 사회심리학 블로그 jinpark.egloos.com'와 트위터 계정 @imaum0217_지뇽뇽의 사회심리학 뉴스을 운영하고 있으며 〈청년의사신문〉에 '건강과 심리학'이라는 주제로 칼럼을 연재하고 있다.

눈치 보는 나, 착각하는 너

© 박진영 2013

2013년 2월 5일 초판 1쇄 발행
2016년 7월 12일 초판 12쇄 발행

지은이 | 박진영
발행인 | 이원주
책임편집 | 이연수
책임마케팅 | 이지희

발행처 (주)시공사
출판등록 1989년 5월 10일(제3-248호)

주소 | 서울특별시 서초구 사임당로 82 (우편번호 06641)
전화 | 편집(02)2046-2850·영업(02)2046-2800
팩스 | 편집·영업(02)585-1755
홈페이지 www.sigongsa.com

ISBN 978-89-527-6811-7 03180

본서의 내용을 무단 복제하는 것은 저작권법에 의해 금지되어 있습니다.
파본이나 잘못된 책은 구입하신 서점에서 교환해 드립니다.